R
v

MORIZ SCHEYER

# SELBST DAS HEIMWEH WAR HEIMATLOS

## BERICHT EINES JÜDISCHEN EMIGRANTEN, 1938 – 1945

ROWOHLT

1. Auflage Oktober 2017

Copyright © 2017 by Rowohlt Verlag GmbH, Reinbek bei Hamburg

Das Buch erschien zuerst 2016 unter dem Titel

«Asylum: A Survivor's Flight from Nazi-Occupied Vienna

Through Wartime France» bei Profile Books, London

Copyright © 2016 P. N. Singer (Moriz Scheyer Estate)

Nachwort © P. N. Singer (Moriz Scheyer Estate)

Aus dem Englischen von Stephan Gebauer

Lektorat und Anmerkungen Clara Polley

Karte auf Vor- und Nachsatz Peter Palm

Satz aus der Mercury bei Dörlemann Satz, Lemförde

Druck und Bindung CPI books GmbH, Leck, Germany

ISBN 978 3 498 06441 9

# INHALT

## VORWORT

Dieses Buch hat schon den Umständen nach, unter denen es zustande gekommen ist, nichts mit dem zu schaffen, was man gemeinhin unter «Literatur» versteht.

Zuerst war das, was ich erlebt habe, bevor ich im November 1942 Zuflucht in dem Kloster der Franziskanerinnen von Labarde finden konnte. Dann, als zwei Freunde, Pierre Vorms und der große Dichter Jean Cassou, welch letzterer selbst aus dem Gefängnis kam, mich anläßlich eines Besuches im meinem Versteck dazu brachten, endlich an eine Arbeit zu gehen: damals war die Erlösung von den Deutschen noch weit. Eifriger denn je veranstalteten die Kopfjäger der Gestapo ihre fröhlichen Treibjagden. Und grauenvoller denn je war das Los des Juden, den sie aufspürten.

Zu oft wußte ich nicht, während ich, so gut es ging, an diesem Buche schrieb, ob ich nicht am nächsten Tage den Deutschen in die Fänge geraten sein würde; zu oft mußte ich die Arbeit plötzlich auf unbestimmte Zeit unterbrechen, die Blätter hastig verscharren, um im Falle einer Hausdurchsuchung die guten Klosterschwestern nicht in höchste Gefahr zu bringen. Zu oft stand mir, mit einem Wort: das Ende vor Augen, als daß mir der Gedanke gekommen wäre, aus dem allem «Literatur» zu machen, einen effektvollen «Stoff» zu gewinnen. Ich würde wahrhaftig sonst auch nicht verdienen, die Heimsuchung überlebt zu haben.

Die Worte, Sätze, Seiten, aus denen dieses Buch zusammengesetzt ist, mögen durch Gedankenarbeit in eine Form gebracht
worden sein; aber ihr Inhalt, ihre Substanz, kommt von ganz
anderswo her – aus der Herzensnot, in der die leidende Kreatur immer wieder nur die eine, die gleiche Frage stammeln
kann, die Frage: Wieso war dies alles möglich?

Die Beantwortung dieser Frage müßte durch die Schuldigen, alle Schuldigen erfolgen und würde die entsprechende
Sühne bedingen. Aber es dürfte in dieser Beziehung kaum je
zu der großen Abrechnung kommen. Denn je mehr die Zeit
vergeht, desto weniger Wert wird die Welt darauf legen. Man
wird mit wichtigeren Dingen als der Vergeltung für die Kriegs-
verbrechen im Allgemeinen und das Martyrium der Juden im
Besonderen beschäftigt sein.

Doch bleibt es darum nicht minder notwendig, die Frage:
wieso war dies alles möglich? immer wieder zu stellen, ge-
schähe dies selbst aus keiner anderen Hoffnung heraus, als
vielleicht das Gedächtnis, das Gewissen, den Zorn auch nur
Vereinzelter aufzurütteln. Und dazu ist es unerläßlich, Zeugenschaft abzulegen, seinen Teil beizutragen, sei dieser noch
so bescheiden.

Dieses Buch will nichts anderes sein als Zeugenschaft, Zeugenschaft eines jüdischen Emigranten.

Ich habe keineswegs die Prätention, Geschichte schreiben
zu wollen. Wenn ich die Ereignisse im allgemeinen berühre,
dann nur insoweit, als ich sie selbst erlebt habe. Memoiren
also? Auch das nicht. Denn umgekehrt ist von meinem Leben
nur insoweit die Rede, als es durch die Ereignisse in Mitlei-
denschaft gezogen wurde.

Auch wollen Memoiren möglichst interessant sein. Mir
ging es nicht darum, interessant, sondern einzig darum, wahr

zu sein. Mir ging es in der Hauptsache auch nicht um die Beschreibung äußeren Geschehens oder gar die Schilderung von Atrozitäten, sondern um den Ausdruck eines inneren, eines Seelenzustandes. Was mir vor allem am Herzen lag: die psychischen Greuel hervorzuheben, die deutscher Foltergeist an uns Juden verübt hat. Auch von den Überlebenden sind viele, allzu viele mit gebrochener Seele auf der Strecke geblieben. Lebenskrüppel auf immer.

Manche werden mir zum Vorwurf machen, daß ich zuviel von jüdischen Emigranten spreche. Als ob es nichts anderes auf der Welt gäbe, als ob nicht auch andere zu leiden gehabt hätten.

Gewiß, auch andere haben zu leiden gehabt, Zahllose darunter nicht minder als wir, und ich habe nicht verfehlt, nachdrücklich darauf hinzuweisen. Aber ganz abgesehen davon, daß ich selbst Emigrant und Jude bin und jede Zeugenschaft naturgemäß etwas ganz Persönliches voraussetzt: was diese anderen zu erleiden hatten, stand wenigstens mit dem Krieg in unmittelbarem oder mittelbarem Zusammenhang. Die Art, wie Deutschland mit ihnen verfuhr, ist noch nie dagewesen und durch nichts zu rechtfertigen. Doch bei alledem hatten sie ihre Freiheit, ihre Existenz, ihr Leben nicht einfach dadurch verwirkt, a priori verwirkt, daß sie geboren waren. Und selbst ein Hitler wagte nicht, in Abrede zu stellen, daß sie Menschen wären.

Wohingegen Goebbels, der offizielle Kulturträger Hitlers, gleich nach «Anbruch» des Dritten Reichs in einer Rede zynisch erklärte: «Wenn man mich fragt, ob denn Juden nicht auch Menschen seien, so kann ich darauf nur erwidern: Sind denn Wanzen nicht auch Tiere?»

Wohingegen das, was an den Juden verübt wurde, mit dem Krieg nichts zu tun hat. Es ist bereits lange vor dem Krieg unternommen worden und wäre nach einem genau festgelegten Ausrottungsprogramm Punkt für Punkt nach wie vor weiter verübt worden, selbst wenn es zu keinem Krieg gekommen wäre. Verübt an wehr- und schutzlosen Menschen, die sich nicht rühren, keinen Laut von sich geben konnten. Verübt an ohnmächtigen Opfern, die man zuvor entrechtet, geächtet, bespieen hatte, geschändet an Leib und Seele. Verübt aus der ebenso tollen wie feigen Willkür eines Wüterichs und der willigen, freudigen Bereitschaft seiner «Volksgenossen».

Verübt auch, ohne daß die zivilisierte Welt ringsum gewagt hätte, Einhalt zu gebieten oder zumindest ihren Abscheu offen kundzugeben. Erst später, viel später, als es bereits viel zu spät war, kamen die schönen Worte der Entrüstung im Rahmen der allgemeinen Kriegspropaganda. Verübt, ohne daß Staaten, obzwar sie alle Möglichkeiten hiezu gehabt hätten und es sie obendrein nichts gekostet hätte, ohne daß diese Staaten ihrer Pflicht nachgekommen wären, ihre Tore den Gehetzten weit zu öffnen. Jedes einzelne Visum wurde erst nach allen möglichen Erschwerungen, Einschränkungen, Kautionen und Kautelen dem lästigen Bittsteller durch einen Türspalt unwillig wie ein Almosen gereicht – oder auch verweigert, je nachdem. Der kleinste Konsulatsbeamte kam sich wie ein Herrgott vor.

Nein, welche Prüfungen immer auch anderen auferlegt sein mochten, schon unser seelischer Leidensweg läßt sich mit nichts vergleichen. Man muß selbst Emigrant gewesen sein, muß selbst als Jude unter dem Hakenkreuz gelebt haben, um zu wissen, was das bedeutete. Und was immer darüber ausgesagt werden könnte, es wäre immer noch zu wenig.

Wieso war dies alles möglich? Wir Überlebenden haben wahrlich das Recht, wir haben es erlitten, diese Frage immer wieder zu stellen. Indem wir Zeugenschaft ablegen. In unserem Namen und im Namen der verstummten sechs Millionen Blutzeugen – Männer, Frauen, Kinder –, die der «Führer», der Anführer Henker-Deutschlands zu Tode foltern ließ.

Sollte dieses Buch bewirken, daß vielleicht auch unter jenen, denen es erspart geblieben ist, Emigrant und Jude in der Hitler-Ära zu sein, der eine oder andere sich vielleicht die Frage stellen mag: «Wieso war dies alles möglich?», dann würde ich dies als die reichste Entschädigung, den schönsten Erfolg meines Lebens empfinden.

STAATSOPER

Ohne Stempel der Staatsoperndirektion ist
die Karte ungültig.

Moriz Scheyer im Jahr 1937. Presseausweis für die
Wiener Staatsoper.

Das Titelblatt von Scheyers Originalmanuskript mit dem Titel
«Ein Überlebender».

## DER «ANSCHLUSS»

Am 7. Februar 1938 aß Graf G. aus dem Bundeskanzleramt bei mir zu Mittag in meiner Wohnung in der Mariahilferstraße in Wien.

Es war nach der Rückkehr Schuschniggs aus Berchtesgaden. Graf G. erzählte uns einige Details über den Empfang, der Schuschnigg zuteil geworden war: wie Hitler den österreichischen Bundeskanzler zuerst hatte stundenlang antichambrieren lassen, wie er ihn dann bei dem leisesten Versuch einer Widerrede auf das gröbste anschrie, wie Schuschnigg, ein passionierter Raucher, die ganze Zeit über nicht eine einzige Zigarette anzünden durfte, wie er abends bei der Ankunft in Salzburg einen derartigen Nervenzusammenbruch erlitt, daß er die Weiterreise nach Wien unterbrechen mußte.

G. schloß seinen Bericht mit den Worten: «Es kann keinem Zweifel unterliegen, daß wir, allen gegenteiligen Beteuerungen Hitlers zum Trotz, von den Deutschen aufgefressen werden. Aber bis dahin dürfte noch gut ein Jahr vergehen».

Das war am 7. Februar 1938.

Am 9. März abends verließ ich mein Bureau in der Redaktion des Neuen Wiener Tagblatts, um nach Hause zu fahren. In der Rotenturmstraße kam mir ein Trupp halbwüchsiger, weißbestrumpfter Burschen entgegen, die abwechselnd «Hitler!» und «Sieg Heil!» grölten. (Die weißen Strümpfe galten als illegales Bekenntnis zum Nazismus.) Zwei Eck Brandstätte und Rotenturmstraße postierte Wachleute ließen die Bande mit

sichtlichem Wohlgefallen gewähren. Noch war Schuschnigg
österreichischer Bundeskanzler. Aber beide Polizisten trugen
auf der Uniform bereits offen ein Hakenkreuz-Abzeichen.

Eine alte Dame neben mir rief empört den Demonstranten
zu: «Österreich!» Worauf einer von den Kerlen auf sie zutrat
und ihr höhnisch ins Gesicht lachte: «Tu' dir nix an, Alte, aus
ist's mit deinem Österreich. Heil Hitler!» Die alte Frau begann
bitterlich zu weinen.

Am übernächsten Tag war der «Anschluß» de facto vollzogen.
Was sich noch an politischen Zwischenfällen abspielte, das
waren gewissermaßen nur Regie-Details in der Inszenierung
der österreichischen Tragödie.

Über Nacht war das freche Verbrechen verübt worden. Und
zurück blieb von dem «österreichischen Antlitz» nur eine
widerliche Fratze. Niemals hätte man eine derartige Meta-
morphose in so kurzer Zeit für möglich gehalten. In der Physiognomie Wiens hatten nur die leblosen Dinge ihr früheres
Aussehen bewahrt; aber selbst diese schienen von innen her
verändert. Selbst die Luft schien einen anderen Geschmack
bekommen zu haben.

Überall ein Pöbel, der sich fühlte, Morgenluft witterte, und
den «Anschluß» fürs erste als Anlaß zu einer «Monstre-Hetz»
benützte. Überall das triumphierende Verräter-Grinsen der
«Illegalen», die ihr bisher sorgfältig verborgenes Parteiab-
zeichen nun herausfordernd zur Schau trugen. Überall der
ordinäre Trubel eines Provinz-Jahrmarktes. Überall endlich
eine plumpe, grobschlächtige «Teutonisierung» der Stadt, die
wie ein Faustschlag ins Gesicht wirkte. Hätte es sich nicht um
eine furchtbare Katastrophe gehandelt, das Ganze hätte einer
Orgie der Geschmacksverrohung geglichen. Selbst die Spra-

che war über Nacht zur Karikatur geworden. In der Presse, im Radio, in jeder Bekanntmachung hatte sich ein vulgäres Kauderwelsch bereits dem Stechschritt, der Neologismen- und Abkürzungswut, der grotesken Verteutschungsmanie der Nazi-Gebieter gleichgeschaltet. Aus Österreich war die Ostmark geworden, aus Wien die Hauptstadt des «Gaues Niederdonau».

Und lange Wochen hindurch das peinigende, ununterbrochene Gebrüll der öffentlichen Lautsprecher und «Sprech-Chöre» in den Straßen. Unmöglich, sich davor zu retten.

Daß die großen Herren im Auslande, die dem schamlosen Raub Österreichs zugeschaut hatten, ohne auch nur einen Finger zu rühren, daß sie Sprech-Chören wie «Sieg Heil, Sieg Heil!» oder «Ein Volk – ein Reich – ein Führer» keinerlei Bedeutung beimaßen, war nicht weiter verwunderlich. Daß Heldengesänge wie «Juda verrecke!» oder: «Wenn vom Messer das Judenblut spritzt» sie kaltließen, war nur selbstverständlich. Handelte es sich doch bloß um Juden; hatten doch schon die antisemitischen Verfolgungen in Deutschland die «Repräsentanten des Weltgewissens» nicht weiter in ihrem Wohlbehagen gestört. Aber daß sie auch einen Chor wie «Heute gehört uns Deutschland, morgen die ganze Welt» nicht hören wollten, das sollte sie noch teuer zu stehen kommen. Sie wollten auch einfach ignorieren, daß hohe deutsche Offiziere bereits im März in Wien ungeniert erklärten: «Jetzt haben wir Österreich. Aber in einigen Monaten werden wir auch in Prag sein. Und dann – na, das Weitere wird sich ja zeigen.» Es hat sich gezeigt, das Weitere.

«Juda verrecke!» Vom ersten Tag der Invasion an begannen die «Volksgenossen» in Österreich dieses Programm in die Tat umzusetzen.

Bürckel, der erste Gauleiter der «Ostmark», hatte gleich nach seinem Einzug in Wien versichert, daß gegen die österreichischen Juden ein noch ganz anders scharfer Wind wehen werde als gegen die deutschen. Und Seyß-Inquart, der cidevant Rechtsfreund so vieler «nichtarischer» Unternehmen und charmante Souper-Gast und Bridgepartner in so vielen durch gute Küche bekannnten jüdischen Häusern, derselbe Seyß-Inquart erklärte in einer Versammlung: «Wir verdanken alles den Brüdern aus dem Reich. Aber in <u>einer</u> Beziehung werden auch sie etwas von uns lernen können, nämlich: wie man mit den Juden fertig wird.»

Nun, die Brüder aus dem Reich hatten in dieser Beziehung nichts zu lernen und die Brüder in der Ostmark nichts zu lehren. Sie waren einander wert, die nordischen Recken und das goldene Wiener Herz.

Wenn sich trotzdem bald ein gewisses Mißvergnügen bei den Volksgenossen in der Ostmark einstellte, dann einfach deshalb, weil das «Herrenvolk» aus dem Reich beim Teilen der Judenbeute den Löwenanteil selbstverständlich für sich behielt, während die österreichischen Hyänen sich mit den Brocken begnügen mußten, die von dem «Arisierungs»-Festschmaus abfielen. So fett diese Brocken auch sein mochten, es waren doch nur Brocken.

Es würde ein eigenes Buch erfordern, [die Verbrechen zu schildern,] die an den österreichischen Juden vom Tag des «Anbruchs» bis zum 15. August 1938 verübt wurden, dem Tage, an dem ich Österreich endlich verlassen konnte. Welcher Leidensweg allein, ehe man endlich, endlich, nach Erlegung des

Lösegeldes, das die Hakenkreuz-Banditen mit frechem Hohn «Reichsfluchtsteuer» nannten, ehe man bis aufs Hemd ausgeplündert und bis in die tiefste Seele gedemütigt und erniedrigt, den Paß und die Ausreisebewilligung in Händen hielt. Über Nacht war man zu etwas Verfemtem, Vogelfreiem geworden: Jude, dem gegenüber alles erlaubt und nichts mehr verboten war; oder auch nichts mehr erlaubt war. Selbst die besten «arischen» Freunde wagten nur mehr heimlich, unter Einhaltung aller möglichen Vorsichtsmaßnahmen, mich anzurufen oder, falls sie besonders mutig waren, persönlich zu besuchen.

Ich wurde nicht wie viele andere Schriftsteller und Journalisten sofort verhaftet und in ein Konzentrationslager gebracht; dieses Schicksal sollte mir erst später in der Emigration winken. Man beließ mich in «Freiheit», während beispielsweise der greise Chefredakteur des «Neuen Wiener Tagblatts», der hochangesehene Hofrat Dr. Löbl, mit Frau und Tochter eingekerkert wurde. Ich hatte also noch großes Glück. Dennoch hat mich damals nur der Gedanke an Frau und Kinder aufrecht erhalten. Aber noch in diesen fünf ersten Monaten des «Anbruchs» konnten neuntausend Wiener Juden nicht der Versuchung widerstehen, in den Tod zu flüchten. Neuntausend Selbstmorde in den ersten 5 Monaten. Unter dem Hohngelächter der Volksgenossen.

An der Wohnungstüre einer angesehenen jüdischen Familie – Eltern und drei Kinder – die sich selbst «ausgerottet» hatte, brachten Nazihände vor dem Begräbnis eine Tafel mit folgender Inschrift an: «Fünf Juden, die sich selbst umgebracht haben. Zur Nachahmung bestens empfohlen.»

9000 in 5 Monaten. Und dabei konnten diese Neuntausend damals noch nicht ahnen, was ihnen bevorgestanden wäre, hätten sie nicht die Kraft zum Selbstmord gefunden.

Es waren nicht nur die physischen, materiellen Tatsachen, die diese Neuntausend veranlaßten, die «Reichsfluchtsteuer» lieber gleich mit der Flucht aus dem Leben zu begleichen. Sie hatten genug; nicht nur, weil die germanischen Helden im Braunhemd sich beispielsweise den Spaß machten, Juden und Jüdinnen auf offener Straße zusammenzufangen, sie auf allen vieren kriechen zu lassen, um schließlich die Hände ihrer Opfer mit den Stiefeln zu einem blutigen Brei zu zertrampeln; oder weil sie sich damit vergnügten, jüdische Kaffeehausbesitzer in deren eigenen Kühlschränken erfrieren zu lassen; oder weil es ihnen beliebte, in den Gefängnissen mit ihren Zigaretten Löcher in die Wangen wehrloser Juden zu brennen. Nicht nur, weil den Juden mit einem Schlag jede Erwerbsmöglichkeit abgeschnitten war; nicht nur, weil in jedem öffentlichen Lokal, auf jeder Straßenbank die Aufschrift drohte: «Für Juden strengstens verboten»; nicht nur, weil die Wagen der Straßenbahn mit riesigen Plakaten versehen waren: «Judentum ist Verbrechertum»; nicht nur, weil ... man könnte die Liste ins Endlose fortsetzen.

Nein, was so viele in den Tod trieb, das war auch die seelische Mißhandlung. Und die Enttäuschung, die Verbitterung, der Ekel vor der Feigheit und der Gemeinheit der «Freunde», die uns plötzlich nicht mehr kannten, uns verleugneten, verrieten, sich gierig um die Beute unserer Hinterlassenschaft rauften oder im besten Falle sich gleichsam nur von weitem, eine Schutzmaske vor dem Gesicht, zu zeigen wagten. Gestern noch empfingen sie dich mit offenen Armen. Heute streckten sie dir ebenfalls die Arme entgegen, aber mit einer Geste, die jede Berührung mit dir Geächtetem, Verseuchtem ängstlich abwehrte.

Ein trauriges Kapitel für sich die vielen Mischehen – legitime wie illegitime – in denen der «arische» Partner oft nach Jahrzehnten innigen Verbundenseins sich nicht nur des «nicht-arischen» Lebensgefährten brutal entledigte, sondern den Freibrief der «Nürnberger Gesetze» noch zu den infamsten Erpressungen benutzte. Die Erfindung der «Rassenschande» war unter Umständen ein Vermögen wert.

Jämmerlich auch, zu beobachten, mit welcher Bereitwilligkeit die große Masse die absurdesten Schlagworte, die blödsinnigsten Verleumdungen der antisemitischen Hetze aufnahm. Ich erinnere mich an eine beleibte, äußerst gutmütig aussehende Frau aus dem Volke, die in der Straßenbahn mit einer Freundin mir gegenübersaß und aufmerksam den «Stürmer» studierte. Plötzlich wandte sie sich an ihre Begleiterin und meinte kopfschüttelnd: «Ich hab' gar nicht gewußt, daß die Juden so schlecht sind.»

«Juda verrecke!» Von jenen, die freiwillig verreckten, waren viele aus seelischer Not, aus Abscheu, aus Ekel zugrunde gegangen. Sie konnten die Scheußlichkeit der Hitler-Welt einfach nicht länger ertragen. Und wußten dabei nicht einmal, dass dies alles nur ein verhältnismäßig noch harmloser Auftakt war; wußten noch nicht, zu welchen unerhörten «Spitzenleistungen» an höllischem Sadismus sich deutsche Kultur und Wissenschaft, deutscher Forscher- und Erfindergeist noch in der Folge aufschwingen sollten; in einem edlen Wettstreit, immer neue, immer grauenvollere Tortur-Varianten zu ersinnen zu der schlichten, von echt deutscher Gemütstiefe erfüllten Volksweise: «Wenn vom Messer das Judenblut spritzt».

Die anderen, die sich zur Emigration in ein «neues Leben» irgendwo in der Fremde durchgerungen hatten, irgendwo, wo ihnen ein Visum endlich gnädig einen Türspalt öffnete, konnten freilich noch nicht ahnen, daß Hitler so viele von ihnen einholen und wieder einfangen würde. Sonst hätten noch weit mehr gleich die Emigration ins Jenseits vorgezogen.

Uns Kandidaten der Emigration war damals wahrlich nicht zum Lachen zumute. Dennoch könnte nichts die Tragik unserer Situation und zugleich die Indifferenz der Welt vor unserem Schicksal besser illustrieren als ein paar Anekdoten, die damals in Wiener Emigrantenkreisen die Runde machten. Galgenhumor der Emigration.

Drei Juden, die im Begriffe stehen auszuwandern, treffen sich auf der Straße. «Ich gehe nach England», erklärt der erste. «Ich nach Amerika», der zweite. «Und ich nach Australien», der dritte. «So weit!» meint erschrocken der erste. Worauf der Australienfahrer einfach fragt: «Weit von wo?»

Vier Juden diesmal. Die übliche gegenseitige Frage nach dem Wohin der Emigration. Der erste antwortet: «Nach China.» Der zweite: «Nach Neuseeland.» Der dritte: «Nach Bolivien.» Aber der vierte erklärt: «Ich, ich bleibe hier.» Stumm betrachten ihn eine Weile die anderen. Und dann sagt einer voll Bewunderung: «Abenteurer!»

Endlich: Ein Jude, der sich vergeblich die Füße wundgelaufen hat, um irgendein Visum zu ergattern, betritt schließlich ein Reisebureau. «Ich <u>muß</u> auswandern», erklärt er verzweifelt dem Angestellten. «Aber wohin, wohin? Wissen Sie mir vielleicht einen Rat?» Der Angestellte holt einen Globus. «Hier, sagt er, hier haben Sie sämtliche Länder der Welt. Da wird sich doch noch etwas finden lassen.» Der Jude dreht lange die Weltkugel hin und her, schüttelt immer wieder den Kopf, endlich schiebt er sie erschöpft beiseite. «Nun, was haben Sie gefunden?» fragt der Angestellte. «Ach, Herr», sagt schüchtern der Jude, «haben Sie nicht vielleicht noch einen anderen Globus? Auf dem hier ist kein Platz für mich.»

Noch heute kann ich mich nicht eines Gefühls der Bitterkeit erwehren, wenn ich an die endlosen Schikanen zurückdenke, die damals von den meisten Staaten vor uns gehetzten Visumbettlern aufgetürmet wurden; wo es doch bei einigem guten Willen ein leichtes gewesen wäre, alle zu retten.

Andererseits hatte Göring, der joviale, wohlbeleibte Göring, schon damals in Wien verkündet: «Für die Juden, die nicht wegkönnen, gibt es nur zweierlei: vor Hunger krepieren oder durch Feuer und Schwert ausgerottet werden.»

Emigrieren: das war der Tragödie erster Teil. Aber mit der Lösung dieses Problems begann erst der Tragödie zweiter Teil: Emigriertsein.

Wie sich der erste Teil für mich persönlich abgespielt hat, davon möchte ich nur das Unerläßliche erwähnen.

Seit 1914 gehörte ich der Redaktion des «Neuen Wiener Tagblatts» als Feuilletonist und Kritiker an. Im Jahre 1924 wurde ich von Paris, wo ich als Korrespondent des Blattes tätig war, nach Wien zurückberufen, um nach dem Tode Paul Bussons den Posten des Feuilletonchefs zu übernehmen.

Selbstverständlich wurde ich nach erfolgtem «Anschluß» sofort auf die Straße gesetzt. Von der mir in meinem Kontrakte zugesicherten Abfertigung sowie den mir aus der Pensionskasse und der Versicherungsanstalt gebührenden Beträgen erhielt ich als «Nichtarier» keinen Centime. Mein Guthaben in einer Sparkasse, meine Autorentantiemen bei meinem Verleger: gesperrt.

Es ist höchst einfach: was ich besaß und worauf ich noch Anspruch hatte, diente als Lösegeld zur Erlangung der Ausreisebewilligung. Die Subsistenzmittel, die ich bis dahin benötigte, mußte ich mir durch Verschleudern von Wertgegenständen, Möbeln, Büchern etc., verschaffen.

Mitnehmen durften wir 10 Mark pro Person. 10 Mark, um das «neue Leben» in der Fremde von vorn zu beginnen.

Und dennoch war das materielle Ausgeplündertwerden, die Armut, nicht das Ärgste. Viel schlimmer, ich habe es bereits gesagt, war die seelische Deklassierung, Verarmung. Keine Entschädigung könnte diese Erfahrungen je wiedergutmachen.

Zur Treue sind nur die wenigsten geboren, ja selbst nur zu dem Mut, anständig zu sein. Und was die Hitler-Volksgenossen aus dem Reich anbetrifft, so war alle Niedrigkeit und Verworfenheit nur selbstverständlich. Aber auch zu viele österreichische «Arier» in meiner näheren und ferneren Umgebung standen den «Brüdern» aus dem Reich darin in nichts nach. Vor allem Intellektuelle, vor allem jene, die mir zu Dank verpflichtet gewesen wären. Wenn es in jenen Tagen in Wien Menschen gab, an die ich mit einem guten Gefühl zurückdenken kann, dann waren es mit geringen Ausnahmen lauter «einfache Leute»: eine Bedienerin, die bitterlich schluchzte, als ich das Gebäude des «Neuen Wiener Tagblatts» zum letzten Mal verließ; ein Setzer, der sogar wagte, mich in meiner Wohnung aufzusuchen; unser Portier in der Mariahilferstraße.

Wogegen andere, mit denen ich durch Jahrzehnte Tag für Tag zusammengearbeitet hatte, die sich noch kurze Zeit vorher in Bezeugungen der Freundschaft und Herzlichkeit nicht genugtun konnten...

Es ist besser, sich nicht mehr daran zu erinnern. Ohne darum zu vergessen. Aber sie haben mir wenigstens den Abschied von der Heimat leichtgemacht. Weit von wo? Das galt auch für die Emigration des Gemüts. Selbst das Heimweh war heimatlos geworden.

Am Abend des 15. August 1938 konnte ich Wien endlich verlassen. Mein älterer Stiefsohn Stefan, Kandidat der Medizin, den eine wunderbare Frau, Miss Marian Dunlop, ohne ihn vorher gekannt zu haben, in großzügigster Weise bei sich aufgenommen hatte, befand sich bereits in England. Meine Frau mußte noch einige Tage in Wien mit meinem jüngeren Stiefsohn Konrad zurückbleiben, der auf das Schweizer Durchreisevisum wartete, um nach Schottland gehen zu können, wo ihm ein Stipendium der International Student Service die Fortsetzung seines Chemie-Studiums an der Universität Glasgow ermöglichte. Für meine Frau und mich hatte ich französische Visen erlangt; nicht ohne große Schwierigkeiten, obzwar ich Jahrzehnte hindurch als eifriger Propagandist französischer Kultur und Literatur tätig gewesen war. Aber das gehörte der Vergangenheit an ...

Am Nachmittag vor meiner Abreise besuchte ich noch einen Freund, den bekannten Architekten Dr. Hans Berger, um mich von ihm zu verabschieden. Dr. Berger begleitete mich dann noch von seiner Wohnung zur Straßenbahn. «Siehst du, sagte ich ihm, als der Wagen in Sicht kam, heute ist es das letzte Mal, dass ich einen Fahrschein aus eigener Tasche bezahlen kann. Von dem Augenblick an, da ich die Grenze überschritten haben werde, muß ich bis auf weiteres von ... von ... Almosen leben. Daran muß man sich erst gewöhnen.»

Sich plötzlich als verschämter Armer, sei es auch von dem besten Freund, Geld in die Hand drücken lassen zu müssen; Einladungen annehmen zu müssen, die man nicht erwidern kann und die man daher als Unterstützung, als milde Gabe empfindet: das gehört mit zum Schmerzlichsten, was der Begriff «Emigration» in sich schließt. Zum Almosenempfänger muß man geboren sein.

Diese meine Lage sollte mir gleich am nächsten Tage noch in Österreich vor dem Grenzübertritt in Feldkirch mit aller Deutlichkeit vor Augen geführt werden.

Wenige Minuten vor Abfahrt des Zuges kam endlich der Bursche in SA-Uniform zurück, der mir meinen Paß bereits in Innsbruck abgenommen hatte; er hielt ihn offen in der Hand. In meinem Coupé befanden sich noch drei Schweizer.

«Also Sie sind der Jude Scheyer», redete er mich an. Dann in den Paß blickend: «51 Jahre alt.» Ich fragte mich, worauf er hinauswollte.

«51 Jahre», fuhr er fort, «das ist ja noch kein so hohes Alter. Und 10 Mark in der Tasche. Na, und wovon werden Sie denn weiter leben, mit Ihren zehn Mark in der Tasche, können Sie mir das sagen?»

Ich biß die Zähne zusammen und schwieg. «Diese Juden», schrie er wütend, «diese Saujuden, alles kann man ihnen wegnehmen und noch immer finden sie jemand, der sie aushält.» Damit warf er mir meinen Paß vor die Füße. Der Zug setzte sich in Bewegung. Einer der Schweizer stand auf und drückte mir wortlos die Hand.

Wovon weiter leben ... Saujuden ... ausgehalten werden ... Das waren die letzten Trostworte, die Wegzehrung, die mir die Heimat auf die Fahrt ins Ungewisse mitgab.

Sie reicht bis auf den heutigen Tag.

## ATEMHOLEN IN
## DER SCHWEIZ

Der Zug rollt über die Rheinbrücke an dem Schweizer Grenzposten vorüber. Buchs. Schweiz. Gelobtes Land. Kein «Heil Hitler!», kein Hakenkreuz, keine Braunhemden mehr. Kein «Juda verrecke!»

Gerettet. Frei. Auf dem Boden, den ich jetzt unter den Füßen habe, ist Judentum kein Verbrechertum mehr.

Wie hatte ich von diesem Augenblick geträumt... Wie hatte ich ihn mir als einen Freudentaumel vorgestellt. Heimatlos sein, Armut, Ungewißheit, alle Sorgen und Fragen der Zukunft: wie leicht wog das alles, gemessen an dem Gefühl, der Hitler-Obsession entronnen zu sein. In meinen Träumen, meiner Sehnsucht.

Aber jetzt, im Augenblick der Erfüllung, bleibt gleichsam zur eigenen Überraschung, zur eigenen Bestürzung der erwartete, ersehnte Rausch aus. Wie ist das möglich, was ist geschehen? Ist es vielleicht ein Versagen der Nerven, die Reaktion nach allen Spannungen und Erschütterungen der letzten fünf Monate? Man ist schrecklich von sich selbst enttäuscht, gegen sich selbst aufgebracht, man fühlt sich wie geprellt um ein kostbares, einmaliges, einzigartiges Glück.

Aber mit jeder Stunde, die man länger hier ist, je mehr man sich auf der von früheren Reisen her so wohlvertrauten Strecke Zürich nähert, desto klarer erkennt man die Ursachen dieses scheinbar unerklärlichen, unverzeihlichen Gemütsphänomens.

Schweizer Landschaft, Häuser, Menschen: Ruhe, Kraft, Solidität, behäbiges In-sich-gefestigt-Sein. Die ganze Atmosphäre, sollte man glauben, ein Balsam für ein wundes Gemüt, zerrüttete Nerven.

Doch andererseits empfindet man gleichzeitig, daß man diesmal unwiderruflich abseits steht, am anderen Ufer. Gegenüber breitet sich eine andere Welt aus, zum Greifen nah und dennoch unerreichbar, verloren, eine Welt, in der noch die Gegenwart das Erbe der Vergangenheit und die Zukunft noch das Erbe dieser Gegenwart ist. Aber hier wo ich jetzt stehe, ist Niemandsland, die Einsamkeit der Enterbten.

Ich sitze in einem Eisenbahnzug mit anderen Menschen. Äußerlich bin ich durch nichts von ihnen unterschieden. Mein Schicksal, mein Zeichen, steht mir nicht auf der Stirn geschrieben. Wie sie blicke ich in eine Zeitung, betrachte ich die herrliche Landschaft, das Treiben auf den Bahnhöfen. Aber innerlich bin ich von ihnen durch eine unermeßliche Ferne getrennt. Durch eine Ferne so weit wie ...

Das ließe sich nur durch die Frage ausdrücken: Weit von wo?

In Zürich erwartet mich mein alter Jugendfreund Victor Sax. Seit Jahrzehnten sind wir befreundet. Viele selige Ferienmonate habe ich noch im Hause seiner verstorbenen Eltern auf dem Kreuzgut Goldbach bei Zürich und dann später nach seiner Verheiratung in seinem Hause in Zollikon verlebt. Ich war sein Trauzeuge. Er und seine Frau Sylvia kommen mir mit unveränderter Herzlichkeit entgegen. Und doch hat sich etwas zwischen uns geändert.

Etwas? Nein, nicht etwas, ich selbst habe mich geändert. Ich habe meine Unbefangenheit verloren, ärger als das: ich ertappe mich darauf, daß ich selbst diesem alten, erprobten Freund gegenüber mißtrauisch, fast argwöhnisch geworden bin, daß ich förmlich darauf passe, in seinem Verhalten ein Wort, einen Blick, einen Gedanken aufzufangen, der mich verletzen, mich meine Deklassierung fühlen lassen könnte. Der Umstand, daß ich nicht mehr in der Lage bin, mir einen Straßenbahnfahrschein aus eigenen Mitteln zu leisten, droht zu einer Schranke zwischen uns zu werden.

In dem mir von früheren Besuchen her wohlbekannten Restaurant, wo wir zu Abend essen, komme ich mir wie einer vor, der in solchen Lokalen jetzt nichts mehr zu suchen hat; fast wie ein lästiger Eindringling, ein Bedürftiger, dem aus Mildtätigkeit eine allzu üppige Mahlzeit vorgesetzt wird. Jedes Wort kostet mich eine Anstrengung, jeder Bissen würgt mich, und der Augenblick, da mein Freund die Rechnung begleicht, treibt mir die Schamröte ins Gesicht...

Auch am nächsten Tag, als ich bei Erwin Sax, dem Bruder Victors, und bei einem anderen alten Freund, dem seither verstorbenen Universitätsprofessor Dr. [nicht lesbar] zu Gast bin, will sich dieser innere Krampf nicht lösen, dieses demütigende Gefühl der Abhängigkeit nicht weichen. Jede teilnehmende, selbstverständliche, noch so gut gemeinte Frage wirkt auf meine wunde Überempfindlichkeit wie eine schmerzende Anspielung auf meinen Sturz. Statt mich dem Glücksgefühl hinzugeben, frei atmen zu können, von Freundschaft umgeben zu sein, nicht mehr auf Schritt und Tritt den Keulenschlag: Jude! zu spüren, statt mich von der Ausgeglichenheit, der Freiheit dieses wunderbaren Landes umfangen zu lassen, statt wenigstens für kurze Stunden im Vergessen unterzutauchen, empfand ich das alles nur wie eine dumpfe, unablässige Mahnung: Zu dem allem gehörst du nicht mehr. Vorüber.

Nur allzugut begriff ich jetzt, was mich um die so heißersehnte Seligkeit bei Betreten des Schweizer Bodens gebracht hatte, ja selbst um das bißchen Atemholen zwischen der Emigrantentragödie erstem und zweitem Teil.

Früher, als ich noch eine Heimat und ein Heim hatte, wurde mir der Abschied von der Schweiz und den Schweizer Freunden jedesmal schwer. Und diesmal? Diesmal empfand ich fast ein Gefühl der Erleichterung, als ich wieder allein in dem Zug saß, der mich nach Paris brachte, dem Ungewissen entgegen.

# FRANKREICH;
# GELIEBTES FRANKREICH

Als mir der Beamte bei der Paßkontrolle an der französischen Grenze meinen Paß wieder zurückgab, blickte er mich lächelnd an und meinte: Maintenant vous pourrez respirer. «Jetzt werden Sie atmen können.» Ich war dem Mann für diese freundlichen Worte doppelt dankbar: erschienen sie mir doch gleichsam als Bestätigung dessen, was ich mir von Frankreich erwartete.

Seit früher Jugend liebte ich Frankreich. Es war für mich zu einem Herzensbegriff, zur Heimat meiner Ideale geworden. Andere Länder, die ich besucht hatte, waren mir Anlaß zum Genuß des Reisens gewesen. Aber jeder Aufenthalt in Frankreich schien mir immer wieder die Erfüllung einer Verheißung. Und ich wurde nicht müde, die Schönheiten dieses Landes in Wort und Schrift zu preisen.

Ja, dieses Frankreich war mir wie eine Geliebte, der man freudig dient und an der man unmöglich eine Enttäuschung erleben kann. Noch ihre kleinen Schwächen empfindet man als einen Reiz mehr.

In Österreich war ich zu Hause. Aber in Frankreich fühlte ich mich daheim.

So war das Bild Frankreichs in mir. Damals, vor der Emigration. Was Wunder, wenn ich auch nicht einen Augenblick zögerte, als ich mich vor das Problem der Auswanderung gestellt sah. Wahrscheinlich hätte ich ein Visum nach England oder den Vereinigten Staaten erhalten können. Aber für mich kam auf dem ganzen Globus kein anderes Land in Frage als Frankreich. Ein Schwanken wäre mir als Zweifel an der Geliebten, fast als Untreue erschienen. Frankreich würde mich nicht nur aufnehmen und dulden, sondern mich noch aufrichten, mir beistehen, alles tun, um mir das «recommencer à zéro», das Wiedervonvornanfangen bei Null zu erleichtern, wenn nicht ganz zu ersparen. Ja, in manchen Augenblicken verstieg ich mich in meinen Chimären bis zu dem Wahn, daß mir die Emigration letzten Endes nur die Erfüllung des lange gehegten Wunsches gebracht habe, ständig in Frankreich leben zu können; daß die Katastrophe der Invasion Österreichs auf meinem Schicksalsweg den äußeren Zwang zu diesem Glück bedeutete.

Irgendwo raunte freilich durch alle Hoffnungsmusik eine Stimme, eine warnende Stimme: Illusion, Illusion … Aber ich wollte auf diese Stimme nicht hören, ich verscheuchte sie. Nicht einmal die vielen Schwierigkeiten schon bei der Beschaffung des Visums gaben mir zu denken.

Noch in anderer Beziehung fühlte ich mich als ein Privilegierter unter den Emigranten. Am 18. August 1938 in Paris angelangt, wußte ich sofort, wohin mich zu wenden, um ein Dach über dem Kopf zu haben. Das war eine Chance, die Unzähligen meiner Leidensgefährten versagt blieb.

Mein alter Freund, der Kunstverleger Pierre Vorms, und dessen Frau empfingen mich in brüderlicher Gastfreundschaft und räumten meiner Frau und mir zwei Zimmer in ihrem reizenden Heim am Quai Louis Blériot ein. Und ein anderer Jugendfreund, Emil Kofler, akkreditierte mich in taktvollster Weise bei seiner Bank. Auch meine damals in Lausanne lebende Nichte Louise Schwarzmann stellte mir etwas Geld zur Verfügung, kurz: ich war nicht gezwungen, vom ersten Augenblick an den harten Kampf ums tägliche Brot aufzunehmen. Es war mir eine Frist vergönnt, die ich dazu benützen wollte, alte Bekannte aufzusuchen, Verbindungen anzuknüpfen. Auch hatte ich mir vorgenommen, wo immer es nur anging, eindringlich auf die braune Gefahr aufmerksam zu machen. Wenigstens dazu sollten meine Erfahrungen gut sein.

«Heute gehört uns Deutschland, morgen die ganze Welt.» Diese Drohung ging doch auch die hier in meinem geliebten Frankreich an.

Warum hatte Frankreich nichts dergleichen getan, als Hitler Österreich einfach einsteckte? Aber einer Geliebten verzeiht man eben viel...

Bevor ich in meinen persönlichen Erlebnissen fortfahre, möchte ich gleich ein Wort über den Geist sagen, wie er damals, kaum ein Jahr noch vor Ausbruch des Krieges, zumindest in Paris vorherrschte. Doch glaube ich kaum, daß dieser Geist sich von dem des ganzen Landes erheblich unterschied. Sonst wäre es nicht später so weit gekommen.

Auf die knappste, primitivste Formel gebracht, läßt sich diese Mentalität in dem Ausruf ausdrücken, dem man auf Schritt und Tritt begegnete: «Pas d'histoires!» Nur keine Geschichten! Nur keine Scherereien, keine unangenehmen Dinge. Das heißt: Wir wollen unsere Ruhe haben und nicht mit Angelegenheiten behelligt werden, die uns nicht im mindesten interessieren. Wir essen gut, wir trinken gut, unsere Frauen sind reizvoll, unsere Geschäfte prosperieren – der Rest ist uns Hekuba. Was außerhalb Frankreichs vorgeht, ist uns egal. Solange Hitler sich nicht in unsere Angelegenheiten einmengt – und er denkt nicht daran –, haben wir uns auch nicht in die seinen einzumengen.

Pas d'histoires: eine unbekümmerte Indifferenz; ein Leichtsinn, der an Frivolität grenzte; ein Egoismus, der seine Brutalität kaum noch mit verlogenen Phrasen zu bemänteln suchte; eine Vogel-Strauß-Politik, die den Kopf in den Sand der Routine steckte und nichts sehen, nichts hören wollte. Nur keine Unannehmlichkeiten! Der Raub Österreichs, der schimpfliche Verrat an den Tschechen? Was kann uns das schon ausmachen ... Die Deutschen brüllen im Chor: Heute gehört uns Deutschland, morgen die ganze Welt? Wohl bekomme es ihnen! Frankreich ist in dieser ganzen Welt bestimmt nicht mitinbegriffen. Haben wir doch zu allem, was Hitler wollte, bereitwillig ja und amen gesagt. Möge ihm die ganze andere Welt gehören, sofern nur wir ungestört weiter gut essen, gut trinken, gut lieben, gut verdienen. Pas d'histoires!

Aber die Jugend, die Jugend wenigstens huldigte doch anderen Auffassungen? Auch unter der Jugend konnte man nur allzu oft einen erschreckenden Materialismus beobachten, eine zynische Mißachtung jedes Ideals, einen Arrivismus, der kein anderes Ziel kannte als Geld und Vergnügen und selbst die höhere Bildung lediglich als Mittel zur Erlangung von Sinekuren im Staatsdienst oder in der Politik betrachtete. Respekt kannte dieser Teil der Jugend nur vor den «Débrouillards», jenen, die sich auskennen, sich alles «richten», die Technik des «pistonnage», der Protektionswirtschaft, die Kunst des Schaffens und Exploitierens von einflußreichen Beziehungen bis in die subtilsten Nuancen beherrschen.

In den verschiedensten Milieus versuchte ich in aller Bescheidenheit den Leuten die Augen über die Begriffe Hitler und Deutschland zu öffnen. Und überall stieß ich auf die gleiche Reaktion: entweder man hörte mir mit mitleidiger Ungläubigkeit oder mit gelangweilter Indifferenz zu – sofern man mir überhaupt zuhörte. Es konnte nämlich auch passieren, daß ich eine gewisse Gereiztheit erregte.

Ich erinnere mich noch, wie mir in einer Gesellschaft, die Angehörige der verschiedensten Berufe, darunter einflußreiche Journalisten, vereinigte, der sonst überaus liebenswürdige Hausherr mit unverhohlenem Ärger zurief: Wozu erzählen Sie uns eigentlich alle diese Geschichten? Er hatte recht.

Ein spezielles Kapitel bildet in diesem Zusammenhang die Haltung der französischen Juden. Ich muß gestehen, daß sie, die doch allen Grund gehabt hätten, Augen und Ohren zu öffnen, sich größtenteils womöglich noch abweisender verhielten als die französischen «Arier».

Zu dem Pas d'histores! kam bei ihnen noch ein anderer Refrain: «Chez nous en france, tout cela serait impossible.» Bei uns in Frankreich wäre das alles unmöglich. Und wehe, wenn man sich den leisesten Zweifel an diesem mit kategorischer Gewißheit ausgesprochenen Axiom erlaubte. Wie man sich denn überhaupt bei ihnen sehr unbeliebt machte, wenn man auch nur die leiseste Anspielung auf ihr Judentum fallenließ. Sie faßten das gewissermaßen als taktlose Indiskretion auf. Und das Wort «Antisemitismus» taten sie mit einer wegwerfenden Handbewegung ab, wenn sie es nicht vollends leugneten. Daß auch in Frankreich je eine Diskrimination zwischen «Ariern» und «Nicht-Ariern» gemacht werden könnte, erschien ihnen einfach unvorstellbar.

Uns Emigranten gegenüber beobachteten sie eine Art herablassender Distanz. Sie hatten förmlich Angst, sich mit uns zu kompromittieren, mit uns in einen Topf geworfen zu werden, sie, die «Bodenständigen» und «Erbeingesessenen». Wollten schon die anderen nichts von dem hören, was draußen vorging, so hielten sich die französischen Juden krampfhaft die Ohren zu, sooft die Rede auf Hitler und dessen unheilvollen Judenkomplex kam. Einer von ihnen erklärte mir einmal unverblümt: On en a marre de vos histoires juives. Man hat Euere Judengeschichten gründlich satt.

Und die Haltung der fremden, aber nicht emigrierten, in Frankreich ansässigen Juden war um nichts besser. Diese hier betrachteten sich vornehm als Kolonie ihres respektiven Mutterlandes und zogen geflissentlich einen Scheidestrich zwischen dieser ihrer Zugehörigkeit zu einem Mutterland und unserer Zugehörigkeit zu einem Niemandsland. Sie hatten Anspruch auf ein Gastrecht; wir dagegen hatten uns glücklich zu schätzen, geduldet zu sein.

Aber das alles hat einen Charles Maurras, dem jüdische Verehrer einen kostbaren Degen anläßlich seiner Wahl in die Académie française überreicht hatten, nicht daran gehindert, zu schreiben, daß die Juden es waren, die Frankreich dazu getrieben hatten, den friedliebenden, von den besten Absichten beseelten Hitler zu überfallen. Jüdische Emigranten hätten sogar die Stirne gehabt, die Kriegserklärung Frankreichs durch Champagnergelage zu feiern...

# DIE ERSTEN
# HUNDERT FRANKEN
# VERDIENEN

Am 18. August war ich also in Paris gelandet. Einige Tage später kam mir meine Frau nach.

In den ersten Wochen schien sich alles gut anzulassen. Überall bekam ich die aufmunterndsten Worte zu hören. Das Wichtigste sei vorläufig, mich zu erholen. Alles weitere werde sich schon geben.

Jules Romains, der Präsident des französischen P. E. N., empfing mich auf das liebenswürdigste und veranlaßte meine sofortige Aufnahme. Wir wurden, meine Frau und ich, zu einem Begrüßungsdiner im Heim des P. E. N. in der Rue Pierre Charron geladen. Ansprachen, herzbewegende Worte, feuchte Augen. Ich kam mir vor wie der verlorene Sohn, der endlich heimgefunden hat.

Nach diesem wunderschönen, unvergeßlichen Abend hätte ich mit Bestimmtheit annehmen dürfen, daß mir in bezug auf die Möglichkeiten zur Gründung einer neuen Existenz nur die Qual der Wahl bleiben werde.

Aber die Tage, die Wochen vergingen, ohne daß es mir gelungen wäre, eines von den vielen, schönen Versprechen gegen etwas Konkretes einzutauschen.

Nur der gute Benjamin Crémieux setzte seine Hilfsbereitschaft in die Tat um: durch eine persönliche Intervention beim Polizei-Präfekten erreichte er, daß mir – o Wunder! – eine Identitätskarte auf 3 Jahre ausgestellt wurde.

Ich hatte mich auf den Weg, auf viele Wege gemacht, um einen Grundstein für das «recommencer à zéro» zu finden. Ach, ich mußte klar und klarer erkennen, daß ich für das Frankreich meiner Träume nur ein Emigrant auf Stellungsuche war, ein armer Teufel, von dem die Geliebte nichts mehr wissen wollte. Sie bot mir zwar höflich einen Stuhl an, den sie mir aber vor die Tür setzte. Meine Zeit war um. Überall stieß ich auf eine Art elastischer Ablehnung wie auf eine Gummiwand, besonders dort, wo ich in früheren Zeiten weit geöffnete Türen vorgefunden hatte, jene Zuvorkommenheit, der immer nur die begegnen, die unabhängig sind und nichts brauchen.

Ein französisches Sprichwort sagt: «On ne prête qu'aux riches.» Man borgt nur den Reichen.

Eines Tages sagte ich allen Vergleichen zwischen dem Einst und Jetzt definitiv adieu. Dicker Strich unter die Vergangenheit. So gewappnet, machte ich mich wieder auf den Weg.

Auf gut Glück sprach ich in einem Übersetzungsbureau unweit der Trinité vor und verlangte, die Inhaberin zu sprechen. Man hielt mich für einen neuen Klienten und führte mich sofort zu der «Patronne», Madame F. Eine stattliche Dame in schon reiferen Jahren.

Ja, also zunächst galt es, ein kleines Mißverständnis aufzuklären: ich war kein Klient, im Gegenteil, ich suchte Arbeit.

Das charmante Lächeln auf dem Gesicht der Madame F. verwandelte sich im Nu in die herablassende Autorität des eventuellen Arbeitgebers. Sie musterte mich, zögerte, dann stellte sie mir einige Fragen.

«Österreicher, Emigrant ... es gibt deren jetzt so viele ... Schriftsteller, sagen Sie? Na, warten Sie einen Augenblick, vielleicht habe ich etwas für Sie.»

Sie verschwand und kam mit einem Couvert zurück, dem sie einen dicken Brief entnahm.

«Hier ist ein Brief», sagte sie mir, «den Sie aus dem Deutschen ins Französische zu übersetzen hätten. Nur handelt es sich nicht um eine wörtliche Übersetzung. Was ich brauche, ist – wie soll ich mich ausdrücken? – eher eine freie Bearbeitung, eine Adaption.»

Ich muß ziemlich verständnislos dreingeschaut haben, denn Madame F. lächelte amüsiert, ehe sie fortfuhr: «Sie werden sofort begreifen. Dieser Brief hier ist ein Liebesbrief. Ein Liebesbrief an eine Dame, die ihn uns zur Übersetzung anvertraut hat, denn sie weiß, dass sie sich auf unsere absolute Diskretion verlassen darf. Die Dame hat vor einiger Zeit hier in Paris einen Wiener kennengelernt, der inzwischen wieder nach Hause zurückgekehrt ist. Die beiden korrespondieren. Aber der Herr spricht kein Wort französisch und die Dame kein Wort deutsch.

Jetzt begann ich schon besser zu begreifen, wenn auch nicht ganz. «Die Dame», erklärte mir Frau F. weiter, «ist eine ausgezeichnete Klientin, und ich lege den größten Wert darauf, sie zufriedenzustellen. Ich verfüge über sehr tüchtige Übersetzer und Übersetzerinnen, doch im vorliegenden Falle genügt das nicht.» Madame F. zündete sich eine Zigarette an. Ein verständnisinniges und genäschiges Lächeln verklärte ihr schon etwas verblühtes Gesicht. Dann setzte sie ihre Erläuterungen fort: «Die Dame, müssen Sie wissen, ist schrecklich verliebt, und je leidenschaftlicher, je glühender die Briefe sind, die sie empfängt, desto besser für sie und desto besser für uns. Sie sagen, daß Sie Schriftsteller sind. Ich kann also mit Bestimmtheit annehmen, daß Sie außer Ihren Sprachkenntnissen auch Schwung und Phantasie haben.»

Ich verbeugte mich geschmeichelt.

«Nun denn», schloß Madame F., «lassen Sie Ihrem Schwung, Ihrer Phantasie nach Herzenslust freien Lauf, verstärken, verschönern, steigern Sie, kurz: fügen Sie ruhig aus Eigenem hinzu, was Ihnen notwendig erscheint. Seien Sie lyrisch und pathetisch, zärtlich und leidenschaftlich. Und vor allem keine falsche Prüderie, genieren Sie sich nicht, gewisse Dinge beim Namen zu nennen. Die Dame ist nicht nur sehr verliebt, sie ist auch sehr temperamentvoll. Das normale Übersetzungshonorar würde 50 Franken betragen. Aber wenn Sie Ihre Sache gut machen, sollen Sie 100 haben, auch für jeden weiteren Brief.»

Am nächsten Tage legte ich Madame F. mein Elaborat vor. Nachdem sie es geprüft hatte, überreichte sie mir huldvoll eine Hundertfrankennote.

Und von da an bekam ich regelmäßig alle 8 Tage einen Brief zu adaptieren.

Mit der Zeit arbeitete ich mich so gut ein, daß ich den Geschmack unserer Klientin vielleicht auch ohne jede «Vorlage» getroffen hätte. Und im Stillen hoffte ich, daß diese Liebe zu hundert Franken pro Woche ewig währen würde.

Doch die Herrlichkeit sollte nur allzu schnell ein Ende nehmen. Nicht, daß die Leidenschaft meines Wieners nachgelassen hätte. Dafür wollte ich schon sorgen. Aber es kam der Krieg und mit dem Krieg das Ende des Idylls.

Schade, jammerschade.

Im Jänner 1939 konnten wir eine kleine Wohnung im 15. Arrondissement mieten. Kurze Zeit darauf gesellte sich unsere geliebte Freundin Fräulein Slava Kolar zu uns. Aus Böhmen wo sie, hundertprozentige «Arierin», sorglos und unbehelligt bei Mutter und Geschwistern hätte leben können, kam sie uns nach: Emigrantin und gewissermaßen auch Jüdin aus freien Stücken, wie sich in der Folge zeigen sollte.

Wäre ein Romancier auf den Einfall gekommen, solch' eine Frauengestalt zu schildern, die Leser hätten skeptisch den Kopf geschüttelt: «Erfindung. So etwas kommt nur in einem Roman vor.» Nun, dieses Wunder an Güte und Treue kommt auch «im Leben», in der Wirklichkeit vor. Und daß es vorkommen kann, ist mehr als ein Trost, ist ein Licht von oben in der Finsternis.

Fast dreißig Jahre lang hatte Slava Kolar unser Leben geteilt. Sie war die Erzieherin unserer Kinder, die vertrauteste Freundin meiner Frau. Ein Leben ohne sie wäre uns undenkbar erschienen. Und dennoch, als wir emigrieren mußten, bestanden wir darauf, uns von ihr, sie von uns zu trennen. Sie in die Unsicherheit, die Mühsal, die Entbehrungen unserer Existenz mitzureißen – wie hätten wir diese Verantwortung auf unser Gewissen nehmen können...

Fast mit Gewalt brachten wir sie endlich dazu, nach Böhmen zu ihrer Familie zurückzukehren, die sie mit offenen Armen empfing. Der Augenblick, als wir in Wien Abschied von ihr nehmen mußten, gehört zu den schwersten unseres Lebens.

Aber eines Tages war sie wieder da, bei uns in Paris. Sie hatte es einfach nicht länger ausgehalten. Sie, die sonst so Schüchterne, Unbeholfene, hatte sich die Ausreisebewilligung, das Visum zu verschaffen gewußt. Und sie brachte uns noch ein paar tausend Franken mit... Sie wollte nicht nur unser Schicksal teilen, unsere Misere auf sich nehmen, uns helfen, unser tägliches Brot zu verdienen; sie opferte vorher noch für uns ihre letzten Ersparnisse. So etwas kommt vor.

So waren wir nun zu dritt, uns schlecht und recht durchzuschlagen. Ich machte Übersetzungen, veröffentlichte von Zeit zu Zeit den einen oder anderen Artikel in verschiedenen Zeitungen und Zeitschriften und betätigte mich in meiner freien Zeit als Laufbursche. Meine Frau und Slava verfertigten nämlich Wiener Torten und Bäckereien, die ziemlich guten Absatz fanden und die ich ins Haus zustellte. An mehreren Tagen der Woche besorgte Slava überdies den Haushalt bei einer Familie, zu fünf Franken die Stunde. Und dazu kamen für die beiden Frauen abends, oft nachts, noch Strickarbeiten. Ein Spaziergang, ein Vergnügen kam natürlich nicht in Frage.

Aber wir waren zufrieden. Wir hatten unsere vier Wände und ein paar gute Freunde. Unsere Söhne konnten in England ihre Studien beenden. Und noch etwas hatten wir, das alle Mühsal und Müdigkeit aufwog: wir konnten frei atmen. Wir mußten nicht mehr zusammenschrecken, sooft es an der Wohnungstür läutete.

Wer uns damals prophezeit hätte, was uns noch in der Folgezeit erwarten sollte ...

## DIE MÄNNER MIT DER
## BASKENMÜTZE

September 1939.

Frankreich hatte die längste Zeit über den Kopf in den Sand gesteckt, trotz der schmählichen Münchner Tragikomödie und allem, was sie nach sich gezogen hatte. Pas d'histoires. Inzwischen konnte Hitler in aller Ruhe und Gründlichkeit seine weiteren Überfälle vorbereiten. In Frankreich selbst durfte die fünfte Kolonne, diese bewunderungswürdig ausgebaute Organisation der Nazi-Spionage und -Propaganda, ungestört, fast in aller Öffentlichkeit ihre verhängnisvolle Minier-Arbeit verrichten.

Und nun hatte das braune Reptil den Augenblick für gekommen erachtet. Der Krieg war da.

In jeder Beziehung hätte die Emigration der Verteidigung des Landes wertvolle Dienste erweisen können und wollen; sie verlangte sich nichts Besseres. Es hätte sich nur darum gehandelt, die Kräfte der Emigration zusammenzufassen und entsprechend zu verwenden. Aber wie mir ein guter Franzose, François Crucy, damals voll bitterer Ironie sagte: «En France, on s'organise toujours après.» In Frankreich organisiert man sich immer hinterher.

Was geschah zunächst? Statt aller Kommentare kurz ein persönliches Erlebnis:

Am 12. September um 10 Uhr abends schrillte die Glocke an unserer Wohnungstür. Ich öffnete. Zwei stämmige Männer, Baskenmützen auf dem Kopf, traten ein: «Polizei. Sie sind verhaftet.»

Verhaftet? Warum?

«Das werden Sie schon sehen. Nehmen Sie eine Decke, etwas Wäsche und Lebensmittel für 2 Tage mit. Aber rasch, rasch, wir haben keine Zeit.»

Eine Viertelstunde später befand ich mich mit meinem Bündel zwischen meinen beiden Wächtern auf der stockfinsteren Straße. Sie brachten mich auf das Polizeikommissariat in der Rue Lecourbe. Der Brigadier forderte mir meine Identitätskarte ab. Ich wagte, ihn nach dem Grund meiner Verhaftung zu fragen.

Zunächst schien der Gewaltige sprachlos über meine Frechheit. Schließlich ließ er sich dennoch herbei, mir zu erklären: «Warum Sie verhaftet sind? Darüber müssen Sie sich bei Monsieur Hitler beschweren. Sie sind Österreicher, daher ‹ressortissant hitlérien›, Untertan Hitlers. Genügt Ihnen das jetzt, um zu wissen, weshalb wir Sie einsperren?»

Ich versuchte, zu protestieren, einzuwenden, wie grotesk es sei, die Opfer Hitlers für Hitler verantwortlich zu machen, statt ... Aber da kam ich schön an. Der Brigadier schlug zornentbrannt mit der Faust auf den Tisch und brüllte: «Pas d'histoires. Deutschland hätte nur den Krieg nicht zu erklären gehabt. Abführen!»

Und ich wurde in den Arrest abgeführt, wo ich den Rest der Nacht mit einigen Taschendieben und Einbrechern verbrachte, die übrigens bedeutend mehr Verständnis für meine Situation zeigten als der Herr Brigadier.

Um 8 Uhr morgens fuhr ein Car vor. Zwei Polizisten stiegen mit mir ein; sie lieferten mich im Stade von Colombes ab, dem Sammellager für «feindliche Staatsangehörige».

Dort war gerade eine Schlägerei zwischen Emigranten und richtigen «ressortissants hitlériens» im Gange. Die letzteren hatten nämlich das Horst-Wessel-Lied angestimmt; worauf die ersteren mit der Marseillaise antworteten. Das konnten die Volksgenossen Hitlers und des Zuhälters Horst Wessel nicht dulden. Sie stürzten sich auf die Juden, aber diesmal konnten die Juden sich wehren.

Erst auf diesen Zwischenfall hin nahm sich das Lagerkommando die Mühe, die beiden Kategorien von «ressortissants hitlériens» wenigstens räumlich voneinander zu sondern.

Gegen Mittag wurde ich einem Kapitän vorgeführt, der mir kurz erklärte: «Sie können nach Hause fahren.»

Nur wer selbst erfahren hat, was es heißt, verhaftet zu sein, kann auch ermessen, was es heißt, wieder frei zu sein. Voll Seligkeit und Leichtsinn warf ich mich in ein Taxi – es gab damals noch welche –, um so schnell als möglich nach Hause zu kommen.

Von meiner Frau erfuhr ich, dass Benjamin Crémieux und Crucy «höheren Ortes» für mich interveniert hatten. Dieser Protektion hatte ich meine Freilassung zu verdanken. Aber andere «feindliche Ausländer» meiner Art, österreichische und tschechische Emigranten, blieben weiter interniert.

Am nächsten Tag erschien wieder ein Mann mit Baskenmütze bei mir. Er überbrachte mir diesmal freundlich lächelnd eine Vorladung auf die Polizeipräfektur. Dort eröffnete mir ein höherer Beamter, dass man aufgrund meiner Meriten um Frankreich beschlossen habe, mich bis auf weiteres an meinem Domizil zu belassen. Ein entsprechender Vermerk wurde in meine Carte d'Identité eingetragen, die mir der Funktionär mit dem Bemerken überreichte: «Es ist eine ganz besondere

Begünstigung, die wir Ihnen da gewähren.» Er reichte mir zum Abschied sogar die Hand.

Ich glaube nicht, dass mir ohne Protektion alle meine «Meriten um Frankreich» viel genützt hätten.

Aktiver Militärdienst kam meines Alters und meines Gesundheitszustandes wegen nicht in Frage, obzwar ich mich sofort zu der «Österreichischen Legion» gemeldet hatte. Aber Crucy und Crémieux waren bemüht, mich für die Propaganda zu verwenden. Ein Dossier wurde fein säuberlich im Hotel Continental, dem Sitz der Propaganda, angelegt. Man gab mir die Versicherung, dass man gewiß nicht verfehlen werde, im geeigneten Zeitpunkt meine wertvollen Dienste in Anspruch zu nehmen. Nur müsse ich mich vorläufig noch ein wenig gedulden.

Ich geduldete mich also; geduldete mich während der ganzen «Drôle de guerre».

## DIE «DRÔLE DE GUERRE»

Gespenstische Tragikomödie eines Kriegszustandes, dessen Lethargie – fast möchte man sagen: Euphorie – hinter einer Fassade von trügerischen Phrasen und Schlagworten das Gegenstück zu der «Pas d'histoires!»-Politik der Vorkriegszeit bildete.

Ein Zustand, der an die täuschenden Remissions-Perioden bei gewissen unheilbar Kranken erinnert. Pausen, in denen der Patient sich scheinbar wohl fühlt, voll Zuversicht ist, alles für bare Münze nimmt, was ihm die Ärzte einreden, Pläne schmiedet, kurz: sich seiner wahren Verfassung gänzlich unbewußt bleibt. Bis eines Tages die entscheidende Krise ausbricht, die unerbittlich und jäh das Ende herbeiführt.

Schon allein der Umstand, dass dieses verruchte Wort: «drôle de guerre», spaßiger Krieg, geprägt werden konnte, schon allein dieser Umstand war ein erschreckendes Symptom der zwischen schwulstigen Rodomontaden und frivoler Leichtfertigkeit hin- und hertaumelnden Auflösung in jener Zeitspanne zwischen September 1939 und Juni 1940.

Nun ja, man war im Kriege. Irgendwo gab es täglich Tränen, Not, Sterben, Stoßgebete? Unvermeidliche Begleiterscheinungen des Krieges. Traurig, gewiß.

Aber da man nun einmal Krieg führen mußte, hatte dieser Krieg, Hand aufs Herz, nicht auch seine guten Seiten? Die Lebenskünstler, die «débrouillards» konnten ihre Talente jetzt erst recht voll entfalten, und während andere auf dem Felde der Ehre fielen, behaupteten diese hier sich täglich um so brillanter auf dem Felde ihrer einträglichen Geschäfte. War der Krieg nicht für Zahllose eine einzigartige Gelegenheit, Gewinn, Ehren, Titel einzuheimsen? Der letzte Soldat der großen Bereicherungsarmee trug den Marschallstab in seinem Tornister.

Leiden, Blutvergießen, Tod. Irgendwo, weit weg. Aber hier im Hinterland, hier in Paris, lieferte der Krieg nicht beispielsweise der Haute Couture, den Juwelieren, der ganzen Luxusindustrie die Inspiration zu tausend reizenden, originellen und dabei höchst patriotischen Schöpfungen? Bracelets d'identité wie sie die braven Soldaten an der Front tragen, um im Todesfall agnosziert werden zu können, aber für die Damen hier in Gold oder Platin mit Brillanten besetzt; entzückende Miniatur-Mitrailletten und Tanks als Anhängsel für «Glücks-Armbänder»; Uniform-Trotteurs, Modelle für Abendtoiletten in Akkorden von Blau-Weiß-Rot, kostbare «Musette-Handtaschen», aparte Lederfutterale für Gasmasken, usw. usw.

Es hätte nur noch eines zweiten Rostand bedurft, um in einem neuen «Cyrano de Bergerac» diese Roxane der «drôle de guerre» würdig zu besingen.

Und hielt der Krieg nicht auch dazu her, dass unter der Flagge der «Wohltätigkeit» alle möglichen Galas, Feste, Veranstaltungen geradezu zur patriotischen Pflicht wurden? War der Krieg nicht ferner eine wollüstige Mahnung, eine Art Sex-Appeal, den Augenblick auszukosten; diente er nicht dazu, gewisse Hemmungen durch den düster-romantischen Hinweis auf das ungewisse Morgen im Sturm niederzureißen?

«Il faut se serrer les coudes», man muß eng zusammenrücken, hatte es geheißen. So rückte man denn eng zusammen bei intimen Diners und Soupers hinter den traulich verhängten Fenstern der «Défense Passive». Hausfrauen, die etwas auf sich hielten, hatten sogar die zu ihren Wohnungen gehörigen Kellerräume mit raffiniertem Geschmack in wahre boudoirs-abris umgezaubert, in unterirdische cosy-corners, wo es bei einer Alerte nicht einmal an einem Barschränkchen mit Shaker und allen Ingredienzien für die Zubereitung von drôle-de-guerre-cocktails fehlte. Die Défense Passive hatte unleugbar ihre intimen Reize.

Doch auch Theater, Variétés, Nachtlokale und noch andere, verschwiegeneren Freuden dienende Häuser hatten sich nicht zu beklagen; sie wiesen alle einen Rekordbesuch auf.

Alle jene ferner, die sich gleich zu Kriegsbeginn freiwillig «evakuierten», die ein Schloß, eine Besitzung oder auch nur brave Verwandte auf dem Lande ihr eigen nannten: war der Krieg nicht eine ausgezeichnete Gelegenheit, sich unbegrenzte Ferien zu gönnen?

Dann jene Elite, die es sich leisten konnte, in fashionablen Luxushotels am Meer und in den Bergen durchzuhalten. Noch niemals hatten Cannes, Nizza, Biarritz, Chamonix eine derartige Saison zu verzeichnen gehabt. Welt, Halbwelt und reichgewordene Unterwelt hatten ihre Hauptquartiere in den diversen Palaces aufgeschlagen, und die Communiqués von der Front dieser Armee wurden täglich in der mondänen Chronik der Gazetten mit gebührendem Respekt veröffentlicht. Die anderen Kämpfer, die von der anderen Front, konnten genau in den Zeitungen verfolgen, wer gerade an der Côte d'Azur, der Côte d'Argent, in den Alpen oder Pyrenäen den Leidenskelch der «Tourmente» in vollen Champagnerzügen schlürfte.

Denn offiziell, nicht wahr, war man ja mitten in der «tourmente», im Gewittersturm. So stand es wenigstens täglich in allen Tonarten in den Zeitungen zu lesen, so bekräftigte es das Radio, so tremolierten die Rhetoren aller Parteien. Aber zugleich wurde der Masse mit allen Spritzen der Propaganda wie ein Narkotikum das Axiom injiziert: «Nous vaincrons, parce que nous sommes les plus forts.»

Wir werden siegen weil wir die Stärkeren sind. Weil wir, so dozierten mit erhobenen Zeigefinger Leitartikler, Radiospeaker, Militärkritiker, Sachverständige aller Spielarten, weil wir in jeder Beziehung dem Feind mit mathematischer Gewißheit überlegen sind. Hier bitte: und triumphierend schwangen sie ihre Ziffern, Berechnungen, Aufstellungen und Statistiken. Nicht nur eine betäubende Phraseologie, gewissermaßen der metaphysische Teil der Propaganda, auch die pseudowissenschaftliche Lüge, das ganze Rüstzeug, die ganze Technik der scheinbar exakten, unwiderleglichen Tatsachenfälschung wurde herangezogen. Das rationelle «bourrage de crânes» war zu einer Wissenschaft, einer Enzyklopädie geworden, die sich aller Zweige der Wissenschaft bemächtigt hatte und deren scheinbar sachliche Beweisführung in dem bereits erwähnten, unwiderleglichen logischen Argument gipfelte: Wir werden siegen, weil wir die Stärkeren sind.

Und diese Gewißheit wurde noch durch einen anderen Umstand bekräftigt. Man war zwar mitten in der «tourmente», mitten im Schrecken des Krieges; aber täglich fast verkündete, beruhigte am Schluß das Communiqué: «Rien de spécial à signaler.» Nichts Besonderes zu verzeichnen.

Was konnte auch Frankreich schon zustoßen, nachdem es sich hinter seiner unüberwindlichen Maginot-Linie verschanzt hatte ...

Die Truppen dort mochten nicht sehr gut equipiert sein. Allzu häufig verlangten Soldaten von ihren Angehörigen

Decken, Wäsche, Wollsachen. Das ist zwar bedauerlich, meinten die Auguren, doch im Grunde bedeutungslos. Wie erfreulich dagegen, dass die Mannschaften nicht nur unter Kälte, sondern auch an Langeweile litten: der beste Beweis dafür, dass die Deutschen sich nicht an die Ligne Maginot herantrauten.

So verging Woche um Woche, Monat um Monat. Die «tourmente» wurde allmählich zu einem konventionellen, abgegriffenen Wort; man sprach es etwa so aus, wie man sich veranlaßt fühlt, «schrecklich» zu sagen, wenn man von einem fremden Unglück hört, an das man im nächsten Augenblick schon nicht mehr denkt.

Von Entbehrungen war noch nicht viel zu spüren, wenn auch gewisse Kreise in Paris zuweilen große Opfer zu bringen hatten. So berichtete in einer Zeitung eine sehr berühmte Romancière über eine sensationelle, zu patriotischem Zweck veranstaltete Premiere im Theatre des Ambassadeurs. Bei diesem Anlaß gab die große Dichterin eine besonders ergreifende Schilderung davon, wie nach Schluß der Vorstellung mondäne Dulderinnen in neuesten Modellen der Haute Couture es auf sich nehmen mußten, mitten auf der Straße, bei strömenden Regen, schutzlos Wind und Wetter preisgegeben, auf eines der schon rar gewordenen Taxis zu warten oder gar wie der erstbeste Plebejer die Metro, den Autobus zu nehmen.

Die Tourmente, der Sturm, war von einer Windstille kaum mehr zu unterscheiden. Es gab freilich Unglücksraben, die diesem Frieden im Kriege nicht trauten, denen vor der brütenden Reglosigkeit des Hakenkreuz-Ungeheuers bange wurde. Man fertigte sie als Defätisten ab. Sie waren lästige Störenfriede der drôle de guerre. Auch diesmal: Pas d'histoires!

Die Versklavung der von den Deutschen bereits besetzten

Länder, die Untaten der deutschen Horden bei jedem Stiefeltritt – das gab höchstens Anlaß zu siegreichen Entrüstungsoffensiven von Druckerschwärze und Radiokommentaren, aber hinter der offiziellen Emphase legte man sich wieder aufs Ohr. Einer der wenigen Rufer in der Wüste sagte mir damals in verbitterter Resignation: Wie wollen Sie, dass uns das Schicksal der anderen kümmern soll! Wenn morgen der Feind durch die Porte Maillot in Paris einmarschieren sollte, so werden die bei der Porte de Versailles sagen: Was geht das uns an? Von der Porte Maillot zur Porte de Versailles ist es Gott sei Dank noch weit.

Die so beklemmende Frage: was hat Hitler vor? war zu einer Art spannenden Kreuzworträtsels geworden, das Virtuosen dieses Sports jeden Tag von neuem zur allgemeinen Beruhigung und Zufriedenheit lösten. Wie immer auch die Varianten ausfallen mochten, das Resultat blieb selbstverständlich stets das gleiche: Uns, uns kann nichts geschehen. Geschehen kann höchstens nur den anderen.

Das ging so weiter, bis im Mai 1940 die wahre Situation dem Lande nicht mehr verheimlicht werden konnte und das Idyll der drôle de guerre plötzlich ein Ende mit Schrecken nahm.

Überflüssig, die Ereignisse zu rekapitulieren. Schlag auf Schlag setzte die Serie der Hiobsbotschaften ein, die nach dem sanft einlullenden «Rien à signaler» zum doppelt furchtbaren Ende führen sollte.

Der Mythos von der Unüberwindlichkeit der Ligne Maginot zusammengefallen wie ein Kartenhaus. Belgische Flüchtlinge, die sich bis Paris durchgeschlagen hatten, erzählten furchtbare Dinge. Ihr Aussehen übrigens sagte genug. Und die Deutschen in Frankreich eingebrochen.

Sie rückten vor, sie rückten vor. Sie rückten vor mit motorisierter Unaufhaltsamkeit. Das Pausenzeichen des französischen Radios, ein paar himmelstürmende Takte aus der Marseillaise, begann wie eine schauerliche Parodie zu wirken.

Die sonst so redseligen, mitteilsamen Pariser waren jetzt sehr wortkarg geworden, sehr in sich gekehrt, als fürchtete jeder, seine Gedanken laut auszusprechen. Das Leben ging weiter, wie man zu sagen pflegt, scheinbar hatte sich nichts geändert. Doch trug alles bereits ein Sterbensmal eingezeichnet: Noch hatte sich nichts geändert. Wie lange noch?

«Aber», so erklärten zu gleicher Zeit die offiziellen Umlügner, «noch war nichts verloren.» Noch hatte die glänzendste Armee der Welt sich nicht zum entscheidenden Kampf gestellt. Noch sprach ein General wie Weygand von der «letzten Viertelstunde», die entscheidet, von der Rettung, dem Siege in dieser letzten Viertelstunde. Man möge nur an die Situation Frankreichs in der korrespondierenden Phase des Ersten Weltkriegs zurückdenken: sie war damals noch viel, viel kritischer. Und was hatte sich ereignet? Das Wunder an der Marne.

Noch jedesmal, seit Jeanne d'Arc, war Frankreich in schwerer Stunde eines Wunders teilhaftig geworden. Daher, folgerten die Logiker der Mirakel-Theorie, könne das Wunder auch diesmal unmöglich ausbleiben. Und je trostloser die Lage sich gestaltete, desto kategorischer wurde die Gewißheit des zu erwartenden Wunders in den strategischen Kalkül eingestellt. Allmählich verlor das Wunder schier seinen Wunder-Charakter, denn man rechnete mit dem Unberechenbaren förmlich wie mit einer unfehlbaren, in einer metaphysischen Rüstungsfabrik vorbereiteten Geheimwaffe, deren übermächtige Wirkung im allerletzten Augenblick noch die Katastrophe in den großen Sieg umzaubern werde.

Aber das Wunder wäre kein Wunder, würde es immer pünktlich eintreten. Diesmal wollte das Wunder sich nicht zwingen lassen, nicht seine Pflicht und Schuldigkeit tun. Und das Unheil nahm unaufhaltsam seinen Lauf, noch gesteigert zu rasender Geschwindigkeit durch die Vorschubleistung und Mithilfe der großen und kleinen Verräter, die man allen Mahnungen und Beschwörungen vereinzelter Patrioten zum Trotz hatte gewähren lassen, bis es zu spät war.

Dafür waren Emigranten hinter Schloß und Riegel gesetzt worden.

Man wird vielleicht niemals zur Gänze erfahren, was sich alles in Dunkel des Verrats zusammengetan hatte, um auch von innen her das Debakel Frankreichs ins Werk zu setzen, das herrliche Land den deutschen Raubmördern in die Hände zu spielen.

Eine der niederschmetterndsten Begleiterscheinungen des Debakels war der Exode.

# PARIS, GESPENST
# EINER VERWUNSCHENEN
# STADT

Man darf sich nicht vorstellen, dass der Exode, der Krampf dieser ungeheueren Massenflucht, mit einem Schlage einsetzte. Das begann fast unmerklich, steigerte sich dann freilich von Tag zu Tag, von Stunde zu Stunde, zu einem immer heftigeren Rhythmus, um sich schließlich in einer chaotischen Panik zu überstürzen, die mit dem Einmarsch der Deutschen in Paris jäh abriß.

Aber selbst noch in den allerletzten Tagen vor dem Einmarsch bot der Exode nur in jenen Straßen, die direkt oder indirekt zu den Toren der Stadt führten, das Bild der gehetzten Panik. In den von diesen Zugangswegen abseits liegenden Vierteln äußerte sich der Taumel vielmehr in einer Kontrastwirkung, die wie eine Halluzination anmutete. Man wäre zuweilen versucht gewesen, sich die Augen zu reiben.

Ein anderes ungewohntes, unbekanntes, ein unbegreifliches Paris kam da zum Vorschein. Eine Stadt, die im verspielten Glanz der Junisonne ein entspanntes, verträumtes Gesicht zeigte. Die Häuser mit ihren geschlossenen Läden und herabgelassenen Jalousien schienen träge einzunicken. Eine wohlige Schläfrigkeit umfing diese Straßen, Anlagen und Plätze. Vor den Haustoren saßen müßig Concierges und blinzelten den Kindern zu, die ungestört von jedem Wagenverkehr sich mitten auf der Fahrbahn tummelten. Auf den Trottoirs nur von Zeit zu Zeit ein vereinzelter Passant. Dieses sonst so quecksilberne, von Lebendigkeit übersprudelnde, mit geschäftiger Nervosität geladene Paris streckte sich faul, hingegeben dem süßen Zauber des Nichtstuns. Man glaubte, durch diese Straßen wie durch eine verwunschene Stadt zu wandeln.

Doch nicht lange, und man wurde sich der unerbittlichen Wirklichkeit wieder bewußt. Der Bann fiel ab, man fröstelte mitten in der heißen Junisonne.

Diese verwunschene Ruhe, sie war nur Angst, die den Atem anhielt. Diese Stille war durchdringender als der gellendste Schrei. Diese Reglosigkeit war peinigender als ein Ausbruch der Verzweiflung. Diese Verlassenheit erinnerte an ein Zimmer, aus dem man eben einen geliebten Toten fortgetragen hat. Alles steht noch an seinem Platz, nichts hat sich gerührt, die Uhr an der Wand tickt gleichmütig weiter und doch ist der ganze Raum zum Ersticken von Leere erfüllt. Unsichtbar, aber überall bis in den letzten Winkel ist nur der Tod.

Jenes Paris in den letzten Tagen vor dem Einzug der Deutschen: ein fahles Gespenst bei helllichtem Tage, bei strahlendem Sonnenschein. Man erschrak darüber, dass diese Sonne noch schien, dass noch Blumen in den Gärten blühten, noch Vögel in den Zweigen sangen. Dieser Friede wirkte wie eine Lähmung, die langsam, unaufhaltsam den Körper hinankriecht, das Blut zur Erstarrung bringt, Glied um Glied absterben macht.

Um die Ecke biegen, eine Straße weiter, und das Trugbild, die Phantasmagorie eines verwunschenen Paris war zerronnen im wüsten Tumult des Exode.

Und merkwürdig, dieser Kontrast wirkte eher wie die Befreiung von einem Albdruck. Dieser Wirbel von Vehikeln und Fußgängern war erträglicher als das stumme, reglose Brüten vordem. Ein reißender, trüber Strom von Leiden, aber wenigstens noch Leben. Not, aber zugleich auch Notgemeinschaft. Flucht, aber zugleich auch Zuflucht. Furcht, aber zugleich auch Hoffnung.

Während dort rückwärts, in der einsamen, verlassenen Stadt, nichts mehr zurückgeblieben war als das Warten, das untätige, ohnmächtige Warten auf etwas Ungeheuerliches, Unentrinnbares.

## STRASSEN DES EXODE

Am 12. Juni 1940, um 6 Uhr morgens, verließen wir unsere Wohnung mit ein paar Bündeln und Ränzeln, die gerade nur das Allernotwendigste enthielten, um uns zu einem Freund, Herrn C., zu begeben. Herr C. verfügte über ein Auto und hatte uns das Anerbieten gestellt, uns bis Poitiers mitzunehmen. Von dort würden wir trachten, Albi zu erreichen. Dort befand sich unser Freund Kofler, der Paris bereits Ende Mai verlassen hatte.

Als wir auf die Straße hinaustraten, blieben wir zunächst einmal überrascht stehen. Überall standen Menschen, die zum Himmel emporblickten und versuchten, sich ein seltsames Phänomen zu erklären. Die Sonne war längst aufgegangen. Aber ihr Schein war matt und düster wie das Licht einer Grablaterne, die von einem schwarzen Kreppschleier verhüllt ist. Alles schien in einen schwelenden Dunst getaucht.

Meine Frau schaute mich an und meinte verwundert: «Was hast du nur mit deinem Gesicht gemacht? Du bist ja ganz schwarz.» Und zugleich bemerkte ich, dass auch die Gesichter meiner Frau und Slavas wie von schwarzen Pünktchen übersät waren. Ich fuhr mit dem Finger über meine Wange: er blieb schwarz von Ruß.

Ein vorüberkommender Soldat gab uns die Lösung des Rätsels. Die Deutschen, die sich bereits nicht allzu weit von Paris befanden, hatten diese künstliche Vernebelung in Szene gesetzt. Weniger aus strategischen Gründen als in der Absicht, die Nerven der Bevölkerung vollends zu zermürben.

Wir gingen weiter. Unser Erstaunen war einem gleichgültigen Vagabunden-Fatalismus gewichen. Wir hatten kein Obdach mehr, wir schleppten unsere Habseligkeiten mit uns. Schon waren wir zu einem Partikelchen jener anonymen Masse geworden, deren Los Exode hieß. Ob unsere Gesichter sauber waren oder nicht, hatte keine Wichtigkeit mehr.

Das Problem war jetzt, in die Metro zu gelangen, so lange sich nach vorn durchzudrücken, bis man endlich von der nachdrängenden Menge in einen Wagen hineingepreßt wurde. Unsere neue Existenz begann mit beschmutzten Gesichtern und mehreren abgerissenen Knöpfen.

Denke ich an die ersten Phasen unseres Exode zurück, so sehe ich nur eine konfuse Reihe von Bildern vor mir gleich Szenen zu einem Film, die scheinbar sprunghaft gedreht werden, um erst später zusammenhängend angeordnet zu werden.

Da sind zunächst Straßen, die von Paris weg hinausführten. Straßen der «banlieue», Villenstraßen, Landstraßen, Dorfstraßen, Feldwege. Doch alle diese Straßen hatten jetzt nur mehr ein einziges, das gleiche verstörte Antlitz: Exode.

Groteskes Durcheinander von Vehikeln: Luxuslimousinen und Camions, Rennwagen und Bauernkarren, Möbelwagen, Postautos, Roulottes, Dreiräder, Motorräder, Kolosse und Miniaturfahrzeuge. Das alles bis zur letzten Sitz-Steh- Kauermöglichkeit ausgenützt, vollgepfropft, hoch bepackt mit allem, was jeder für das Wichtigste hielt, angefangen von Betten und Kochherden bis zu Hühnerkäfigen und Puppenschachteln. Das alles gelenkt von Menschen, die mit höchster Geschwindigkeit wie bei einem Rennen hätten davonrasen wollen. Und ihr angespannter Gesichtsausdruck stand in einem geradezu lächerlichen Gegensatz zu der Zeitlupenlangsamkeit, mit der die endlose, von Radfahrern und Fußgängern eingesäumte Karawane Meter für Meter vorwärtskroch, wieder halten mußte, sich wieder weitertastete. Am schnellsten kamen noch die Fußgänger vorwärts, trotzdem sie ihre Last mit sich schleppen mußten. Manche hatten ihre Habseligkeiten auf alle nur erdenklichen fahrbaren Behälter verstaut, auf Spielzeuggefährte, Puppenwagen, sogar Patinettes.

Um doch vielleicht etwas schneller weiterzukommen, bogen wir mehrmals von der Route Nationale ab und schlugen Seitenwege ein. Das Resultat? In den ersten zwei Tagen hatten wir uns alles in allem etwa vierzig Kilometer von Paris entfernt.

Ich sehe Menschen vor mir, die erschöpft umsanken. Eine Frau, eine Mutter, die plötzlich in die Knie brach. Aber sie hatte noch die Kraft, das schlafende Kind in ihren Armen in die Höhe zu halten, damit es nicht aufwache.

Ich sehe eine Wolldecke vor mir, auf die Wiese neben der Straße gebreitet. Eine funkelnagelneue, weiße Wolldecke. Doch darunter zeichneten sich die Konturen eines Körpers ab, ein Fuß ragte hervor. Der erste Tote. Für den hier war der Exode zu Ende.

Am frühen Morgen des vierten Tages hielten wir auf der Straße längs der Loire, gerade gegenüber von Blois. Unmöglich weiterzukommen. Eine unübersehbare, kompakte Masse, die resigniert wartete, bis der Knäuel sich vielleicht irgendwie etwas lockern würde. In der Nacht hatte es heftig geregnet.

Plötzlich erschienen hoch über uns mehrere schwarze Punkte, und zugleich begann ein schrill auf- und abjaulendes Pfeifen.

Flugzeuge. Sie senkten sich tiefer und tiefer, das Pfeifen

steigerte sich zu einem ohrenzerreißenden Spektakel. Neben uns schrie jemand: Zu Boden werfen!

Inzwischen waren die Helden der Luftwaffe so nahe gekommen, daß man die Abzeichen auf den Apparaten deutlich unterscheiden konnte. Alles warf sich nieder, teils in den Schlamm auf der Straße, teils auf der Böschung. Dann zwei Explosionen und Geknatter der Maschinengewehre.

Und plötzlich war alles wieder still; so still, daß man das ferne Trillern einer Lerche hören konnte.

Wir erhoben uns. Die Luft war durchzogen von Brand- und Pulvergeruch. Drüben am anderen Ufer in Blois schlugen mächtige Flammen empor.

Die Masse versuchte, sich in Bewegung zu setzen. Doch nach einem Ruck blieb alles wieder stecken.

Ein paar hundert Meter von uns hatte eine Bombe einen Trichter gerissen. Die Maschinengewehre hatten auch das Ihre getan: ich weiß nicht mehr, wie viele Tote, Männer, Frauen, Kinder zerfetzt herumlagen.

Ich weiß nur, daß unter den Tausenden, die auf dieser Straße eine der unzähligen Episoden des Exode erlebten, sich kein einziger Kombattant befand. Die kühnen Recken Görings hatten in aller Ruhe und Beschaulichkeit wehrlose Flüchtlinge massakriert. Und um ihr Vergnügen noch zu würzen, hatten die Lustmörder an ihren Apparaten spezielle Sirenen angebracht, die gleich einem Hohnlachen jene höllische Pfeifmusik produzierten.

Ein paar Stunden später ein zweites Bombardement in Tours. Diesmal hatten wir einen Keller erreichen können. Ein drittes Bombardement wieder auf offener Landstraße. Diesmal beteiligten sich auch Italiener an dem gelungenen Spaß.

Die Kollektion von Vehikeln der verschiedensten Art, die uns bisher begegnet waren, hätte man für komplett halten dürfen. Aber in Meung-sur-Loire gab es doch noch etwas Neues: ein wunderschönes Leichenauto. Ein mit schwarzen Säulchen, Schnüren, Girlanden und einem trauernden Engel verziertes Leichenauto, wie es in Paris bei Leichenbegräbnissen erster Klasse verwendet wird.

Statt des Toten hatten in dem Gefährt Platz genommen: eine sechsköpfige Familie, ein fröhlich kläffender Foxterrier, drei Hühner und zwei Kaninchen.

Was sich noch in dem geschlossenen Sarkophag befand, entzieht sich meiner Kenntnis.

In Cléry stießen wir zum erstenmal auf Truppen. Es hieß, daß hier die Armee zur Verteidigung der Loire-Linie zusammengezogen werde. Der Marktflecken war von Militär überfüllt. Soldaten, Soldaten und wieder Soldaten. Hie und da ein Sergeant, ein Aspirant, ein Leutnant. Doch von diesem Grad aufwärts weit und breit kein Offizier zu erblicken. Wo waren sie?

In der Hauptstraße des Ortes trat plötzlich ein sehr adrett gekleideter, alter Herr auf mich zu. Er lüftete höflich den Hut, und ungefähr so wie ein Einheimischer, der einen Fremden gern auf die Hauptsehenswürdigkeit des Ortes aufmerksam machen möchte, fragte er mich: «Monsieur, wollen Sie eine Armee in Auflösung sehen?»

Verblüfft schaute ich den alten Herrn an. Da trat er einen Schritt zurück, breitete die Arme wie ein Gekreuzigter nach beiden Seiten in einer Geste aus, deren verzweifeltes Pathos erschütternd war, und sagte ein einziges Wort: «Voilà.» Dann grüßte er wieder sehr höflich und ging weiter.

Genau 8 Tage nachdem wir Paris verlassen hatten, erreichten wir endlich Poitiers. Herr C., der uns in seinem Wagen mitgenommen hatte, trennt sich hier von uns. Wir wollten versuchen, über Bordeaux nach Albi zu gelangen.

Der Bahnhof war gesperrt; aber es verlautete, daß am nächsten Morgen um 5 Uhr vielleicht noch ein Zug nach Bordeaux abgehen werde. Seit Paris hatten wir alle Nächte zu sechst in einem kleinen Auto verbracht; ein Bett wäre der Inbegriff unserer Wünsche gewesen. Aber an ein Unterkommen in Poitiers war nicht zu denken. Wir blieben die Nacht über auf dem Platz vor dem Bahnhof, der endlich um 4 Uhr morgens geöffnet wurde. Um 5 Uhr ein Bombardement, während wir uns bereits in dem schrecklich überfüllten Zug befanden. Eine Stunde später fuhren wir ab.

Statt der normalen Fahrzeit von 6 Stunden dauerte die Reise 36. Wir hatten nichts mehr zu essen und zu trinken und in den Stationen war nichts zu bekommen. Sooft der Zug auf offener Strecke hielt, rannte alles um die Wette in die umliegenden Bauernhöfe, um vielleicht etwas zu ergattern. Die meisten Bauern ließen sich erst nach langem Bitten herbei, für teures Geld etwas zu verkaufen. Ich erinnere mich an einen, der für das Füllen einer Wasserflasche zehn Franken verlangte.

Endlich kamen wir in Bordeaux an. Es war glühend heiß. An den Mauern klebten Plakate, die ein Konzert des Tenors Thil ankündigten. Musik, Menschen, die Konzerte besuchen, das gab es noch?

Wir konnten nicht mehr weiter vor Erschöpfung. Aber wo ein Obdach für die Nacht finden? Man wies uns schließlich an den Centre d'accueil. Quai de la Paludate. Der «Centre» bestand aus einigen hundert Strohlagern in den Bodenräumen eines Lagerhauses. Wir bekamen einen Teller Suppe, ein Stück Brot. Dann sanken wir ins Stroh.

Um 4 Uhr morgens Alarm, Explosionen, Bombardement. Eine Stunde später waren wir wieder auf der Straße. Zurück zum Bahnhof, der von einer riesigen Menge umlagert war.

Wir brauchten zwei Stunden, uns bis in die Halle durchzukämpfen. Ein Zug nach Toulouse? Vielleicht, vielleicht auch nicht. Endlich, um 4 Uhr nachmittags fährt ein leerer Zug ein. Wildes Getümmel. Unsere Hauptsorge ist jetzt, nicht auseinandergerissen zu werden. Wir haben Glück: ein Ruck schleudert uns alle drei in den Gepäckfourgon. Gegen Abend setzt sich der Zug endlich in Bewegung. Aber nicht nach Toulouse, sondern nach Bayonne.

Toulouse, Bayonne, uns war schon alles gleich. Nur den Deutschen entgangen sein. Und nur irgendwo ankommen, um nicht gleich weiterzumüssen. Sich vielleicht waschen, ein frisches Hemd anziehen können ...

Spätabends wurden wir in Dax auswaggoniert und in Autobussen in das etwa 10 Kilometer entfernte Flüchtlingslager von Basta-Les-Forges gebracht. Unser Wunschtraum schien in Erfüllung zu gehen. Wir konnten hier bleiben. Das Lager bestand aus Baracken, von denen jede etwa 60 Personen faßte. Matratzenlager mit Decken. Eine Wasserleitung. Eine eigene Baracke für die Mahlzeiten. Und nicht zu vergessen: gedeckte Abtritte mit separierten Abteilungen.

Wir waren fast glücklich.

## «ARMISTICE»

Wir waren fast glücklich.

Ein pensionierter belgischer General, der mit Frau und Tochter unsere Baracke teilte, hatte uns mit einer nicht den leisesten Zweifel duldenden Autorität versichert, daß die Deutschen selbst im allerschlimmsten Fall niemals bis hierher, fast an die spanische Grenze, vordringen könnten.

Überdies waren wir hier in unserem inmitten von ausgedehnten Pinienwäldern versteckten Lager wie der Welt abhanden gekommen. Dazu die herrliche, nach Harz und der Nähe des Ozeans duftende Luft, der besänftigende Friede der Landschaft. Endlich das Bewußtsein, ein Dach über dem Kopf und zweimal täglich warmes Essen zu haben. Wir begannen, wieder Atem zu schöpfen. Vielleicht würde uns das Schicksal eine Zeitlang in unserem Winkel gnädig vergessen.

Eines Tages machte einer unserer Barackengefährten, ein alter Pariser Metallarbeiter, einen Spaziergang nach Buglose, einem etwa 3 km entfernten Dorf. Als er zurückkehrte, erfuhren wir, daß Frankreich jede weitere Verteidigung aufgegeben und der Marschall Pétain den Armistice abgeschlossen habe.

Der alte Arbeiter erzählte das ungefähr so wie man zwar eine sensationelle Neuigkeit zum Besten gibt, die einen aber persönlich nicht besonders berührt. Er schloß seinen Bericht mit den Worten: «Wenigstens ist der Krieg für uns zu Ende.» Und dann ging er zu einem anderen Thema über; er hatte in

Buglose ein Wirtshaus entdeckt, wo man ausgezeichneten warmen Schinken bekommen konnte.

Am nächsten Tag hielt es uns nicht länger in unserer Abgeschiedenheit; wir machten uns selbst auf den Weg nach Buglose.

Die Nachricht, die katastrophale Nachricht beruhte auf Wahrheit. Wir konnten uns davon überzeugen, noch ehe wir mit jemandem ein Wort gesprochen hatten.

In der Hauptstraße des Ortes war ein Trupp junger Burschen versammelt, die empört lärmten und gestikulierten.

Bäumten sich diese jungen Leute gegen die Kapitulation Frankreichs auf? Sollten sie ihrer Verzweiflung über das unfaßbare Schicksal des Vaterlandes Luft machen? Ach, nein; es handelte sich um etwas ganz anderes.

An jenem Tage hatte die Regierung zum Zeichen der Landestrauer die Schließung aller Gastlokale und ein strenges Alkoholverbot verfügt. Und diese jungen Franzosen rebellierten einfach deshalb, weil sie für diesen einen Tag auf ihren Apéritif verzichten mussten.

Daß Frankreich Hitler nach wenigen Wochen in den Schoß gefallen war, wie eine überreife Frucht, war ein ungeheures Unglück. Aber diese Reaktion junger Menschen in der Hauptstraße von Buglose ließ manches erklärlich erscheinen...

Wir beeilten uns, nach Basta zurückzukehren.

Was würde aus uns werden?

Ein Delegierter des Subpräfekten von Dax inspizierte unser Lager. Er war in bester Laune und erklärte, daß die Deutschen niemals Dax besetzen würden, trotzdem wir uns diesseits der Demarkationslinie befänden. Dann unternahm er eine kleine Promenade mit der Frau Generalin.

Ich paßte den Herrn Delegierten ab und ersuchte ihn um eine Unterredung, bevor er sein Auto wieder bestieg. Dann setzte ich ihm unsere spezielle Lage auseinander: waren wir doch die einzigen Emigranten im Lager, alle anderen nur Exode-Flüchtlinge. Den Deutschen in die Hände zu fallen würde für uns drei höchste Gefahr bedeuten. Ich appellierte an die Menschenfreundlichkeit des Herrn Delegierten und bat ihn, uns zu einem Auto zu verhelfen, mit dem wir die zone libre erreichen könnten.

Der Herr Delegierte legte mir mit wohlwollender Herablassung die Hand auf die Schulter: «Ich habe Ihnen allen bereits gesagt, daß die Deutschen hier nichts zu suchen haben. Wir haben unsere offiziellen Informationen. Aber selbst davon abgesehen, hätten Sie als Emigrant, als politischer Flüchtling nichts zu befürchten. Vergessen Sie nicht, daß Sie unter dem Schutz Frankreichs stehen.»

– «Aber es heißt doch, daß der Marschall Pétain...»

– «Niemals wird der Marschall Pétain», schnitt mir unwillig der Herr Delegierte das Wort ab, «niemals wird ein Maréchal de France die leiseste Verletzung des Asylrechtes zugeben».

Und damit fuhr er davon.

In der Nacht regnete es in Strömen. Gegen 1 Uhr hörten wir das Geräusch eines Autos. Gleich darauf erhob sich die Frau Generalin und verließ auf den Zehenspitzen eilend die Baracke; nach etwa 10 Minuten kam sie zurück. Als sie bemerkte, daß wir drei wach waren, trat sie auf meine Frau zu.

«Schwören Sie mir», flüsterte sie geheimnisvoll, «daß Sie keinem Menschen auch nur ein Wort von dem verraten werden, was ich Ihnen jetzt anvertrauen will.»

– Um Gottes willen, was ist geschehen?

– Sie schwören mir? Gut. Also, ich bin soeben verständigt worden, daß die Deutschen in wenigen Stunden hier sein werden. Jede Panik muß unbedingt vermieden werden. Wir müssen sie sehr höflich empfangen, dann werden sie uns nichts zuleide tun. Und jetzt tun Sie so, als würden Sie schlafen, sonst alarmieren wir noch die ganze Baracke».

Auch diese Nacht werden wir niemals vergessen.

Endlich, endlich wurde es Tag. Die Deutschen waren nicht gekommen. Im Lager ging alles seinen gewohnten Gang. Auch die Frau Generalin tat nichts dergleichen, sie schien die nächtliche Szene ganz vergessen zu haben. Nur beklagte sie sich über heftige Kopfschmerzen.

Wir nahmen sonst die Mahlzeiten gemeinsam ein. Diesmal erklärte die Frau Generalin, daß sie noch leidend wäre und vorzöge, noch in der Baracke zu bleiben. Der General und die Tochter bestanden darauf, der Kranken Gesellschaft zu leisten. Das fiel uns nicht weiter auf, denn der General war zwar ein imposanter Herr mit einem martialischen weißen Schnurrbart, aber das Kommando führte seine Frau.

Als wir nach einer halben Stunde vom Essen zurückkehren, siehe da, da waren der Herr General samt Frau und Tochter spurlos verschwunden. Eine Camionette, vom Herrn Delegierten geschickt, war inzwischen vorgefahren und hatte sie diskret abgeholt.

Wir dagegen – nun, wir standen unter dem Schutz Frankreichs. Wir mussten uns auf den Marschall Pétain verlassen.

Ein paar Tage später wurde das Lager von Basta-Les-Forges aufgelöst und die Insassen auf verschiedene Ortschaften in der Umgebung verteilt. Wir kamen nach Thétieu, einem

etwa 8 km von Dax entfernten Dorf, und wurden dort mit anderen Réfugiés in einem Schulzimmer untergebracht; doch
stellte man uns anheim, uns im Dorf einzumieten. Wir fanden
schließlich ein Zimmer bei einer braven alleinstehenden Frau,
Madame Darricau, die uns auch ihre Küche mitbenützen ließ.
Soweit also wäre das Problem unserer provisorischen Existenz gelöst gewesen.

Aber die Deutschen waren bereits in Dax. Und bald darauf
rückte auch eine Abteilung in Thétieu ein. Das Hakenkreuz
hatte uns eingeholt.

Das verfluchte Symbol, diese Uniformen, diese Visagen
wieder erblicken zu müssen war für uns wie ein jäher Rückfall
in schwere Krankheit.

Wieder also wie in Wien dieses Gefühl, jeder Willkür
schutzlos preisgegeben zu sein; wieder das ohnmächtige
Warten in grauenvoller Ungewißheit und zugleich Gewißheit
auf den Augenblick, da das Ungeheuer trotz Emigration und
Exode seine Fänge nochmals nach uns ausstrecken würde.
Dieses Bewußtsein kreiste uns im Blut wie ein lähmendes und
zugleich fieberhafte Unrast erzeugendes Gift. Wo man ging
und stand, ob man sich im Zimmer verkroch oder im Walde
Ablenkung suchte, überall stieß man sich an einem Gitter
wund.

Für die anderen ringsum hatte sich kaum etwas geändert. Die
«Okkupation» störte sie vorläufig nicht besonders in ihren
Gewohnheiten, und so wurde sie selbst allmählich zu einer
Gewohnheit.

Wenige bewahrten soviel Würde, daß sie sich abseits hielten, die Deutschen ignorierten. Die meisten waren auf gute
Beziehungen mit ihnen bedacht, und vor allem wollten sie

Geschäfte mit ihnen machen. Thétieu ist zwar nur ein Dorf von kaum 300 Einwohnern, aber nichtsdestoweniger ein charakteristisches Beispiel.

In unserem Dorf gab es eine Fleischhauerin, Madame Irene, die für die Deutschen keine Sympathie hegte, denn sie kauften nicht bei ihr ein, und überdies war ihr Mann in Kriegsgefangenschaft geraten. Und in unserem Dorf, just unserem Haus gegenüber, gab es eine Schankwirtin, Madame Rose, eine überaus energische Frau, die sonst Haare auf den Zähnen hatte, aber beim bloßen Anblick einer deutschen Uniform zur Wirtin wundermild wurde. Eines Tages gerieten die beiden Frauen in Streit. Ich konnte noch hören, wie die Wirtin ihrer Gegnerin drohend zurief: «Du solltest dich lieber in acht nehmen und schweigen. Und daß du es weißt, ich, ich liebe die Deutschen. ‹Ces Messieurs› sind korrekt und nett. Und sie bezahlen mir 30 Franken für eine Flasche Mousseux, für die dein Mann mir keine zehn bezahlt hätte.»

Bei dieser Madame Rose versammelte jeden Nachmittag ein deutscher Soldat, der sehr gut französisch sprach, einige Dorfbewohner um sich. Er setzte sich mit ihnen auf die Terrasse, lud sie freigebig auf einen Apéritif ein und hielt ihnen dann mit weithin schallender Stimme einen Vortrag über die Segnungen des Dritten Reichs. In Deutschland gebe es keine Armut, keine Unterschiede zwischen Hoch und Nieder, und vor allem habe der Führer Schluß mit den Juden gemacht, wie denn überhaupt überall mit den Juden Schluß gemacht werden müsse. Denn die Juden, die Juden seien an allem schuld daran, daß Frankreich den friedliebenden Deutschen den Krieg aufgezwungen habe. Frankreich sei das Opfer der Juden usw.

Die guten Leute hörten mit offenem Munde zu.

Zu gleicher Zeit begann in der Presse und im Radio eine tückische, antisemitische Vergiftungspropaganda. Zu gleicher Zeit wurde selbst an der Mairie von Thétieu ein großes Plakat angebracht: In Bordeaux hatte «der polnische Jude Mendel Langer» beim Vorüberziehen einer Militärkapelle angeblich seinen Stock erhoben. Er wurde wegen «Bedrohung der Deutschen Wehrmacht» zum Tode verurteilt und hingerichtet.

Eines Tages, Anfang September, ließ mich der Bürgermeister von Thétieu, Herr Laborde, ersuchen, zu ihm auf die Mairie zu kommen. Mir ahnte nichts Gutes.

Der Bürgermeister zeigte mir eine soeben erhaltene Anfrage der Kommandantur in Mont-de-Marsan: welcher Staatsangehörigkeit die Réfugiés – hier folgten unsere Namen – seien? Ferner, rot unterstrichen: Arier oder Nichtarier?

Was heißt das eigentlich, Arier?, fragte mich der brave Herr Laborde. Wir erkannten, daß wir in Thétieu nicht länger bleiben konnten; wir mußten schauen, so rasch als möglich wegzukommen. Aber wohin?

Schließlich beschlossen wir, nach Paris zurückzukehren. Waren wir schon in der Falle, blieb uns schon nichts mehr anderes übrig, als der Dinge zu harren, die da kommen würden, dann wenigstens in unserer Wohnung.

Auswanderung, Exode. Alles vergeblich. Sie hatten uns eingeholt. Sie hielten uns.

## PARIS UNTER DEM
## DEUTSCHEN STIEFEL

Das Paris der letzten Tage vor dem Exode war Phantasmagorie einer verwunschenen Stadt und zugleich Höllenbreughel. Das Paris, das ich im September 1940 wiederfinden sollte, war ein unsäglich trauriges, gespenstisches Zerrbild. Wo war der Prunk dieser Stadt geblieben, die stolze großartige Gebärde ihrer Tradition? Wo ihre Vitalität, ihr prickelnder Esprit, ihre Lebensfreude?

Da und dort war noch eine Spur sichtbar gleich einem Rest von schlechter Schminke, der auf einem ungepflegten Gesicht haften geblieben ist und den gegenwärtigen Verfall nur um so erschreckender hervortreten läßt. Ich dachte an Wien zurück. Auch hier hatte der deutsche Stiefel gründliche Arbeit getan; auch die Physiognomie von Paris hatte er über Nacht zertrampelt. Die äußere Montur war geblieben; doch überall griff eine kahle Verwahrlosung um sich. Das fatalistische Sichgehenlassen eines Deklassierten, Degradierten.

In den Straßen nur die Wagen der «Okkupationsmacht». Einige Radfahrer, verhältnismäßig sehr wenig Fußgänger. Die Menschenmengen, die früher auf den Pariser Trottoirs wie auf einer bunten, abwechslungsreichen Szene agiert hatten, waren zu einer schütteren Reihe von Passanten zusammengeschmolzen, die eilends ihres Weges gingen, als würde jeder nur trachten, so schnell als möglich wieder nach Hause zu kommen. Dagegen schon damals vor jedem Lebensmittelgeschäft endlose «Queues». Die Leute stellten sich stundenlang an, oft ohne zu wissen, was eigentlich zum Verkauf gelangte. Wenn es nur irgendetwas Essbares war. Für «ces messieurs» existierte selbstverständlich kein Anstellen. Sie traten ein, forderten, mußten unverzüglich bedient werden.

Überall plumpe hölzerne Pylonen mit einem ganzen Geäst von Wegweisern nach Amtsstellen, Dienststellen, Anstalten, deren Bezeichnungen in jedem barbarischen Abkürzungsdeutsch abgefaßt waren, das eine Spezialität der Nazikultur bildete. Überall das Hakenkreuz. Sie hatten es dem Antlitz von Paris in die empfindlichsten Stellen eingebrannt, wo immer nur etwas an die große Vergangenheit dieser Stadt, an die Glorie Frankreichs gemahnen konnte. Und überall, überall die Deutschen selbst. Diese Gorillagefrießer, diese teutonischen Wulstnacken und Mammutgesäße: sie waren zur Obsession, ihr Stiefeltritt zum Leitmotiv «Pariser Lebens» geworden. Man hörte sie, man spürte sie, man roch förmlich ihre Ausdünstung selbst noch dort, wo man sie zufällig nicht gerade zu Gesicht bekam.

Sieger? Ihre Haltung den «negroiden» Franzosen gegenüber war vielmehr die Haltung gewisser Weißer in den Kolonien den Eingeborenen gegenüber. Allmächtige Plantagenbesitzer, auch wenn sie einmal leutselig sein wollen.

Täglich demonstrierten sie auch ihre «Wehrmacht», mit Vorliebe im Zentrum und auf den Champs-Élysées. Die Abteilungen marschierten singend. Doch plötzlich bellte ein Kommandoruf, und im Nu klatschte der Mechanismus des Stechschritts auf das Pflaster. Als wollte das Herrenvolk selbst der Luft noch bei jedem Stechschritt einen Fußtritt versetzen. Aber auf die Franzosen, die niemals den Sinn für das Lächerliche verlieren, wirkten diese barbarischen Roboter deutschen Kadavergehorsams bald eher komisch als furchterregend.

In diesem Paris vergnügte sich das Herrenvolk wie in einem Bordell, von dessen sagenhaften Ausschweifungen man so oft insgeheim geträumt hat und die man nun endlich nach Herzenslust auskosten darf. Zu Hause, bei seiner Volksgenossin, hatte der deutsche Mann auf Hitlers Befehl einen perzentuell genau festgesetzten «Nachwuchs» am laufenden Eheband erzeugen müssen. Aber hier, hei, hier durfte er sich voll ausleben. Und nicht heimlich, nicht in verrufenen Winkeln, wo man sich scheu umblickt, ob man nicht auch gesehen worden ist. Im Gegenteil, hier konnten die hehren Germanen sich mit grunzendem Behagen ohne Bedenken in alle Genüsse Pariser Lasters stürzen, ganz wie es ihnen vom Führer als Belohnung verheißen war. Hatte doch Hitler selbst erklärt, daß er Paris zum Bordell des Dritten Reichs, zum Kraft-durch-Freude-Sündenpfuhl für seine Mannen zu machen gedenke.

Und das alles für einen Pappenstiel: die Mark zu einem Zwangskurs von 20 Franken. Einfach geschenkt.

So konnten «ces Messieurs» auch einen totalen Blitzkrieg gegen alle Vorräte führen. Die Warenhäuser, ob große oder kleine, waren bald ausgeräumt. Man konnte gewöhnliche Soldaten gleich Dutzende Paare von Seidenstrümpfen, unglaubliche Quantitäten von Luxusschuhen, Seidenwäsche, Parfums etc. davontragen sehen. Mit diesen Herrlichkeiten war es bald zu Ende.

Eine unbeschränkte Hochkonjunktur war nur für alle Nachtlokale, Vergnügungsstätten, für alle Zweige, Abzweigungen und Verästelungen der Prostitutions-Industrie angebrochen, denn in dieser Branche gab es weder Mangel an Rohstoffen noch an Arbeitskräften, die «stocks» ließen sich immer wieder frisch ergänzen. Bereits die «drôle de guerre» hatte dem Pariser Sexual-Markt eine schöne Prosperität gebracht, die sich jedoch mit dem Massenkonsum der germanischen Sittenreinheit nicht im entferntesten messen konnte.

Rafften «Ces Messieurs» alles zusammen, so ließen sie sich andererseits dafür die Organisation des «Schwarzen Marktes» angelegen sein. Auch auf diesem Gebiete wurde ihr Zynismus höchstens noch von ihrer Hypocrisie übertroffen.

Offiziell, in der Presse und im Radio die ganze verlogene, wörtlich aus dem Deutschen übersetzte Nazi-Phraseologie gegen die Schädlinge des Schleichhandels. Aber dabei pfiffen es die Spatzen von den Dächern, daß alle Großunternehmen des marché noir sich in den Händen der Deutschen befanden. Unübertroffene Meister im organisierten Raum, hatten sie auch den schwarzen Markt zu einem großartigen Geschäft ausgestaltet, das ihnen, angefangen vom General bis zum obskursten Schreiber in einer «Dienststelle», phantastische Summen abwarf.

Ich hatte einen Bekannten, der als Leiter eines Verlags viel mit Deutschen in Berührung kam. Sooft ich ihn sah, erzählte er mir jedesmal von einem anderen Offizier, der ihm Zigaretten, Zucker, Kaffee, Schokolade in enormen Mengen angeboten hatte. Und nicht einmal übertrieben teuer.

«Ja, wer jetzt etwas Kapital hätte», meinte er einmal träumerisch, «nur ein paarmal hunderttausend Franken.» Aber gleich darauf fügte er mit der ganzen patriotischen Tugend seiner Kapitalsnot entrüstet hinzu: «Autorités occupantes? Autorités trafiquantes!» Besatzungsmacht? Nein, Schachermacht!

# FRANZOSEN UND
# FRANZOSEN

Wie reagierten die Pariser damals auf die Okkupation?

Sehr viele, die voll Kummer und Ingrimm die ganze Demütigung des Vaterlandes empfanden, die «Défaite» nicht einfach als gegebene Tatsache hinnahmen und schon damals auf de Gaulle wie auf den Messias hofften. Sehr viele, die sich vor dem Schauspiel des okkupierten Paris in sich selbst verkrochen und nach Möglichkeit trachteten, den Deutschen auszuweichen.

Viele, die ihrer aufrechten Gesinnung selbst schwere materielle Opfer brachten. Arme Angestellte und Arbeiter, die gutbezahlte Posten in Unternehmen ausschlugen, die für die Deutschen arbeiteten. Staatsbeamte, die ihre Entlassung nahmen; sie wollten nicht in Ämtern weiterdienen, die unter deutschem Befehl standen.

Und dann die Elite jener, die schon damals, von allem Anbeginn an noch nach anderen Mitteln und Wegen suchten, ihren Zorn und ihren Abscheu in die Tat umzusetzen. Offener Kampf wäre damals nutzloser, sinnloser Wahnwitz gewesen. So nahmen sie zäh und unerschrocken den schwersten, den unterirdischen Kampf auf: den Kampf in der Klandestinität.

Die hier bildeten den Kern jener Bataillone, die allmählich zur geheimen und noch später zur offenen Armee der Resistenz anwachsen sollte; die hier waren die heroischen Gründer des zivilen und militärischen «Maquis».

Aber damals. Damals war jeder einzelne von ihnen noch

völlig auf sich selbst angewiesen, sie mußten sich erst gegenseitig erraten, erkennen, «kontaktieren», sich mit der größten Vorsicht im Dunkel vorwärtstasten, sich zurechtfinden, zusammentun, organisieren. Ständig in Lebensgefahr, argwöhnisch überwacht, von Spitzeln, Verrätern, Agents provocateurs umlauert.

Solcherart waren die Umstände, unter denen diese großen, aber ruhmlosen Helden sich erst die Grundbegriffe der Technik jenes aktiven und passiven Widerstandes aneignen mußten, der Sabotage heißt. Dabei mußten sie oft mit blitzschneller Gegenwart improvisieren, ob es nun galt, etwas zu tun, was das Räderwerk der deutschen Terrormaschine zu stören vermochte, oder etwas zu unterlassen, was ihr förderlich war.

Und bald sollten die ersten von ihnen fallen. Die Hinrichtungskommandos nahmen ihre Schlächterarbeit auf und massakrierten «Schuldige» wie Unschuldige; denn es war der deutschen Zivilisation vorbehalten geblieben, das grauenhafte Erpressungsmittel der «otages», der Geiseln anzuwenden. Die Morde an den otages bilden einen eigenen Abschnitt in der Bestialitäten-Bibel der Heil-Hitler-Heilslehre.

Bald sollten an den Mauern die ersten in der unendlichen Reihe von roten Plakaten erscheinen, die in deutscher und französischer Sprache der Bevölkerung kund und zu wissen gaben, wer auf Befehl des damaligen «Militärbefehlshabers in Frankreich», des Generals Schaumburg hingerichtet worden war. Neben jedem Namen Alter und Nationalität. War der Hingerichtete Jude, so fehlte selbstverständlich nicht der ausdrückliche Hinweis auf dieses schwerste aller Verbrechen.

Gleich Lachen geronnenen Bluts wirkten diese Mordlisten. Zwanzig, dreißig Namen, wenn es gutging; sonst fünfzig, siebzig, hundert. Alle Altersstufen. Der Herr General Schaumburg und später sein Nachfolger Stülpnagel hielten auf Symmetrie: neben siebzehnjährigen Kindern siebzigjährige Greise. Flink, flink unterschrieb der Herr General seine Listen, belieferte er seine Hinrichtungskommandos.

Die Hinrichtungskommandos bildeten die letzte Etappe auf einem Weg, der vom Gefängnis meist in die Torturräume der Gestapo und erst von da auf den Exekutionsplatz führte. Hinrichtung? Deutscher Foltergeist hatte eine Methode gefunden, um noch die letzte Qual bis zur äußersten Möglichkeit zu verlängern.

In Vincennes, am Mont Valérien, im Bois de Boulogne «arbeiteten» die Hinrichtungskommandos mit Maschinengewehren. Das heißt, daß nur die vom Schicksal besonders Begünstigen unter den Verurteilten eine Verletzung erhielten, welche den sofortigen Tod herbeiführte. Die anderen blieben mit Bauchschüssen, Lungenschüssen etc. liegen, und es dauerte oft bis zu 36 Stunden, ehe sie endlich ausgelitten hatten, ehe aus einem Leben endlich eine Druckzeile auf einem der roten Plakate geworden war.

So starb ein Bekannter von mir, verheiratet, Vater von zwei kleinen Kindern. Jude. Er hatte der Verordnung, laut welcher Juden ihre Radios abzuliefern hatten, nicht Folge geleistet, war auf eine Denunziation hin verhaftet und zu 3 Monaten Gefängnis verurteilt worden. Am Tage bevor er aus der Haft hätte entlassen werden sollen, wurde er geholt und als Geisel niedergemacht.

Den Franzosen, die sich über die Niederlage nicht hinwegsetzen wollten, standen andere Franzosen gegenüber. Franzosen, die aus dem Unheil andere Konsequenzen zogen.

Da waren zunächst die Indifferenten: die amorphe Masse

jener, die im Grunde ihres Herzens froh waren, das Ganze hinter sich zu haben – so glaubten sie wenigstens. Die Défaite? Sie setzten eine konventionelle Trauermiene auf wie Leidtragende, die sich zwar mit betrübten Gesichtern, aber innerlich erleichtert von einer Bestattung entfernen. Man muss sich in das Unabänderliche fügen, daher ist es das Vernünftigste, nicht weiter daran zu denken.

«Ces Messieurs» waren nun einmal die Herren. Sie hatten zu befehlen; die anderen zu gehorchen.

Die nächste Stufe: die Sympathisierenden. Ohne sich ausdrücklich zu den Deutschen zu bekennen, erklärten die hier, daß die Nazi-Methoden auch ihr Gutes hätten. Es habe keinen Zweck, sich in den Schmollwinkel zu stellen, man müsse sich vielmehr bemühen, den Deutschen etwas abzugucken, etwas von ihnen zu lernen.

Und die Deutschen wiederum hätten sich ein ganz falsches Bild von Frankreich gemacht. Es sei geradezu patriotische Pflicht, im Kontakt mit ihnen sie eines Besseren zu belehren, ihnen gleichsam die Honneurs des Landes zu machen.

Die Sympathisierenden predigten noch nicht gerade die offene Kollaboration. Sie leckten noch nicht unterwürfig den Nazistiefel, sie putzten ihn nur blank. Hitler repräsentierte noch nicht gerade ihr Idol, aber sie ließen den Nazi-Herrgott einen guten Mann sein, mit dem sich gute Geschäfte machen ließen. Sie fragten auch nicht weiter, woher das Geld kam, das sie einstrichen. Und hatte sich vielleicht je ein leiser Skrupel in einen Sympathisierenden eingeschlichen, so war ein unwiderlegliches Argument bei der Hand, jedes Bedenken zu verscheuchen: «Wenn ich nicht zugreife, so warten schon tausend andere darauf, an meiner Stelle zuzugreifen. Also greife ich zu.»

Die Sympathisierenden bespeichelten auch nicht die Untaten der Deutschen mit der frenetischen Servilität der Kollaborateure, aber sie gingen diskret daran vorüber. Sahen nichts, hörten nichts, plauderten angeregt von etwas anderem. Am Tage des Jüngsten Gerichtes werden sie um ein Alibi nicht verlegen sein.

Und nun die dritte Stufe: Kollaborateure.

Daß Frankreich eine furchtbare Niederlage erlitten hatte, war eine Katastrophe, aber keine Schmach, eine bittere Demütigung, aber keine verächtliche Selbsterniedrigung. Daß ein großer Teil der Bevölkerung sich unter das Nazijoch beugte, war zu begreifen. Daß so viele sich mit den Deutschen zu verhalten suchten und widerspruchslos jeden Befehl ausführten, auch das war vielleicht noch zu begreifen. Vor dem Brotkorb gibt es nur sehr wenige Helden. Was sich jedoch unter der Etikette der «Kollaboration» an Gesinnungsprostitution, an Verrat, hündischem Kriechertum, an Gemeinheit und Verworfenheit breitmachen konnte, das übersteigt alle Begriffe und ist ein Schandfleck, häßlicher als jede «Défaite».

Die großen und kleinen Lakaien, Zutreiber, Schufte und Schergen im Solde des Verbrecher-Herrenvolks, die großen und kleinen Schieber auf dem schwarzen Markt der Niedertracht, die großen und kleinen Zuhälter der sogenannten Révolution Nationale, die in Wahrheit eine Prostitution Nationale war, die großen und kleinen Sichverkäufer: wozu hätten sie sich nicht hergegeben, wozu wären sie nicht bereit gewesen, auf allen Gebieten des öffentlichen und privaten Lebens, auf allen Stufen der nationalen und sozialen, der französischen nationalsozialistischen Hierarchie!

Zu allem bereit «Le Maréchal», der greise Philippe Pétain,

der illustre Held von Verdun, der allen Lug und Trug, alle Schändlichkeiten der Deutschen nicht nur hinnahm, sondern noch mit seinem Namen deckte, der einen Laval wie einen in flagranti ertappten Taschendieb schimpflich davonjagte und ihn auf Hitlers Befehl gleich wieder in die Arme schloß und seines unbegrenzten Vertrauens versicherte. Und das alles nur, um in dem goldnen Käfig von Vichy die klägliche Marionettenrolle des «Chef de l'État» spielen, weiterspielen zu können.

Zu allem bereit dieser Pierre Laval, von dem man sich aber nichts anderes erwartet hatte und der eigentlich nur seinem üblen Leumund treu geblieben war. Seit jeher hatte er die Politik wie eine Börsenspekulation betrieben, das Regieren zu seinen Schiebergeschäften und seine Schiebergeschäfte zum Regieren benützt. Seit jeher war seine Überzeugung von den Dividenden bestimmt, die sie ihm abwerfen konnte und man muß zugeben, daß er sein Geschäft verstand: der «aus dem Volke hervorgegangene» Pierre Laval wurde zu einem der reichsten Männer Frankreichs. Wenn einer, so hätte sich dieser Pierre Laval den Luxus leisten können, es auch ein einziges Mal mit der Anständigkeit zu versuchen, aber die Katze läßt das Mausen nicht. Er bot sich den Deutschen an, und die Deutschen nahmen ihn.

Lavals besondere Spezialität, ein Doppelspiel zu spielen, auf zwei Seiten zu verdienen, das, was ihn früher so verdächtig gemacht hatte, ebendas war nach der Défaite dazu angetan, das Volk vielleicht glauben zu machen, daß es von hintenherum dessen Interessen der Okkupationsmacht gegenüber vertreten werde. Die Deutschen rechneten mit diesem Trick, um bei jedem neuen Wortbruch, bei jeder neuen Vergewaltigung den Franzosen die vage Hoffnung zu belassen: Diesmal hat Laval noch nachgeben müssen, aber Geduld, er ist ein geriebener Gauner, ein Rosstäuscher, der letzten Endes die Deutschen hineinlegen wird.

Doch im vorliegenden Fall stimmte die Rechnung Lavals nicht. Denn einmal trieben es die Deutschen zu arg, als daß selbst der einfältigste «Mann von der Straße» Lavals treuherzigen Beschwichtigungen und Beteuerungen noch den leisesten Glauben hätte schenken können, und andererseits kannten die Deutschen ihren Laval zu gut, um ihn aus den Augen zu lassen. Es war ihm nicht mehr möglich, rechtzeitig ins andere Lager hinüberzuwechseln. Wohl oder übel mußte er an der Stange bleiben wie einer der von ihm so verachteten Dummköpfe, die wirklich noch eine Überzeugung haben.

Zu allem bereit die übrigen Lumpen in der Gesindestube, der Gesindelstube von Vichy, die großen und kleinen Canailles in der Finanz, der Industrie, der Wissenschaft, der Kunst, der Presse, dem Radio. Und nicht nur, daß sie alle dem leisesten Naziwink gehorchten, sie hoben noch weihrauchschwingend alles in den Himmel, was aus der Hitlerhölle kam.

Zu allem waren sie zu haben. Es kam nur auf den Preis an, den man ihnen zahlte. Aber manche gaben sich sogar nur aus persönlicher Ranküne, aus Neid und Schadenfreude zu allem her. Und noch andere verlangten sich nicht einmal das. Es genügte ihnen schon, sich in Gesellschaft eines Deutschen [sonnen] zu können, es gehörte zu den schönsten Augenblicken ihres Lebens, wenn eine Nazihand ihnen öffentlich herablassend auf die Schulter klopfte. Diese Domestiken machten ihre Gemeinheit dem Herrenvolk selbstlos zum Geschenk.

Aber das ist noch nicht alles. Denn es gab Liebhaber, die sich die Kollaboration sogar noch etwas kosten ließen. Ihr höch-

ster Ehrgeiz war, mondäne, intime Beziehungen zu den Siegern aufweisen zu dürfen, mit den «Spitzen» der okkupierenden Verbrechermacht von Haus zu Haus zu verkehren, sich
dieser Ehre durch glanzvolle Feste und kostbare Geschenke
würdig zu erweisen. Das war keine Kleinigkeit, angesichts des
immer mehr sich verschärfenden Mangels, keine Kleinigkeit
in einer Zeit, da der gemeine Pöbel sich stundenlang anstellen mußte, um ein Pfund Rutabaga zu erwischen, und die Wochenration Fleisch auf 30 Gramm eingeschrumpft war. Aber,
wie bereits erwähnt, das Organisations-Genie der Deutschen
hatte sich auch des marché noir in solcher Weise angenommen, daß für entsprechendes Geld selbst die verwöhntesten
kulinarischen Ansprüche befriedigt werden konnten. Die
großmütigen Sieger hatten ferner in ihrer Sorge um das Wohl
der Bevölkerung auch die Eröffnung einiger Restaurants gestattet, wo sie selbst mit Vorliebe ihre Mahlzeiten einnahmen
und sich gern herbeiließen, Einladungen von französischen
Verehrern anzunehmen. In den bescheideneren dieser Lokale,
deren Publikum von keinen behördlichen Einschränkungen,
Ticketzwang etc. belästigt wurde, konnte man schon für 2000
Franken pro Person ganz annehmbar essen und trinken. Wer
aber seinem Nazigast die gebührende kulinarische Reverenz
erweisen wollte, der traktierte ihn in einem gewissen Restaurant auf den Champs-Élysées, dessen «prix fixe» für das Menü
5000 Franken betrug. Pro Person natürlich.

Man sieht, sie hatten es nicht immer leicht, die Parvenüs
und Snobs der Kollaboration, sie mußten schon tief in die Tasche greifen. Aber collaboration oblige.

Welche Genugtuung, welcher Stolz dafür, so nebenbei erwähnen zu können: Der General Schaumburg? Ein reizender
Mensch. Gestern hatten wir ihn zu Tische. Welcher Erfolg,

sich rühmen zu dürfen: Morgen dinieren wir auf der Kommandantur. Oder gar: Excellenz Frau Abetz besteht darauf, daß ich sie bei allen ihren Einkäufen begleite. Erst heute hat sie mit mir wieder telephoniert. Sie macht keinen Schritt ohne mich.»

In diesem Zusammenhang gebührt gewissen Weibern der Kollaboration unstreitig die Palme. Michelet hat in einem berühmten Werk eine Reihe von Frauengestalten der Französischen Revolution dargestellt. Es bedürfte eines zweiten Michelet, um diese Weiber der Kollaboration zu schildern.

Es handelte sich keineswegs um Berufsdirnen. Im Vergleiche zu diesen Weibern waren es noch die Dirnen von Beruf, die eine gewisse Zurückhaltung bewahrten, gewissermaßen die Standesehre der Prostitution hochhielten. Sie lebten von der Prostitution. Aber diese Weiber der Kollaboration lebten für die Prostitution.

Ob hoher Offizier oder gemeiner Soldat, ob Würdenträger oder Gestapospitzel: die Deutschen hatten nur die Qual der Wahl. Der letzte, noch so scheußliche Nazi-Untermensch konnte sich wie ein lichter, nordischer Recke vorkommen, dem diese Frauenherzen nur so zuflogen. Diese Sorte Weiber lief dem Deutschen nach, warf sich ihm an, buhlte um seine Siegergunst. Er fand sie in seinem Bett.

Man soll nicht glauben, daß diese Anbeterinnen der Bestialität sich hauptsächlich aus dem «Volk» rekrutierten. Im Gegenteil, sie waren, der Proportion nach wenigstens, noch weit häufiger in den Kreisen der sogenannten «guten Gesellschaft» anzutreffen. Das schamlose Werben um die Huld der Deutschen manifestierte sich vielleicht am skandalösesten in gewissen Häusern, wo Patrizierinnen der Kollaboration darin wetteiferten, nach der Invasion Frankreichs ihrerseits die Eindringlinge in einer «pénétration pacifique» zu erobern, mit dem Besten, was Erotik, Küche und Keller zu bieten hatten.

Dieser Sorte Weiber verschaffte das Unglück Frankreichs eine Sensation, die alle Raffinements, alle Vergnügungen und Genüsse der Vorkriegszeit weit hinter sich ließ. Einmal etwas wirklich Neues. Solch eine Gelegenheit durfte man sich nicht entgehen lassen.

Die Verbrechen und Atrozitäten der Deutschen, die Juden-Torturen, alle unerschöpflichen Varianten des Nazi-Sadismus, der mit kalter Technik in seinen Laboratorien der Qual immer neue und immer grauenhaftere Martern ersann, diese an wehrlosen Opfern einzig aus höllischer Wollust verübte körperliche wie seelische Vivisektion war diesen Weibern ein Kitzel, der noch ganz anders stimulierte, ganz anders begeilte als banale Mordprozesse oder fade Guillotinierungen. Das Nazi-Aphrodisiakum ließ sich mit nichts anderem vergleichen.

Es gab sehr viele Judiths, die einen Wehrmacht- oder Gestapo-Holofernes in ihrem Bett hatten. Aber sie taten ihm nichts zuleide, behüte. Sie schliefen mit ihm, und am Morgen baten sie ihn lüstern, recht bald wiederzukommen.

An dem Abend eines Tages da im Morgengrauen wieder eine Hekatombe von Geiseln auf Befehl des Generals Stülpnagel hingemacht worden war, veranstaltete die schwerreiche Gattin eines bekannten Schriftstellers ein großes Diner in ihrem prunkvollen Privatpalais. Diner zu Ehren Seiner Excellenz des Generals Stülpnagel, Militärbefehlshabers von Frankreich.

Alle Eingeladenen waren bereits vollzählig versammelt. Nur der General selbst fehlte noch.

Die Hausfrau war schon etwas nervös. Den Mann, dessen Name durch die roten Plakate zu solcher Popularität gelangt war, den großen Mörder zu Tisch zu haben, war eine heiß erstrebte Auszeichnung, die nur wenigen Auserwählten zuteil wurde. Welche Blamage, sollte der General am Ende nicht kommen…

Endlich wurde Se. Excellenz angemeldet. Erleichtertes Aufatmen. Eine schiefe, verwachsene Gnomengestalt erschien in der Tür: Der Militärbefehlshaber von Frankreich, der Statthalter Hitlers. Der Unterzeichner der roten Plakate.

Mit bezauberndem Lächeln eilte ihm die Hausfrau entgegen. Und welche Worte fand sie zur Begrüßung des hohen Gastes?

«Ah, le voilà enfin, notre gracieux vainqueur!»

Ah, da ist er endlich, unser graziöser Sieger!

Wörtlich.

## VON: «DIE ISRAELITEN»
## ZU: «DER JUDE»

In der Flut von Lügen, mit denen Hitler, der Apostel der Lüge, die Welt wie mit einer Jauche überschwemmte, war eine der perfidesten die Versicherung, daß er den Nationalsozialismus nicht als Exportartikel betrachte. Aber aus seinem Willen, den Antisemitismus zu exportieren, aus diesem Hauptartikel seines Dogmas, hat Hitler niemals ein Hehl gemacht. Er brüstete sich sogar damit. Brauchte er sich doch in bezug auf seine antisemitische Bestialität nicht die geringste Verstellung aufzuerlegen. Hier hatte er weder mit Hindernissen noch mit Widerstand zu rechnen; hier waren es völlig Schutzlose, an denen die arischen Volksgenossen und deren Helfershelfer allerorten ihre feigsten Mord- und Raubinstinkte ungehemmt und ungestört austoben konnten. Hier durften sie nach Herzenslust aus dem nackten Raub eine Folter und aus der Folter einen nackten Raub machen.

An dem Antisemitismus läßt sich nur dick verdienen und nichts verlieren. Diese Weisheit macht sich auch der Dümmste schnell zu eigen.

Vor der Invasion hatte es trotz aller aus dem Dritten Reich stammenden Bemühungen in Frankreich so gut wie keinen praktischen Antisemitismus gegeben. Höchstens bei Ärzten und Advokaten, die ihrem Konkurrenzneid züchtig ein antisemitisch gefärbtes Deckmäntelchen umwarfen. Sonst beschränkte sich der Antisemitismus auf ein mehr oder minder platonisches, rein gesellschaftliches Vorurteil in gewissen Kreisen des Hochadels und der grande bourgeoisie.

Aber die große Masse kannte keinen Antisemitismus. Für sie gab es israelitische Franzosen und Fremde, wie es deren katholische oder protestantische gibt. Und kein Franzose, es sei denn ein in ethnographischen Dingen besonders bewanderter, hatte vor Hitler eine Ahnung davon, was ein «Arier» ist.

Nach ihrem Einzug in Paris war es die erste Sorge der Deutschen, diesem Zustand ein gründliches Ende zu bereiten, doch zu Beginn noch mit der gebotenen Vorsicht. Der Franzose ist geborener Individualist und Frondeur; er läßt sich nichts gern generell vorschreiben, nicht einmal seinen Antisemitismus. Ganze Arbeit konnte nicht über Nacht geleistet werden, man mußte vielmehr eine gewisse Dosierung einhalten.

Zunächst wurde die Bezeichnung «israelitisch» durch «jüdisch» ersetzt. Bald darauf sprach die Propaganda auch nicht mehr von französischen und fremden Juden, sondern von Juden schlechtweg. Und in der nächsten Etappe hieß es: «Le Juif» – der Jude. Die Einzahl als infamierender Kollektivbegriff.

Der erste «Commissaire aux questions juives», Xavier Vallat, hatte ein Programm ausgearbeitet, das er seinem Nazi-Vorgesetzten vorlegte. Aber dieser Fachmann zeigte sich damit höchst unzufrieden. «Was fällt Ihnen ein», erklärte er Vallat, «Sie wollen viel zu rasch vorgehen.»

– Zu rasch? Vallat machte große Augen.

– Gewiß, zu rasch. Wir dürfen die Öffentlichkeit nicht durch ein zu brüskes Vorgehen eher zugunsten der Juden stimmen. Nur nichts überstürzen. Aber dafür werden wir zu einem Resultat gelangen, von dem sich Ihr Programm nichts träumen läßt. Darauf können Sie sich verlassen.

In der Tat, darauf konnte man sich verlassen. So sehr, daß Vallat, der vielleicht noch einen Rest von Schamgefühl hatte, schließlich nicht mehr mittun wollte, obzwar es damals noch lange nicht bis zum Ärgsten gekommen war. Er ging und wurde durch den berüchtigten Darquier ersetzt, einen Schurken, der in seiner dunklen Vergangenheit schon mehr als ein Verbrechen hinter sich hatte und dessen Willfährigkeit vor nichts zurückschreckte. Auch hatte ihm noch keiner seiner früheren Berufe jemals soviel eingetragen. In seiner neuen Würde konnte dieses Individuum rauben wie noch nie zuvor.

Laval, der sich nicht gescheut hatte, einen Darquier in seine «Regierung» zu nehmen, mochte es vielleicht manchmal im Stillen bedauern, daß er, statt den Ministerpräsidenten zu spielen, bei seinen deutschen Dienstgebern nicht um die viel lukrativere wenn auch bescheidenere Würde des «Commissaire aux questions juives» bittlich geworden war.

Das «Ausrottungsprogramm» hatte also mit einer infernalisch abgestuften Vergiftungspropaganda begonnen: mit der Hetze in der Presse, im Radio, in Vorträgen, auf zahllosen grellen Bildplakaten, Graphiken etc.; mit dem roten «JUIF»-Stempel auf der Identitätskarte; mit dem gelben Davidstern, der in großen, hebräischen Lettern ähnelnden Buchstaben die Aufschrift: JUIF trug. Für diesen Davidstern, der aus Leinwand verfertigt war, mußte noch auf dem Polizeikommissariat die entsprechende Anzahl von «Points» der Textilkarte erlegt werden...

Dann das Verbot, öffentliche Lokale zu betreten; der Zwang, nur zu bestimmten Stunden Lebensmittel einzukaufen, wenn alles schon längst verkauft war. Diese Liste ließe sich noch lange fortsetzen.

Und Hand in Hand damit die anderen «Maßnahmen». Fürs erste das «Statut Juif», das Juden «bloß» jede Erwerbsmöglichkeit benahm. Dann die Reihe der allmählich zur Lawine anschwellenden Dekrete, die Juden außerhalb des Gesetzes stellte, sie schutz- und rechtlos jeder Willkür auslieferte. Und als Krönung die Verübung jener in keinem «Journal Officiel» verzeichneten Greuel, für die sich in der tiefsten Nacht der Barbarei kein Beispiel finden läßt.

Wie reagierte die Bevölkerung?

Man soll sich hüten zu generalisieren. Aber man kann sagen, daß, von rühmenswerten, ja wundervollen Ausnahmen abgesehen, die Nazi-Saat auf fruchtbaren Boden gefallen war.

Es gab beispielsweise «arische» Franzosen, die auf der Straße und in der Metro vor Unbekannten, die mit dem Judenfleck «gebrandmarkt» waren, demonstrativ tief den Hut zogen. Doch andererseits drängten sich die Leute in dichten Scharen zu der bald nach erfolgter Okkupation eröffneten «Exposition juive», dieser Quintessenz der wüstesten antisemitischen Hetze.

Verhältnismäßig am harmlosesten waren jene, die überhaupt keine Stellung nahmen und alles, was an Juden verbrochen wurde, einfach ignorieren wollten. Die hier richteten wenigstens keinen Schaden an. Aber daneben gab es die Herde jener, die gedankenlos und gehorsam alle Schlagworte der antisemitischen Propaganda nachblökten. Und endlich jene, die an dem Antisemitismus Blut geleckt hatten, aus ihm ihren Beruf machten und oft mit den deutschen Bluthunden nur so um die Wette heulten. War doch diesen Kollaborateuren des deutschen Antisemitismus das leuchtende Beispiel von oben gegeben; von jener Behörde, die sich «Commissariat aux questions juives» nannte und in Wahrheit «Banditariat» hätte hcißen müssen.

Im großen und ganzen hatten also die Deutschen richtig spekuliert. Nicht nur, daß die Beteiligung an dem Antisemitismus die Franzosen nichts kostete; sie bedeutete sogar die Mitbeteiligung an einem glänzenden Geschäft, das mühelos die schönsten Renten abwarf. Und auch diesem Magneten zu widerstehen erfordert eine Stärke, die nur den wenigsten gegeben ist.

Was Wunder, wenn viele, die sonst nichts Besonderes gegen Juden zu haben behaupteten, sich gern zu einem so leichten Profit «zwingen» ließen. Manche von diesen Komplizen an dem großen Nazi-Raubzug wie Aufkäufer, Zwangsverwalter, kommissarische Leiter: Stehler und Hehler warfen sich sogar noch in die Brust und erklärten, daß sie geradezu aus Judenfreundlichkeit so gehandelt hätten, nur um zu verhindern, daß ein anderer an ihrer Stelle noch weit mehr stehle.

Was Wunder, wenn noch andere sich gar nicht die Mühe nahmen, nach einem Vorwand, einer Entschuldigung, einer Rechtfertigung zu suchen: die Ausplünderung der Juden war nicht nur gesetzlich erlaubt, sondern von allen okkupierenden wie okkupierten Behörden gefördert, zur Pflicht gemacht. Wozu also sich genieren...

Ein eigenes Buch müßte noch über die aus den Judenverfolgungen üppig emporwuchernde Elends-Industrie geschrieben werden, über alle jene Ausbeuter der Not, der Bedrängnis, der Todesangst, die irgendwie die Möglichkeit hatten oder zu haben vorgaben, Juden zu retten oder wenigstens Juden zu helfen und mit diesem Kapital im wahrsten Sinn des Worts den schamlosesten und sündhaftesten Wucher trieben.

Ich will gar nicht von jenen reden, denen um ein lächerliches Spottgeld alles in den Schoß fiel, was Juden um jeden Preis verschleudern mußten, wollten sie nicht verhungern. Diese Lumpen waren noch Ehrenmänner, verglichen mit anderen Händlern auf dem marché noir jüdischen Unglücks.

Da war beispielsweise, solange die Demarkationslinie bestand, die Gilde der «Passeure», die Juden aus der okkupierten in die freie Zone schmuggelten. Die meisten von diesen Wohltätern konnten sich, als die Linie zu existieren aufhörte, sorglos ins Privatleben zurückziehen. Je ärger es die Deutschen in der okkupierten Zone trieben, trieben die Passeure ihre Preise in die Höhe. Das hatte mit 500 Franken pro Kopf begonnen und sprang schließlich bis auf 50 000 und darüber.

Nicht zu vergessen die Profite, die bei dieser Gelegenheit auch die Behörden des «freien Frankreich» einsteckten. Unter einem geradezu grotesken Vorwand.

Man muß nämlich wissen, daß jedem fremden Juden, dem es geglückt war, die «Ligne de démarcation» zu überschreiten, in der freien Zone der Prozeß wegen «Défaut de Visa» gemacht wurde; weil man sich vor der Flucht nicht bei der Polizei abgemeldet, oder besser: weil man sich vor der Flucht nicht vorher angemeldet, nicht den Kopf in die Schlinge gesteckt hatte! Das kostete wiederum bis zu 4000 Franken pro Person…

Die Passeure leisteten wenigstens ihre Arbeit. Aber wie soll man jene Individuen bezeichnen, es gab unter ihnen auch Polizeibeamte, die sich nach der Besetzung der freien Zone durch die Deutschen erbötig machten, in Todesgefahr schwebende Juden gegen bedingungslose Vorausbezahlung oft enormer

Summen über die Schweizer Grenze zu bringen, und sie dann unterwegs einfach ihrem Schicksal überließen, wenn sie ihre Opfer nicht direkt der deutschen oder französischen Gestapo auslieferten? Ich spreche aus eigener Erfahrung. Für solche Juden war unweit der Schweizer Grenze ein eigenes Konzentrationslager errichtet worden, und alle 8 Tage ging von dort ein «Deportationszug» nach Deutschland und Polen ab.

Betrug, Erpressung, skrupelloseste Niedertracht. Alles unter Zusicherung völliger Straflosigkeit.

So wird einmal jene «Exposition juive» zu sehen sein, die zeigen würde, zeigen könnte, was nur in dieser Beziehung an Juden verbrochen worden ist?

## GALGENFRIST

Vorläufig konnte ein Jude noch in seinen vier Wänden bleiben; vorläufig durfte er sich noch, zu bestimmten Stunden wenigstens, auf die Straße wagen. Aber diese Pause war nur eine Galgenfrist. Eine unbestimmte und daher um so quälendere Drohung zog wie ein Raubvogel enger und immer enger ihre Kreise. Das Leben war zum Warten vom Argen auf das Ärgere, vom Ärgeren auf das Ärgste geworden.

Jeden Tag überflog man morgens hastig die Zeitung: enthielt sie neben dem üblichen antisemitischen Unrat nicht vielleicht noch irgendwelche neue, konkrete Verfügungen?

Im Oktober 1940 war das Judenstatut erschienen. Am Tage der Veröffentlichung begegnete ich H. R. Lenormand. Der bekannte Dramatiker hatte Juden zu seinen besten Freunden gezählt; seine Stücke waren vornehmlich von jüdischen Kritikern gewürdigt und gepriesen worden. Einem Max Reinhardt verdankte er unendlich viel.

«Was sagen Sie zu dem Statut juif?» fragte mich Lenormand. Und ohne meine Antwort abzuwarten: «Eigentlich finde ich, daß es ziemlich sanft ist.»

So sanft fand er dieses «Statut juif», daß er wohl aus Dankbarkeit für diese Milde der Deutschen seinen jüdischen Freunden gegenüber Artikel auf Artikel in den übelsten, von Antisemitismus geifernden französischen Naziblättern zu veröffentlichen begann. Vielleicht hatte Lenormand recht. Vorläufig konnte ein Jude sich ja noch in seiner Behausung verkriechen, sich abends noch in ein Bett legen.

Wie lange noch? Das Verbot, die Eisenbahn zu benützen, die Wohnung zu wechseln, die wiederholten «Recensements» der Juden: welchen Zweck verfolgten alle diese Maßnahmen? Man versuchte, nicht Tag und Nacht daran zu denken.

Eines Tages präsentierte sich ein Inspektor der Polizei-Präfektur bei uns. Er prüfte unsere Papiere, stellte eine Reihe von Fragen. Der Mensch war höflich, machte einen gutmütigen Eindruck; auch schien er mit keinem besonderen Eifer bei der Sache zu sein.

Als er sich wieder zum Gehen wandte, fragte ich ihn: «Sagen Sie mir doch offen, in welcher Absicht sind Sie gekommen? Was hat man mit uns vor?»

Er zuckte die Achseln: «Wie soll ich das wissen? Da müßte man die Deutschen fragen. Ich habe den Auftrag, bei Ihnen wie bei anderen «Israélites» eine Prüfung der Papiere vorzunehmen. Was ich getan habe.»

Ich insistierte: «Man spricht so viel von Konzentrationslagern für Juden, zumindest für ausländische Juden...»

Wieder hob er die Schultern: «Wer kann wissen, was diese Deutschen vorhaben? Wir können alle ins Konzentrationslager kommen, alle, auch ich.»

Mit dieser tröstlichen Versicherung ließ er uns zurück.

## «ZUR PRÜFUNG
## IHRER SITUATION»

Äußerlich führte man eine Automaten-Existenz. Mechanisch tat man dies und das, sprach man von allem möglichen, was einem im Grunde höchst gleichgültig war, versuchte man zu lesen. Aber die Befürchtungen waren allgegenwärtig. Und doch hoffte man, noch irgendwo in einem Winkel seines Herzens.

Diese Spur von Hoffnung, die auf nichts anderem beruhte als auf dem Selbsterhaltungstrieb, diese Spur von Hoffnung war die einzige Waffe, die einem für den Kampf geblieben war – für den Kampf gegen sich selbst. Sonst hätte man die Zermürbung nicht aushalten können.

So verging der erste Okkupationswinter 1940/41. Die Existenzsorgen, das Frieren in der ungeheizten Wohnung, die Ernährungsschwierigkeiten, alle Dinge, von denen die anderen so schrecklich viel Aufhebens machten: das alles erschien uns nur als winzige, nichtige Bagatelle gegen das drohende Fragezeichen, zu dem das Dasein eines Juden geworden war, obendrein eines fremden. Die französischen Juden schienen damals wenigstens noch einen Rest von persönlicher Sicherheit zu genießen.

Spät an einem wundervollen Maienabend – es war der 12. Mai 1941 – gegen zehn Uhr läutete es an unserer Wohnungstür. Wir fuhren zusammen. Ich ging öffnen. Draußen stand ein Polizist, der mir ein grünes Blatt mit folgenden Worten überreichte:

«Sie müssen unbedingt kommen, sonst werden Sie verhaftet.» Und noch ehe ich ein Wort an ihn richten konnte, ging er.

Ein gedrucktes Vorladungsformular der Polizeipräfektur. Darin wurde ich angewiesen, mich am 13. Mai, also schon am nächsten Tage um 7 Uhr morgens einzufinden, aber nicht auf der Polizeipräfektur selbst, sondern auf der Wachstube meines Arrondissements, Rue Lecourbe. Am gleichen Ort also, wo ich meine Arrestantennacht als «ressortissant hitlérien» verbracht hatte ...

Handschriftlich und mit roter Tinte unterstrichen war der Vorladung hinzugefügt: «Pour examen de votre situation». Zur Prüfung Ihrer Situation.

Und weiter: «Begleitet von einem Mitglied Ihrer Familie oder einem Freund».

Gleich am nächsten Tage ... 7 Uhr morgens ... Prüfung meiner Situation ... begleitet von einem Familienmitglied oder ein Freund ... Was bedeutete das alles, was steckte dahinter?

Ich sagte zu meiner Frau und Slava: «Ich weiß nicht, was sie von mir wollen, aber ich glaube kaum, daß ich morgen um diese Zeit noch mit euch sein werde.»

Natürlich suchten mich die armen Frauen zu beruhigen. Aber bald saßen wir alle drei stumm da. Dann schließlich gingen wir zu Bett, als hätten wir wirklich daran gedacht, schlafen zu können.

Auch diese Nacht verging; entsetzlich lang wie eine Ungewißheit, entsetzlich kurz wie ein Abschiednehmen.

Um 7 Uhr morgens präsentierten wir uns, meine Frau und ich auf dem poste de Police.

Ein Beamter forderte mir meine Identitätskarte ab und notierte die Daten; dann gab er mir die Karte wieder zurück. Ich fragte ihn möglichst unbefangen, während ein letzter Rest von Hoffnung mir den Atem stocken machte: «Können wir jetzt wieder gehen?» Er schaute mich den Bruchteil einer Sekunde mit einem halb mitleidigen, halb erstaunten Blick an, ehe er, mit dem Federstiel über die Schulter auf eine Tür im Hintergrunde deutend, mir antwortete: «Gehen Sie da hinein.» Und zu meiner Frau gewendet: «Sie bleiben hier.»

Ich betrat das angewiesene Zimmer. Vor einem Tisch zwei Inspektoren in Zivil. Auf der anderen Seite des Tisches ein paar Gestalten, in denen ich sofort Schicksalsgefährten erkannte. Der eine Beamte befahl: «Hände hoch!» Der andere nahm eine sorgfältige Leibesvisitation vor. Auf dem Tisch bemerkte ich die bisher konfiszierte Beute, ein kleines Federmesser und eine noch kleinere Nagelfeile. Das sind zwar keine gefährlichen Waffen, aber immerhin kann man sich vielleicht damit etwas antun. Pas d'histoires...

Dann wurde mir bedeutet, mich zu den anderen zu stellen und nicht zu sprechen. Wir waren in die Falle gegangen. Jetzt wußte ich, was die «Prüfung meiner Situation» zu bedeuten hatte.

Aber was wollten sie von meiner Frau?

Von Zeit zu Zeit ging die Tür auf, und es trat wieder einer ein, «zur Prüfung seiner Situation». Daß sich die beiden Beamten nicht schämten...

Als wir schließlich etwa ein Dutzend waren, wurden die beiden Inspektoren von zwei bewaffneten Polizisten abgelöst, die sich vor uns aufpflanzten.

Der eine wollte uns barsch verbieten zu rauchen. Da meinte der andere begütigend: «Lass' sie doch, solange sie noch etwas zu rauchen haben.»

An ihn wandte ich mich, trotz dem Sprechverbot: «Bitte sagen Sie uns doch, was mit uns geschieht.»

Er zögerte einen Augenblick, schaute seinen Kollegen an, dann sagte er halblaut: «Es heißt, daß ihr in ein Konzentrationslager für Juden kommt. Wir warten noch auf Instruktionen. Alles, was wir wissen, ist, daß ein Car von der Präfektur kommt, um euch abzuholen.»

Ich bat weiter: «Werde ich meine Frau noch sehen können?»

– «Ja. Aber jetzt sprechen Sie nicht mehr.»

Nach etwa einer Stunde wurden wir wieder in die Wachstube hinausgeführt. Draußen vor dem Tor stand ein Car.

In der Wachstube waren die Familienmitglieder, respektive Freunde versammelt. Verstörte, schluchzende Frauen, jede mit einem Bündel. Und jetzt erfuhr ich auch, was der fürsorgliche Vermerk «begleitet von einem Familienmitglied oder Freund» bezweckt hatte: sowie wir in die infame Falle gegangen waren, hatte man an die Begleitpersonen einen Zettel verteilt, ein Verzeichnis der Wäschestücke, die sie nebst einer Decke von zu Hause holen durften, um sie uns jetzt zu übergeben. Der Polizist, der schon früher eine menschliche Regung gezeigt hatte, trat unauffällig auf mich zu und flüsterte mir zu: «Sie können Ihrer Frau sagen, daß sie in das Konzentrationslager von Beaune-la-Rolande im Loiret-Departement gebracht werden.»

Wir nahmen Abschied. Die Polizisten drängten. Rasch, rasch. Die allermeisten von uns sollten ihre Frauen, ihre Kinder niemals wiedersehen. Von den zwölf, die wir in der Rue Lecourbe verhaftet worden waren, dürfte ich der einzige Überlebende sein.

Zunächst mussten sich die Frauen entfernen. Sie versuchten, draußen vor dem Tor stehenzubleiben, um uns noch einmal zu sehen. Man jagte sie fort.

Dann wurden wir einzeln von je einem Polizisten unter den Arm genommen und zu dem Car geführt. Vier Mann begleiteten uns. Wir fuhren ab.

Unter einem Haustor, in einen Winkel gedrückt, stand meine Frau. Ich fuhr an ihr vorüber. Noch einmal schaute sie mich an, mit einem Blick, einem Blick ...

Ich werde diesen Blick niemals vergessen.

Man brachte uns zu einem abgelegenen Seiteneingang der Gare d'Austerlitz. Dort luden bereits andere Cars ihre Fracht ab: halbwüchsige Knaben, erschöpfte Greise, Taubstumme, Krüppel, Blinde, Schwindsüchtige. Juden.

Schnell, schnell. Aber es ging nicht immer nach Befehl; viele waren kaum imstande, ihr bißchen Gepäck zu schleppen.

Aus einem Fenster im ersten Stock sahen sich zwei deutsche Soldatinnen in schmucker Uniform das ergötzliche Schauspiel an. Auch den Ausdruck auf den Gesichtern dieser beiden Weiber werde ich niemals vergessen, dieses entmenschte Behagen. Zum Schieflachen, die stumme Qual dieser Juden.

Auf dem Perron nahm uns eine Abteilung Wehrmacht unter dem Kommando eines eleganten Offiziers in Empfang. Sie hatten Sturmhelme auf, die Helden, und sie waren nicht nur mit Karabinern, sondern noch mit Mitrailleusen bewaffnet.

Der Offizier begann fürchterlich zu brüllen. Ich konnte nur den Schlußrefrain verstehen: «... wird erschossen, wird erschossen».

Dann wurden wir verladen. Vor jedem der verschlossenen Wagen postierten sich zwei Soldaten mit einer Mitrailleuse.

Jetzt konnte ihnen nichts geschehen, jetzt waren sie vor jedem Judenüberfall sicher, die tapferen Germanen.

Wir fuhren ab.

Um 3 Uhr nachmittags kamen wir in Beaune-la-Rolande an, einem etwa 12 km vor Orléans entfernten Städtchen. Das Lager war etwa 3 km weit, außerhalb des Orts. So blieb es uns wenigstens erspart, durch die Straßen von Beaune getrieben zu werden.

Unsere Eskorte bestand wieder aus deutschen Soldaten.

Zwei Reihen vor mir keuchte ein zwerghafter, ausgemergelter Greis. Plötzlich bellte ihn einer der Soldaten an: «Hau' ab!»

Ich muss gestehen, daß ich an Stelle des Männchens ebensowenig wie es selbst begriffen hätte, was «Hau' ab!» bedeutet. Der Alte schaute ratlos um sich.

Im nächsten Augenblick hatte der arische Recke dem hinfälligen Zwerg einen fürchterlichen Fußtritt versetzt: einen Fußtritt mitten ins Gesicht. Der Mißhandelte brach zusammen. Und noch ehe wir hätten versuchen können, ihn aufzuheben, war sein Peiniger auf ihn zugesprungen und bearbeitete ihn mit den Stiefeln, rhythmisch, und dazu brüllte er im Takt: «Sau-Jud, Juden-Aas, Sau-Jud, Juden-Aas.» Die Absätze der Stiefel waren rot von Blut.

Wir konnten schließlich den Greis in die Höhe reißen und schleppten ihn fort. Er ist ein paar Tage später gestorben.

Die übrigen Soldaten der Eskorte hatten der ganzen Szene belustigt zugeschaut wie einem gelungenen Spaß.

Wir waren vor dem Lager angelangt. Vor uns hohe Reihen Stacheldrähte. Eine Abteilung Gardes Mobiles mit einem Kapitän erwartete uns.

Die Deutschen machten kehrt.

Ein Aufatmen, als sie kehrtmachten, als wir die französischen Uniformen erblickten. Diese Gardes Mobiles waren bestimmt keine Gemütsmenschen; aber die Deutschen nicht mehr sehen zu müssen, das allein war schon ein Trost.

Wir schwankten mit unseren Bündeln durch das Tor. Jetzt waren die Stacheldrähte hinter uns. Es war, als würde eine schwere Tür ins Schloß fallen. Jetzt waren wir ärger daran als der letzte gemeine Verbrecher, dem das Gesetz noch gewisse Rechte zubilligt. Für uns gab es kein Recht, kein Gesetz. Wir waren bloß Juden.

Bis zehn Uhr abends standen wir auf dem Vorplatz vor dem Aufnahmegebäude, in dem sich die Kanzlei des Lagerkommandanten und die Unterkunftsräume der Gardes Mobiles befanden.

Endlich waren wir hinter einer zweiten Reihe von Stacheldrähten in die Baracken eingeteilt, je 180 Mann pro Baracke. Noch während des Transports hatte ich zufällig einen Österreicher kennengelernt, Ernst Friedezky, und durch ihn dessen Freund Alois Stern, einen Tchechoslowaken, der lange in Wien gelebt hatte. Es gelang uns zusammenzubleiben, und wir erhielten die Baracke 8 zugewiesen. Durch die Finsternis tappten wir hinein. Kein Licht in jener ersten Nacht und kein Stroh.

Ich glaubte, bis zur Fühllosigkeit erschöpft zu sein. Aber im Dunkel sah ich erst recht das Gesicht meiner Frau vor mir, wie sie dort unter dem Haustor in der Rue Lecourbe stand und mich anschaute, als ich an ihr vorüberfuhr.

## BARACKE 8

In Paris, in der Avenue des Champs-Élysées, konnte man ein Schaufenster bewundern, hinter dem eine Art Miniatur-Zwinger für Luxusschoßhündchen ausgestellt war. Drei Etagen mit zierlichen, schwellend gepolsterten Kojen, in denen die kostbaren Tierchen ein sorgloses, behagliches Dasein führten.

Nun, wir waren nichts weniger als verwöhnte Schoßhündchen des Lebens; dennoch mußte ich unwillkürlich an den molligen Zwinger auf den Champs-Élysées denken und an die entzückten Ausrufe der eleganten Damen vor dem Schaufenster. Auch wir hatten nämlich in je drei übereinanderliegenden Etagen jeder seine Pritsche, 160 cm lang, 60 cm hoch. Man mußte auf allen vieren ins Stroh kriechen und sich dann liegend entkleiden, sofern man noch Lust dazu hatte. Versuchte man, sich aufzurichten, so stieß man mit dem Schädel an die Bretter der darüberliegenden Pritsche. Nur die im dritten Stock hatten es gut, sie konnten sich bequem aufsetzen. Aber dafür mußten sie, um hinaufzugelangen, geübte Kletterer sein. Ich zog es vor, zu ebener Erde zu bleiben.

Am Tage nach der glorreichen «Prüfung unserer Situation» war unter dem in Riesenlettern gedruckten Titel: «La France se libère du joug juif», Frankreich befreit sich vom jüdischen Joch, auf der ersten Seite von «Paris-Midi» ein Artikel erschienen. In diesem Artikel, den uns ein Garde Mobile selbst zeigte, wurde der Bevölkerung die beruhigende Zusicherung gegeben, daß Frankreich endlich sich dazu aufgerafft habe, das jüdische Joch abzuschütteln. Der Anfang sei gemacht; fürs erste habe man einmal 5000 fremde Juden im Alter von 18 bis 45 Jahren festgenommen und sie in die Konzentrationslager von Pithiviers und Beaune-la-Rolande gebracht. Alle diese Juden ohne Ausnahme seien gefährliche, berufsmäßige «trafiquants du marché noir», über Nacht schwerreich gewordene Schleichhändler vom schwarzen Markt, Schädlinge, die endlich eine gerechte, wenn auch noch viel zu milde Strafe für ihre Verbrechen an der notleidenden arischen Bevölkerung ereilt habe.

So erfuhr ich wenigstens, was meine Person betrifft, welchen Beruf ich ausgeübt und wofür ich jetzt zu büßen hatte. Daß ich, nebenbei bemerkt, damals schon 55 Jahre alt war, tat nichts zur Sache. Mit gemeingefährlichen Verbrechern kann man es nicht so genau nehmen.

Und die anderen? Beispielsweise die Insassen von Baracke 8? Die weitaus überwiegende Mehrzahl bestand aus Handwerkern und Fabrikarbeitern. Dann ein paar kleine Gewerbetreibende. Ein früherer Bankbeamter, ein Ingenieur, ein Sprachlehrer.

Zwei Taubstumme, ein Schwachsinniger, ein Stelzfuß, viele Schwerkranke. Was das Alter betrifft: unser Jüngster war 14 Jahre alt, unser Ältester 67.

Von den Jungen hatten die meisten während des Krieges als Freiwillige für Frankreich gekämpft. Einige waren schwer verwundet worden. Zwei mit der «croix de guerre» ausgezeichnet.

So sahen die aus, von deren Joch Frankreich sich endlich zu befreien begann.

Die Phänomene des Hungerns können die verschiedenartigsten Formen annehmen. Apathie, die an Lähmung grenzt; Schwindel, daß man wie ein Betrunkener torkelt; Zittern, als wäre man von einem Schüttelfrost befallen. Aber ich sah auch junge Burschen, die plötzlich wie tolle Hunde übereinander herfielen und sich blutig bissen. Oder zwei von den Jüngsten, die hinter der Baracke auf dem Boden kauerten, sich bei den Händen hielten und bitterlich schluchzten.

Und ich sehe mich selbst eines Tages im strömenden Regen draußen an der Barackenwand lehnen. Der lehmige Boden hatte sich in dicken Schlamm verwandelt. In der Hand hielt ich ein Stückchen Brot, doch meine Finger zitterten so, daß sie es fallen ließen. Ohne zu zögern, holte ich die Kostbarkeit aus dem Kot und schlang sie hinunter.

Die tägliche Brotration betrug 175 Gramm, aber es kam vor, daß sie «strafweise» um 25, ja 50 Gramm gekürzt wurde. So zum Beispiel, als einmal Gefangene in dem 30 km von uns entfernten Lager von Pithiviers «meuterten»; das heißt, daß sie die gänzlich ungenießbaren Futterrüben in ihrer Suppe weggeschüttet hatten.

Jede Woche kam ein deutscher Offizier aus Orléans auf Inspektion, begleitet von einem Gestapobeamten in Zivil. Unser Lagerkommandant, sonst ein allmächtiger Gott, schrumpfte vor den beiden Deutschen zu einem geringen Erdenwurm zusammen.

Bei einer dieser Inspektionen entdeckte der deutsche Offizier, daß wir zum Frühstück um 6 Uhr morgens eine schwärzliche Flüssigkeit erhielten, die als Kaffee bezeichnet wurde. «Was? Kaffee für diese Juden!» begann er zu toben. Und dann zum Kommandanten gewendet: «Herr Kapitän, diese Juden sind hier, um zu verrecken, und nicht, um sich zu mästen. Haben Sie verstanden?»

Daraufhin bekamen wir einige Tage zum Frühstück Wasser, unverfälschtes Wasser. Aber der Gerechtigkeit halber muß gesagt werden, daß es gewärmt war. Unser Kapitän war nicht bösartig; er tat wirklich, was er konnte.

In der Baracke daneben befand sich ein Tscheche, Prihoda, einwandfreier «Arier», der angeblich aus Versehen verhaftet worden war. Er hatte freilich das Malheur, seit mehr als zwanzig Jahren mit einer Jüdin verheiratet zu sein. Immerhin hatte der Lagerkommandant versprochen, durch die Präfektur in Orléans bei der Kommandantur intervenieren zu lassen. Doch vorläufig mußte Prihoda warten. Mitgefangen, mitgehangen. Aber jedes Gespräch leitete er unweigerlich mit der stereotypen Formel ein: «Also wie komme ich eigentlich dazu?»

Anläßlich einer Inspektion kam Prihoda auf den Einfall, dem deutschen Offizier direkt den an ihm verbrochenen Justizirrtum zu klagen. Er paßte den Herrn Oberleutnant ab, stellte sich stramm in Positur und trug seinen Fall vor. Nur blieb ihm auf eine Frage nichts anderes übrig, als auch die «nichtarische» Frau einzugestehen. Wütend schrie ihn der Nazi-Gewaltige an: «Und da wagen Sie es noch, sich zu beschweren? Konzentrationslager ist das mindeste, was Sie für Ihre Rassenschande verdienen.»

Einmal kam aus Orléans auch der Präfekt auf Inspektion. Für jede Baracke war ein Barackenchef ernannt worden, der für die Ausführung aller Befehle zu sorgen hatte. In unserer Baracke versah Ernst Friedezky dieses undankbare Amt.

Der Präfekt beschränkte sich darauf, die Barackenchefs

zu versammeln und eine kurze Ansprache an sie zu richten. Er forderte vor allem strengste Disziplin. Und zum Schluß fügte er gewissermaßen als Trost hinzu: «Es gibt französische Kriegsgefangene, die es nicht viel besser haben als Ihr.»

Da trat Friedezky vor. «Herr Präfekt», sagte er, «es ist eine Ehre, französischer Kriegsgefangener zu sein. Aber wir, wir sind ehrlos, Geächtete. Darf ich fragen, weshalb? Weshalb sind wir hier?»

Der Präfekt schwieg betroffen einen Augenblick. Dann machte er eine verlegene Geste und sagte mit gedämpfter Stimme: «Ihr seid hier, weil ihr keine Chance gehabt habt.»

Den Barackenchefs oblag es auch, die Leute für die «corvées», die diversen Arbeiten einzuteilen. Unter den corvées war eine, die von vielen wie eine besondere Begünstigung begehrt war, die sogenannte «corvée extérieure»; sie bestand darin, daß besonders kräftige Gefangene mit einem Karren zu einem außerhalb des Lagers gelegenen Depot geschickt wurden, um dort Materialien für die Errichtung mehrerer noch im Bau befindlicher Baracken zu holen. Das Lager wurde vergrößert, wir 1800 waren nur ein Anfang.

Die Arbeit war sehr hart. Und selbstverständlich wurden die von der «corvée extérieure» durch Gardes Mobiles eskortiert und beaufsichtigt. Aber auf ein paar Stunden wenigstens sahen sie keine Stacheldrähte vor sich.

In meiner Baracke war ein junger polnischer Flickschneider, der Friedezky unablässig in den Ohren lag, ihn doch wieder einmal für die corvée exterieure zu bestimmen. Doch unser Barackenchef, der streng auf Gerechtigkeit hielt, hatte noch eine Reihe anderer Bewerber zu berücksichtigen, die bereits früher «vorgemerkt» waren.

Der Flickschneider hatte bemerkt, daß ich zu Friedezky besonders freundschaftliche Beziehungen unterhielt, und eines Tages beschwor er mich, ihn doch bei dem Barackenchef zu protegieren.

Ich suchte, ihn zu beruhigen. «Warum drängst du dich eigentlich so zu der extérieure?» fragte ich ihn. «Schwere Lasten schleppen, davon bekommst du höchstens noch mehr Hunger.»

Er warf mir einen Blick zu, in dem die ganze mitleidige Geringschätzung der Jugend für das Alter lag. Dann breitete er in einer extatischen Geste die Arme aus: «Macht nichts», sagte er, «macht nichts, auch wenn ich noch mehr Hunger hätte. Aber vielleicht kann man wenn auch nur von weitem eine Frau sehen, eine Frau, verstehst du?»

Im Lager war auch ein Bürschchen, das weit eher einem Mädchen glich als einem männlichen Wesen. Platinblondes, gewelltes Haar, schmachtende Augen, wiegende Hüften. Der Junge schien aus einer jener Bars in Montmartre oder Montparnasse zu kommen, die ein ganz bestimmtes Publikum haben. Er hätte sich bestimmt nicht zu der corvée extérieure gedrängt, um vielleicht von weitem eine Frau zu Gesicht zu bekommen.

Es war merkwürdig, wie unter den Polen die meisten überhaupt nicht zu wissen schienen, daß etwas mit Homosexualität existiert. In dieser Beziehung hatte Paris ihren Horizont nicht erweitert.

Ich stand einmal vor der Baracke, als das platinblonde Bürschchen an mir vorübertänzelte. Hinter ihm gingen zwei Polen. Der eine, auf den Jungen weisend, interpellierte seinen Begleiter: «Was glaubst du, was kann der sein?» Ich konnte noch gerade hören, wie der andere mit einer Nuance von Bewunderung antwortete: «Ein Damenimitator, ein sehr guter Damenimitator.»

Die Deutschen hatten an alles, aber auch an alles gedacht, was uns unsere Erniedrigung besonders vor Augen führen und zugleich zur physischen «Strafverschärfung» werden konnte.

Ursprünglich war für je zwei Baracken ein gedeckter Abtritt vorgesehen. Aber vor unserer Einlieferung waren diese Abtritte sorgfältig versperrt worden. Dafür hatte man einige Schritt gegenüber von unserer Baracke eine Reihe von Löchern aufgeworfen; für das ganze Lager. Diese Löcher mit der Serie, die gerade im Begriffe war, ihre Notdurft zu verrichten, das war der Anblick, den wir ewig vor uns hatten. Denn die Prozedur konnte nur serienweise vor sich gehen; so waren viel zuwenig Löcher vorhanden, man mußte sich anstellen.

Das war aber noch nicht alles. Wie bereits erwähnt, befanden sich die Löcher unweit gegenüber der Baracke 8 und den Baracken daneben. Viel zu bequem für uns. Daher hatten die fürsorglichen Deutschen das Ganze noch mit einem extra Stacheldraht umgeben, der erst weit unten einen Durchlaß enthielt. Dort angelangt, mußte man wieder kehrtmachen und die ganze Distanz jenseits des Stacheldrahts nochmals zurücklegen. Das bedeutete, daß Kranke wie Gesunde bei Tag wie bei Nacht jedesmal ein schönes Stück Wegs zu machen hatten, ehe sie endlich am Ziel angelangt waren.

Der Terrainstreifen vor den Exkrementenlöchern war der einzige Ort, wo wir uns im Freien aufhalten konnten. Dort schöpften wir Luft, welche Luft! Aber in einem zweiten, in Paris-Midi erschienenen Artikel über die Konzentrationslager hatte ein Reporter entrüstet erklärt, daß man den Juden in Beaune-la-Rolande geradezu eine Villegiatur bereitet habe.

Deutscher Humor war auch auf dem Gebiete des eigenen Stoffwechsels auf einen geistreichen Einfall gekommen, uns Juden hinter Stacheldrähten die ganze arische Verachtung fühlen zu lassen.

In der Nähe des Lagers befand sich ein stattlicher Gutshof, in dem eine Abteilung «Wehrmacht» einquartiert war. Es ließ sich dort gut sein. Alle waren sie ausgefressen, strotzend von Speck und guter Laune. Wir konnten uns sehr oft davon überzeugen. An schönen Abenden nämlich machten sie einen kleinen Verdauungsspaziergang bis zum Lager, um die hungernden Juden hinter den Stacheldrähten zu betrachten. Behaglich ihre Zigarren paffend, machten sie sich gegenseitig auf besonders komische Exemplare wie Taubstumme und Krüppel besonders aufmerksam.

Und jedesmal, bevor sie abzogen, stellten sie sich in Positur und pissten durch den Stacheldraht zu uns hinein, um die Wette. Sie sandten uns ihren treudeutschen Gruß, die wackeren Germanenkrieger. Dann zogen sie ab, wiehernd vor Ergötzen über den großartigen Scherz.

Einmal freilich gingen sie und kehrten nicht mehr wieder. Das war kurze Zeit, nachdem ihr Führer den Russen den Krieg erklärt hatte. Sie waren gen Osten gesandt worden, die Pisshelden, zum Hakenkreuzzug deutscher Kultur gegen bolschewistische Barbarei.

Das Leben im Konzentrationslager ist wie eine chemische Reagenz, die Gutes und Ungutes aus dem Menschen hervortreibt, unverfälscht von allen konventionellen Lügen. Unsere

Existenz war auf die primitivste animalische Grundformel reduziert, und dementsprechend trat auch der Grundcharakter jedes einzelnen gleichsam nackt zutage. In der äußersten Entblößung unseres Daseins kamen Reichtümer an innerer Schönheit zum Vorschein, daneben freilich auch viel Häßliches. Und mit dem körperlichen Schamgefühl geht bei vielen Menschen auch das seelische verloren.

Man kann innerhalb der Stacheldrähte Menschen im Laufe von wenigen Tagen besser kennenlernen als draußen während eines ganzen Lebens. Man kann eine Gemeinschaft finden, die inniger verbindet und auch zu viel mehr verpflichtet als langjährige «Freundschaften», die auf gegenseitigen Interessen und auf sozialen Beziehungen beruhen. Man erfährt, die wahre, echte Beschaffenheit, den Goldgehalt des Wortes Kameradschaft, diese Beziehung, die einen Menschen mit einem Menschen zusammenführt und nicht bloß mit einem Geschäftsfreund im Geschäft des Lebens. Und diese Kameradschaft in der Not des Konzentrationslagers ist zugleich der Schutz, der einzige, gegen die Not.

Andererseits kann man freilich hinter den Stacheldrähten erst recht erkennen, wie unbelehrbar und unverbesserlich die Unbelehrbaren und Unverbesserlichen bleiben.

Das Konzentrationslager ist nicht nur eine bittere Schule der Demütigung, sondern auch der Demut. Ja, hier lernt man Demut. Hier erfährt man die Nichtigkeit aller Schranken, die Geld, Dünkel, Ehrgeiz, Vorurteil zwischen Menschen und gegen Menschen anrichten. Das Leiden bringt etwas von der Brüderlichkeit des Todes mit sich. Andererseits sieht man hinter den Stacheldrähten Große sehr klein werden und Kleine zu ehrfurchtgebietender Größe wachsen.

In dieser Demut lernt man auch Dankbarkeit. Nicht jene Dankbarkeit, die eine lästige Verpflichtung ist, sondern jene andere, die für den Verpflichteten zu einem tiefen Bedürfnis, einem Trost wird.

In dieser Demut lernt man auch Gewissenserforschung und Reue. An wie vielem ist man früher achtlos vorübergegangen, wie vieles hat man gleichgültig empfangen oder gar wie etwas, das einem gebührt, wie vieles hat man versäumt oder falsch gemacht, bewußt und unbewußt. Wie oft hätte man helfen müssen, helfen können und hat es nicht getan; weil man mit scheinbar wichtigeren Dingen beschäftigt war oder einfach aus Trägheit des Herzens.

Jetzt erinnert man sich an alles. Und man bereut, man schämt sich.

Menschen wie Ernst Friedezky, Alois Stern, Dr. Otto Seligmann, der junge Georg Pollak haben mir unendlich viel gegeben. Doch auch viele andere waren darauf bedacht, mich oft in geradezu rührender Weise zu verwöhnen. Das ist schon draußen nicht leicht, und welche Kunst, welche große Kunst des Herzens ist es erst, jemanden in einem Konzentrationslager zu verwöhnen.

Zuweilen sagte ich mir, daß ich es eigentlich besser hatte als meine Frau und Slava, die vor Sorge um mich vergingen, die so allein waren in dem fühllosen, ungeheueren Paris...

Die ersten fünf Wochen durften wir weder einen Brief schreiben noch empfangen. Briefe, die man uns auf gut Glück geschickt hatte, wurden auf Befehl der Deutschen vernichtet. Wir sannen auf einen Ausweg.

Beim Bau der noch nicht fertigen Baracken waren auch einige Arbeiter beschäftigt, die im Ort wohnten. Sie wurden beim Betreten und Verlassen des Lagers durchsucht, aber trotzdem gelang es, durch sie Briefe hinauszuschmuggeln.

Es dauerte nicht lange, und die Deutschen bekamen Wind von der Sache. Sie richteten auf dem Postamt von Beaune eine eigene Überwachungsstelle ein. So blieb uns nichts anderes übrig, als Boten zu finden, die unsere «Post» in Orléans aufgaben. Aber das kostete schon 50 Franken pro Brief. Jeder dieser Boten nahm einige hundert Briefe mit. Kein schlechtes Geschäft.

Endlich erhielten wir die Erlaubnis zu korrespondieren: je ein Brief monatlich durfte abgeschickt resp. empfangen werden; selbstverständlich unter der Zensur des Lagerkommandos. Das war sehr wenig; immerhin sank die «Taxe» für «schwarze Briefe» auf 30 Franken.

Selbst in den geschmuggelten Briefen war von Krieg, Politik, den Deutschen nur in allen möglichen Umschreibungen die Rede. Man konnte nicht genug vorsichtig sein.

Eines Tages stürzte Helfand, ein Prachtkerl von jungem Russen, aufgeregt in die Baracke und zeigte uns einen soeben erhaltenen «schwarzen Brief» seiner Frau. «Der Onkel Josef mit dem Schnurrbart», schrieb sie ihm, «hat sich mit dem Anstreicher zerstritten.»

Auf diese Weise erfuhren wir, daß Hitler Rußland den Krieg erklärt hatte. Das änderte zwar nichts an unserer Lage. Aber dennoch schliefen wir alle besser in jener Nacht.


Bei Tag wie bei Nacht ist es in einem Lager ein Ding der Unmöglichkeit, auch nur einen Augenblick mit sich selbst allein zu bleiben. Und niemals ein Augenblick der Stille. Zuweilen empfindet man dieses ewige Zusammensein mit anderen gleich einer doppelten Einsamkeit.

Selbst die Nacht, unter der man sich verkriechen möchte wie unter einer Decke, selbst die Nacht bringt keine Abhilfe. Niemals tritt vollständige Ruhe ein. Die Glücklichen, die Schlaf gefunden haben, schnarchen, stöhnen, seufzen, murmeln. Andere wieder, die wach sind, stecken die Köpfe zusammen und tuscheln eifrig miteinander, als hätten sie den ganzen Tag keine Zeit dazu gehabt. Und dann die vielen, die mit offenen oder geschlossenen Augen unbeweglich daliegen; aber man hört förmlich, man spürt in den eigenen Nerven ihre Schlaflosigkeit. Eine nächtliche Symphonie des Elends und des Kummers, die vom Rascheln des Strohs wie von einem Orgelpunkt durchzogen ist. Die Luft ist stickig von den Ausdünstungen verwahrloster Körper und der Unrast friedloser Seelen.

Alles spielt sich hier vor aller Augen ab. Jeder trägt zwar sein Geheimnis, seine Einsamkeit in sich, aber äußerlich gibt es nichts Verborgenes.

Und versucht man, sich diesem unfreiwilligen Exhibitionismus auch nur auf kurze Zeit irgendwie zu entziehen, so wird das von vielen als Mangel an Solidarität oder gar als Arroganz angesehen.

Als ich, endlich, das erste Lebenszeichen von meiner Frau erhielt, wollte ich die wenigen kostbaren Zeilen ungestört lesen. Ich ging hinter die Baracke, wartete einen Augenblick ab, da niemand in Sicht war, und dann begann ich zu lesen. Plötzlich hatte ich das Gefühl, nicht mehr allein zu sein. Ich wandte mich um und, richtig, standen zwei Polen hinter mir, die mit großem Interesse über meine Schulter hinweg den Brief mitlasen. Diesmal riß mir die Geduld: «Ist dieser Brief», fuhr ich sie an, «an Euch oder an mich geschrieben?»

Die beiden wechselten einen Blick, der ebenso viel Erstau-

nen wie Missbilligung ausdrückte. Sie wandten sich zum Gehen. Doch vorher ließ der eine halblaut zwei Worte fallen,
zwei Worte, die bei unseren Polen einen Menschen ein für
allemal abtaten: «Grober Jung!»

Grober Jung bedeutet den Gipfel der Ungezogenheit und
Taktlosigkeit. «Jung» hat in diesem Falle mit dem Alter nichts
zu schaffen. Man kann ein Methusalem und trotzdem ein
«grober Jung» sein.

Jeden Tag, schon bei Morgengrauen, konnte man von weitem
auf einem Feld vor dem rückwärtigen Teil des Lagers einen
Haufen Frauen beobachten, wie sie verzweifelte Anstrengungen machten, sich zu nähern. Zugleich hörte man die Rufe und
Signalpfeifen der Gardes, die Befehl hatten, die Unglücklichen
zurückzujagen.

Die Frauen waren am Abend vorher aus Paris angekommen und hatten die Nacht im Freien auf dem Feld verbracht;
sie hatten gehofft, mit ihren Männern, ihren Brüdern, ihren
Söhnen vielleicht ein paar Worte über den Stacheldraht hinweg wechseln, ihnen ein Päckchen mit Eßwaren zuwerfen zu
können. Oder sie wenigstens nur von weitem erblicken... Sie
machten flehentlich Zeichen zu uns hin, als hätten wir ihnen
helfen können.

Daß auch meine Frau sich vielleicht unter diesen gehetzten Geschöpfen befinden könnte – der Gedanke allein war mir
unerträglich.

Sie war darunter gewesen, wie ich später erfuhr, sogar
zweimal.

Wochen hindurch erneuerte sich täglich dieses jammer-
volle Schauspiel. Die Gardes Mobiles waren gewiß keine Gemütsmenschen; immerhin waren manche von ihnen mit kei-

nem großen Elan bei der Sache. Einer von ihnen sagte einmal zu einem Kameraden: «Ihr Juden habt wirklich Frauen, die man bewundern muß. Ich weiß nicht, ob viele unserer Frauen das für uns täten.»

In der Baracke hatten einige Kameraden gehört, ich sei ein Doktor. Das trug mir den schmeichelhaften Spitznamen «Quartier Latin», nach dem so benannten Pariser Universitätsviertel ein; und nach der Erteilung der Korrespondenzerlaubnis das Ehrenamt eines Sekretärs für jene, die nicht französisch schreiben konnten. Die Briefe durften nämlich nur in französischer Sprache abgefasst sein.

In wie viele Seelen und wie viele Familien habe ich durch diese Tätigkeit Einblick gewonnen ... Wie erschütternd und wie erheiternd war oft das, was ich zu Papier zu bringen hatte! Mein Sinn stand mir damals wahrlich nicht nach «Literatur»; trotzdem sagte ich mir oft, daß diese Episteln ein Buch ergeben hätten, wie es in seiner Vielfalt und Ursprünglichkeit kein Dichter hätte zustande bringen können.

Ich erinnere mich an einen Brief, dessen Aufschrift die folgenden Abstufungen enthielt: «Mein teuerstes Kind, meine geliebte Frau, und auch Sie, Schwiegermutter!»

In einem anderen Brief hieß es: «Wann wird Gott endlich geben, daß wir uns wiedersehen können, mein süßes Weib. Ich denke an alle Leibspeisen, die Du mir je gekocht hast. Aber nicht einmal ein gefüllter Karpfen oder eine Gansbrust möchte mir jetzt so schmecken wie Du.» Ich sehe noch die Augen des armen Kerls vor mir, der mir das diktierte; sie fieberten vor Hunger und vor Sehnsucht, vor Sehnsucht und vor Hunger.

Ein anderer Brief noch, doch könnte ich nicht sagen, ob ihn die Zensur auch durchgelassen hat. Es hieß darin nämlich zum

Schluß: «Und nun bleibt mir alle gesund und habt Geduld. Ihr werdet sehen, mit Gottes Hilfe wird Frankreich wieder sein ein großes Land, und wir werden wieder Juden sein dürfen.»

Aber vielleicht der erschütterndste von allen Briefen war einer, der nicht geschrieben worden ist.

Wie ich bereits erzählt habe, war in unserer Baracke auch ein Schwachsinniger, der kleine Herschel. Vor der Kopfgrippe, die ihn verblödet und fast gänzlich der Sprache beraubt hatte, war das Männchen ein überaus tüchtiger Lederarbeiter gewesen. Stolz zeigte uns Herschel seine glänzenden Zeugnisse. Aber das war noch nichts gegen das Aufleuchten in seinen sonst so erloschenen Augen, wenn er das Bild eines etwa sechsjährigen Knaben hervorholte und verklärt lallte: «Mein Kind, mein Kind.» Alle mussten wir die Photographie bewundern.

Einmal, als ich gerade dabei war, Briefe für Kameraden zu schreiben, stellte sich Herschel vor mich hin, zog seinen Schatz hervor und machte mir aufgeregt Zeichen: schreiben!

«Herschel», fragte ich ihn, «willst du, daß wir deinem Kind schreiben?»

Er nickte eifrig. «Gut», sagte ich ihm, «fangen wir gleich an.»

Die Photographie mit beiden Händen vor sich hin haltend, schien er angestrengt nachzudenken. Seine Ohren glühten. Plötzlich begann er verzweifelt zu schluchzen und lief davon.

Sooft ich noch Briefe zu schreiben hatte, niemals mehr ließ sich Herschel blicken.

Anfang Juli hieß es, daß eine Reihe von Kranken über 55 Jahren, die bereits dreimal von dem Arzt der Präfektur untersucht worden waren, entlassen werden sollten. Es war nicht das erste Gerücht dieser Art, und ich schenkte ihm nicht viel Glauben. Aber eines Abends nach dem Rapport im Lagerkommando sagte mir Friedezky voll Freude: «Ich glaube, morgen wirst du nach Hause gehen können.» Ich blieb weiter skeptisch, schon um nicht unter einer Enttäuschung allzu sehr zu leiden.

Doch tags darauf, am Vormittag, ließ mich der Adjutant-Chef kommen und sagte mir ohne jeden Kommentar: «Um ein Uhr mit Ihrer ‹Paquetage› vor dem Lagerkommando.»

Jetzt glaubte ich. Die Folge war, daß ich nicht imstande war, mein Bündel zu packen. Alles fiel mir aus den Händen. Friedezky und Pollak erwiesen mir noch einen letzten Liebesdienst und besorgten die «Paquetage» für mich. Neidlos.

Ich war unbeschreiblich selig; aber zugleich hätte ich mich am liebsten verstecken wollen vor den anderen, die ich zurücklassen musste.

Bereits nach wenigen Tagen beginnt man in einem Konzentrationslager wie ein «clochard», ein Strolch auszuschauen. Oder auch wie ein Sträfling. Verwahrlost, ungewaschen, abgerissen. Die Glücklichen draußen, die mit der Bezeichnung «Sträflingsgesicht» so schnell bei der Hand sind, sie wissen nicht, wie leichtfertig sie dieses furchtbare Wort gebrauchen. Nach acht Tagen hätte jeder von ihnen ein Sträflingsgesicht.

Am Tage der «Prüfung meiner Situation» trug ich eine Krawatte; sie war längst in Fetzen.

Bevor ich die Baracke verließ, kam noch ein junger Kamerad auf mich zu, Anton Bilder, ein Arbeiter, den ich nur ganz oberflächlich kannte. «Quartier Latin», meinte er etwas verlegen, «wenn du jetzt nach Hause kommst, kannst du dich nicht ohne Krawatte bei deiner Frau präsentieren. Hier» – und er zog eine funkelnagelneue Krawatte aus seiner Tasche – «habe ich dir etwas mitgebracht.»

Wieder ging es mir mit brennender Reue durch den Sinn: wieviel hatte man doch versäumt, ehe die große Heimsuchung über einen gekommen war, an wieviel Güte war man ahnungslos, hochmütig vorübergegangen...

Um ein Uhr waren wir vor dem Lagerkommando gestellt, zwanzig von achtzehnhundert. Wir und unsere «Paquetage» wurden einer genauen Untersuchung unterzogen. Dann erschien der Kapitän und hielt eine kurze Ansprache; er unterstrich, daß wir einer besonderen Gnade teilhaftig geworden seien, und ermahnte uns, uns dessen auch würdig zu erweisen.

Mit anderen Worten: wir waren begnadigte Verbrecher, und man warnte uns, rückfällig zu werden. In welches Verbrechen? In das Verbrechen, ein Jude zu sein?

Friedezky, Stern und Pollak hatten die Erlaubnis erwirkt, mich bis zum Lagerkommando zu begleiten. Ich nahm Abschied von ihnen.

Und dann marschierten wir in Viererreihen, zwei Gardes an der Spitze, vorüber an der letzten Reihe Stacheldrähte, durch das Tor.

Auf der Straße standen ein paar Kinder, die uns zuwinkten und «bonne chance» zuriefen.

Unsere Eskorte brachte uns auf den Hauptplatz von Beaune; dort machte sie kehrt. Wir waren frei. Trotzdem wagten wir nicht, uns in einem Café niederzusetzen. Auch innerlich hatten wir noch unsere Sträflingsgesichter.

Eine Stunde später passierte der Autobus Orléans – Paris. Ich konnte gerade noch in dem überfüllten Gefährt unterkommen.

Um 8 Uhr Abends waren wir in Paris, Place Denfert-Rochereau. Eine halbe Stunde später läutete ich an meiner Wohnungstür.

Es war meine Frau, die öffnete. Sie schrie laut auf.

Aber dann konnten wir eine ganze Weile, weder sie noch Slava, noch ich, ein Wort hervorbringen.

## NOCHMALS GALGENFRIST

In der ersten Zeit nach meiner Befreiung erlebte ich eine Art zweiter Kindheit: ich entdeckte märchenhafte Dinge, so da sind ein Bett, Sessel, Teller, frische Wäsche, warmes Wasser, ein Klosett.

An alle diese Genüsse mußte ich mich erst wieder gewöhnen. Aber ich kann sagen, daß mir seither nichts wieder so zur Gewohnheit geworden ist, daß ich es als etwas Selbstverständliches betrachten würde. Auch in dieser Beziehung ist das Konzentrationslager eine Schule der Demut.

Nur meiner «Freiheit» konnte ich nicht recht froh werden. Ein Verbrecher, der seine Strafe abgebüßt hat, ist frei. Ein Jude unter dem Hakenkreuz hat seine Strafe niemals abgebüßt, sie ist höchstens unterbrochen. Man hatte mir in Beaune einen Entlassungsschein ausgestellt. Einen Fetzen Papier.

Im September wurde eines schönen Tages das ganze 11. Arrondissement von Polizei abgesperrt, und auf den Straßen und in den Häusern begann eine wüste Treibjagd auf Juden. Wer sich nicht als «Arier» ausweisen konnte, wurde in das schon damals zu trauriger Berühmtheit gelangte Konzentrationslager von Drancy gebracht, wo zwei deutsche Bestien, Brunner und Bruckner, in Torturen wetteiferten.

Ich hatte die Chance, mich an jenem Tage nicht zufällig im 11. Arrondissement aufzuhalten. Aber die Razzien häuften sich, einmal da, einmal dort. Auch wurden immer häufiger Metrostationen während des stärksten Verkehrs plötzlich abgesperrt und nach Juden durchsucht. Kurz, es kam so weit, daß kein Jude, der aus dem Hause ging, sicher sein konnte, auch wieder nach Hause zu kommen. Und daheim war man natürlich auch nicht sicher. Nirgends war man sicher.

Wenn ich an die Kameraden in Beaune dachte, sagte ich mir manchmal: die dort haben wenigstens alles hinter sich, ihnen kann nichts mehr geschehen.

Ach, man wird noch sehen, was ihnen noch alles geschehen konnte.

Was tun? Ich war so müde, so zermürbt, daß ich am liebsten fatalistisch den Dingen ihren Lauf gelassen hätte. Komme, was da wolle. Aber meine Frau gab nicht nach und bestand darauf, daß wir versuchen müßten, in die unbesetzte Zone zu gelangen. So erklärte ich mich schließlich einverstanden. Eine Verwandte, Frau Rosa Ornstein, und zwei befreundete Ehepaare, Ciprut und Dreyfus, wollten mit uns das Wagnis unternehmen.

Das Wagnis begann noch in Paris. War es doch Juden strengstens untersagt, ihren Wohnort zu verlassen, die Eisenbahn zu benützen. Fast täglich wurden auf den Bahnhöfen die Reisenden einer Polizeikontrolle unterzogen. Die eingefangenen Juden kamen sofort nach Drancy. Und gegen Drancy schien Beaune ein Paradies zu sein...

Wir beschlossen, unser Glück am 10. November 1941 zu versuchen. Ein Passeur, «Monsieur Pierre», hatte sich erbötig gemacht, uns für 3000 Franken pro Kopf über die Demarkationslinie zu schmuggeln. Aber seine «Mission» begann erst an der Linie selbst. Bis dorthin waren wir uns selbst überlassen.

Wir durften jeder nur einen kleinen Handkoffer mitnehmen. Wieder ließen wir unser «Heim» zurück. Wieder wußten wir nicht, wo wir die nächste Nacht verbringen würden.

In Drancy? In einem Gefängnis an der Demarkationslinie? In der freien Zone?

Ich will mich kurz fassen: auf der Gare d'Austerlitz gelang es uns glucklich, den Zug Paris – Bordeaux zu besteigen. Eine Abteilung Polizei machte zwar an jenem Morgen Jagd auf Juden, aber zufällig galt ihre Tätigkeit einem anderen Zug. Wir hatten die Weisung, in Coutras, etwa eine Stunde vor Bordeaux, auszusteigen. Dort erwartete uns der Passeur. Unterwegs konnten wir natürlich auch noch einer Kontrolle in die Hände fallen. Der kürzeste Aufenthalt in einer Station erschien uns endlos lang. Doch endlich kamen wir heil in Coutras an, wo uns Monsieur Pierre unter allen möglichen Vorsichtsmaßnahmen in Empfang nahm. Auf dem Perron trieben sich einige Deutsche herum.

## «ZONE LIBRE»

Und die Expedition begann. Zunächst einige Kilometer in einem Auto bis zu einer Waldlisière. Dann drei Stunden Fußmarsch auf Schleichwegen, durch Dickicht und Gehölz. Wir wußten, daß die Deutschen die Gegend mit Polizeihunden durchstreiften.

Während einer kurzen Rast ersuchte uns der wackere Monsieur Pierre, noch eine kleine Nachzahlung, 200 Franken pro Person zu leisten: für das Auto, das uns von der Linie in das etwa 10 km entfernte Städtchen Mussidan bringen werde. Wir zahlten. Allein unserer Gruppe hatte der Passeur also fast 2600 fs abgenommen.

Endlich kamen wir an eine Straße. Im Galopp hinüber auf die andere Seite. Mr. Pierre blieb stehen und teilte uns feierlich mit: «Jetzt befinden Sie sich auf dem Boden des freien Frankreich!» Für diese kurze Ansprache berechnete er nichts. Vor einem Bauernhof erwartete uns ein Auto, und um 9 Uhr abends waren wir in Mussidan.

Am nächsten Morgen Meldung bei der Polizei. Wir waren straffällig, weil wir kein «visa de départ» eingeholt hatten; also weil wir die Deutschen, vor denen wir geflohen waren, nicht vorher von unserer Flucht in Kenntnis gesetzt hatten ... Nach Beendigung unseres Verhörs fragte mich der Beamte noch lächelnd: «Wer war Ihr Passeur? Monsieur Pierre?» Ich bejahte. «Wieviel?» fragte er weiter, «3000?» – «Nein, 3200.» «Soso.» Er notierte den Betrag. Es war klar, daß die Herren von der Polizei stille Teilhaber an dem Geschäft waren.

Man hatte uns gefragt, in welches Departement wir zu gehen beabsichtigten. Wir wollten zu Koflers, die in Voiron in der Isère wohnten. Aber vorläufig, wurde uns bedeutet, hatten wir in der Dordogne zu bleiben, da erst die Genehmigung der Isère-Präfektur in Grenoble eingeholt werden müsse. Zunächst werde uns ein Gendarm nach Ribérac begleiten, um uns dort dem zuständigen Gericht zu überstellen, das die Strafe für unser Visa-Delikt zu bestimmen habe. Von Ribérac werde man uns nach Périgueux bringen, und dort werde uns die Polizei eine provisorische Zwangsresidenz im Bereiche des Departements anweisen...

So also schaute die freie Zone aus. Dennoch atmeten wir auf. Daß uns der Anblick von Deutschen erspart blieb, das allein war schon eine Erlösung.

Wir hatten Pierre Vorms, der sich in Guiraud bei Belvès in der Dordogne niedergelassen hatte, von unserer Ankunft in Mussidan telegraphisch verständigt. Noch am gleichen Tage hatten wir die Freude, unseren alten Freund und dessen Frau bei uns zu sehen. Sie begleiteten uns nach Ribérac.

Dort wurden wir ins Justizgebäude vor den Procureur geführt, der uns fürs erste fürchterlich abkanzelte und uns eine gehörige Strafe in Aussicht stellte. Und sollte, so schloß er, diese Judenflucht in die freie Zone nicht bald ein Ende nehmen, so werde man noch zu ganz anderen Maßnahmen greifen. Dann mußten wir eine Kaution von 3000 Franken pro Person erlegen, da die Verhandlung gegen uns nicht vor einem Monat zu erwarten war. Und schließlich hatten wir noch für einen «Verteidiger» zu sorgen: weitere 500 pro Person...

Dann fuhren wir, wieder in Begleitung eines Gendarmen, nach Périgueux. Dort auf dem «Commissariat Spécial» empfing uns ein Commissär, ein Elsässer, Herr Mincker, der uns mit jedem Wort, mit jedem Blick deutlich zu verstehen gab, welchen Widerwillen es ihm einflößte, sich mit diesen Juden abgeben zu müssen. Immerhin enthielt er sich direkter Beschimpfungen und ließ sich sogar herbei, uns auf Ersuchen von Pierre Vorms Belvès als vorläufige Zwangsresidenz anzuweisen, ein Städtchen auf der Eisenbahnlinie Périgueux – Agen.

Am nächsten Tag konnten wir also, diesmal sogar ohne Gendarmen, nach Belvès abreisen, wo wir im Hotel Sarthou ein Zimmer mieteten.

Wir hatten kein Heim mehr; von unseren Habseligkeiten vorläufig nur das Allernotdürftigste an Wäsche. Aber was lag daran! Waren wir doch in der freien Zone. Entronnen dem Hakenkreuz – so glaubten wir wenigstens. Holder Wahn.

## BELVÈS

Ein trauliches, altertümliches Städtchen, dieses Belvès, das sich pittoresk über einen Hügel lagert, in die steilen Abhänge hineinschmiegt. Und von welcher Seite immer man sich dem Ort nähert, man ist bestrickt von dem Anblick, der an gewisse romantische Bergnester in [der] Toscana erinnert; bestrickt auch von der Umgebung. Dieser Teil des Périgord übt einen eigentümlichen Zauber, dessen man nie überdrüssig wird. Die Landschaft mit den bewaldeten Hügeln und den schlanken, zierlichen Pappelreihen im Tal hat eine liebliche und zugleich herbe Grazie. Die Luft ist mild, aber kräftig, das Licht klar, aber voll delikater Abtönungen. Es ist noch nicht der Süden, doch spürt und riecht man ihn bereits. «Midi moins le quart», ein Viertel vor Süden, sagen die Leute dort. Ein Fleck Erde, den man liebgewinnen muß.

Wir waren nirgends mehr zu Hause; doch in Belvès fühlten wir uns nach kurzer Zeit schon fast heimisch.

Wir konnten freilich damals noch nicht ahnen, was uns noch alles bevorstehen sollte. Und wir ahnten auch nicht, daß in diesem Belvès eines Tages Menschen in unser Leben treten sollten, wie wir ihnen noch nie zuvor begegnet waren.

Menschen, denen wir letzten Endes verdanken, daß wir noch am Leben sind; ohne sie wären wir längst zugrunde gegangen.

Aber nicht bloß die physische Existenz ist es, die wir ihnen verdanken. Wären nicht auch solche Menschen auf unserem Weg gewesen, ich glaube, ich hätte den Ekel und das Grauen vor der Scheußlichkeit einer Hitler-Welt nicht auf die Dauer überwinden können. Wie gut verstehe ich doch Stefan Zweig, mit dem mich so lange Jahre der Freundschaft verbanden. Ich erfuhr sein Ableben eines Tages in Belvès durch eine Zeitungsnotiz: «Der jüdische Schriftsteller Stefan Zweig hat in Brasilien Selbstmord begangen.» Eine einzige Zeile.

Er durfte weit, weit weg in Brasilien leben. Er war noch in diesem Exil geehrt und gefeiert. Er stand im Zenit seines Ruhms und seiner Schaffenskraft. Und dennoch konnte er eines Tages nicht mehr weiter und ging freiwillig in den Tod. Unbegreiflich? Nein. Das Zeitalter Hitlers hatte den «jüdischen Schriftsteller» abgewürgt. Die brasilianische Regierung bereitete Stefan Zweig ein Staatsbegräbnis. Aber vorher hatte er in letzter Verzweiflung seinen letzten Glauben zu Grabe tragen müssen.

Belvès ist klein, und wir gingen nur wenig aus. Immerhin konnte man sich ein Urteil über die damalige Mentalität der «freien Zone» bilden. In dieser Beziehung war auch das Leben im Hotel sehr lehrreich; neben den Pensionären gab es ein fortwährendes Kommen und Gehen von Passanten, und wir hatten nur den Diskussionen im Speisezimmer zuzuhören.

Die in der zone libre hatten den Krieg nur wenig am eigenen Leib zu spüren bekommen; auch der Mangel an Lebensmitteln war weit geringer als im okkupierten Gebiet. Dazu kam, daß der Bevölkerung der Anblick des deutschen Stiefels erspart blieb.

Die Folge war eine ziemlich allgemeine Indifferenz. Man hatte sich mit der Défaite wie mit einem unverschuldeten Elementarereignis abgefunden. Die Pétain-Propaganda drapierte die Niederlage mit den pompösen Phrasen der «Révolution

Nationale», die alle auf den gleichen Refrain hinausliefen: Leistet dem Marschall Gefolgschaft, dann wird alles gutgehen! Was sonst in der Welt vorging, selbst in der so nahen Welt der okkupierten Zone, kümmerte die Leute damals nicht viel. Es galt, sich in der Défaite wie in einer zwar verkleinerten, doch immerhin passablen Wohnung so bequem als möglich einzurichten.

Nicht zu vergessen, daß auch die «zone libre» von allen Spielarten der Kollaborationsfauna wimmelte, die freudig mit dem deutschen Reptil gemeinsame Sache, gemeinsame Geschäfte machte.

Und nicht zu vergessen, daß Vichy, Hauptstadt des Verrats, sich in der freien Zone befand.

Etwa einen Monat nach unserer Ankunft saßen wir eines Abends beim Essen im Speisezimmer des Hotels. Jemand hatte das Radio aufgedreht; Vichy sandte das «Radio-Journal de France». Plötzlich hörten wir: «In Paris ist wieder ein Anschlag auf einen deutschen Soldaten verübt worden. Die Okkupationsbehörden haben 25 Geiseln verhaftet, Juden und Kommunisten, die morgen hingerichtet werden, falls sich der Schuldige nicht melden sollte.» Und dann fuhr der Sprecher fort: «Außerdem hat das französische Gouvernement beschlossen, sämtliche fremde Juden, die nach 1936 in Frankreich eingewandert sind, in Konzentrationslager zu schaffen, gleichgültig, ob sie sich in der besetzten oder freien Zone befinden.»

Die anderen im Speisezimmer anwesenden Gäste hörten gar nicht hin und aßen ruhig weiter. Was ging sie das an...

Nur mit unserer Atempause war es vorbei, wieder einmal vorbei; sie hatte knapp einen Monat gedauert.

Dazu also hatte ich Beaune-la-Rolande hinter mir. Dazu hatten wir die Flucht über die Demarkationslinie gewagt. Das also war die Freiheit in der «France Libre».

Wieder hatten wir nur eine Falle gegen eine andere einge-tauscht. Und wieder begannen wir, von einem Tag auf den an-deren, von einer Stunde auf die andere zu leben. Wieder dieses Warten darauf, wann sie kommen würden, uns zu holen. Sooft wir einem Gendarmen begegneten, fuhr uns der Schreck in die Glieder: «Jetzt, jetzt ist es soweit!» Der Gendarm ging vorüber. Wir atmeten auf. Für dieses Mal war uns noch nichts gesche-hen. Für dieses Mal war noch eine Frist gewonnen.

So verstrichen Tage, Wochen. Weihnachten, Neujahr 1942. Noch waren wir in unserem Zimmer, noch konnten wir abends zu Bett gehen. Aber die Unsicherheit ließ uns nicht einen Au-genblick zur Ruhe kommen.

In der Hauptstraße von Belvès befindet sich der Coiffeur-La-den von Tabart. Dort war mir ein Gehilfe aufgefallen, der mich manchmal bediente. Ein hübscher, etwa achtzehnjähriger Junge mit einem ausnehmend zarten und feinen Gesicht und tiefen, dunklen Augen.

Wir kamen einmal ins Gespräch. Der Junge hieß Jacques Rispal, Sohn eines Tapezierers. Die Mutter hielt einen Dro-gerieladen in der Rue du Fort. Ich erkundigte mich bei Pierre Vorms, der seinerzeit mit einigen jungen Leuten ein Lieb-haber-Theater in Belvès gebildet hatte. Er bezeichnete mir «Jacquot» Rispal als das begabteste Mitglied seiner Truppe. «Aus dem», meinte er, «wäre etwas zu machen.»

Ich begann, mich für den jungen Menschen zu interessie-ren. Er kam ein paarmal abends zu mir ins Hotel, und wir un-terhielten uns über alle möglichen Dinge. Mich frappierten seine Intelligenz, sein Interesse an geistigen Dingen, sein offener Blick. Aber vor allem entdeckte ich in dem Jungen einen prächtigen Menschen. Da war noch Empfänglichkeit, Idealismus, ein unbeirrbares, oft zorniges Gerechtigkcitsgefühl, das sich von keiner Propaganda etwas vormachen ließ. Und eine tiefe Herzensgüte, eine tiefe Gabe der Einfühlung, die um so bemerkenswerter war, als es sich um ein junges Wesen handelte, dem noch jedes Leid erspart geblieben war. Er haßte die Deutschen, er haßte den Antisemitismus, und diesen Gefühlen gab er nicht nur mir, Juden und Emigranten gegenüber offen Ausdruck.

Eines Tages lud er mich zu einem Besuch in seinem Elternhaus ein. Nach diesem Besuch erschien mir die ganze Formation des Jungen nicht mehr so erstaunlich. Die Mutter: eine sehr anziehende, distinguierte Frau, die eine von Herzen kommende Liebenswürdigkeit mit großem Takt und Feingefühl verband. Der Vater: ein von Temperament sprühender Revolutionär, langjähriger militanter Kommunist.

Was rings an Unrecht und Gewalt verübt wurde, stumpfte diese drei Menschen nicht ab wie so viele andere, sondern hatte lediglich die Wirkung, ihr Mitgefühl und ihre Auflehnung nur um so stärker anzufachen. Und was ihre Reaktion auf den Antisemitismus betrifft, so hatte die ganze Hetzpropaganda sie nur zu enragierten Anti-Antisemiten gemacht. Wir sollten den überzeugendsten Beweis dafür eines Tages an uns selbst erleben.

Nach diesem ersten Besuch, dem nur noch ein zweiter folgte, konnte ich nur bedauern, dieser Familie so spät begegnet zu sein. Dabei wußte ich noch nicht, daß die Trennung nahe bevorstand.

Im Jänner hatte die Verhandlung gegen uns vor dem Gericht in Ribérac stattgefunden: 2460 Franken Geldstrafe pro Kopf.

Unser Gesuch um Aufenthaltserlaubnis in der Isère hatte keine Erledigung erfahren; wir nahmen an, daß es einfach ad acta gelegt worden war, und waren sehr zufrieden damit. Bis auf das Damoklesschwert des Konzentrationslagers über unseren erst nach 1936 in Frankreich eingewanderten Häuptern fühlten wir uns in Belvès verhältnismäßig wohl und verlangten uns nichts Besseres, als dort bleiben zu können.

Da, eines Tages knapp vor Ostern 1942, erhielten wir eine Vorladung auf das «Commissariat Spécial» in Périgueux. Nichts Gutes ahnend, machten wir uns auf den Weg.

In Périgueux empfing uns derselbe Herr Mincker, der schon seinerzeit bei unserer Ankunft in der zone libre aus seiner Antipathie kein Hehl gemacht hatte. Er zog ein Schriftstück hervor und fragte brüsk, ob wir noch immer die Absicht hätten, nach Voiron zu gehen.

Aus der Form dieser Frage glaubte ich entnehmen zu können, daß uns vielleicht eine Wahl offenstünde. «Wenn es möglich sein sollte», antwortete ich daher, «würden wir vorziehen, in Belvès zu bleiben.»

Wir kannten den Herrn Mincker zwar schon, aber auf das, was jetzt folgte, konnten wir dennoch nicht gefaßt sein. Mit drohend geballten Fäusten sprang er auf: «J'en ai marre de vous youpins», schrie er, ich habe Euch Saujuden satt, Eure «youpineries». «Youpins, youpineries», das klatschte uns nur so um die Köpfe. Und zum Schluß: «Ihr werdet noch von mir hören!»

Wir gingen auf die Präfektur, um dort vielleicht eine präzise Auskunft statt der ordinärsten Beschimpfungen zu erhalten.

Auf der Präfektur empfing uns eine sehr höfliche Beamtin.

Von ihr erfuhren wir, daß die Isère-Präfektur in Grenoble unserem vor mehr als fünf Monaten eingebrachten Gesuch jetzt stattgegeben habe. Das heißt, wir <u>mußten</u> jetzt Belvès verlassen, es blieb uns keine Wahl. Zugleich gab uns die Beamtin zu verstehen, daß wir als nach 1936 eingewanderte fremde Juden nur aus besonderer Menschenfreundlichkeit noch nicht «interniert» worden waren. Wir waren eigentlich zu Unrecht auf freiem Fuß. Sie zeigte uns ein Schriftstück: «Ich hätte dies nur dem Präfekten zur Unterschrift vorlegen müssen...»

Von einem Bleiben in Belvès oder der Dordogne also keine Rede. Aber gnadenweise wurde uns eine Frist von vier Wochen bis zu unserer Abreise gewährt.

Am 25. April machten wir uns also wieder einmal auf die Wanderschaft, um über Lyon nach Voiron zu reisen. Wieder einmal ein Abschied.

Kurz bevor wir das Hotel verließen, kam noch Gabriel Rispal, der Vater meines jungen Freundes, und brachte uns eine Flasche alten Burgunders; schon damals eine kostbare Rarität.

«Warum berauben Sie sich so?» sagte ich ihm, um meine Rührung zu verbergen. Er stand da, in seinem weißen Malerkittel, Tränen in den Augen. Zwei-, dreimal hatte ich bisher im ganzen mit diesem Menschen gesprochen.

Er nahm meine Hand und antwortete: «Man beraubt sich niemals für einen Freund.»

Das tat doppelt wohl. Denn noch hatte ich das: «Youpins, youpineries» des Herrn Mincker in den Ohren.

## VOIRON

Es war Emil Kofler nicht gelungen, eine Wohnung in Voiron für uns zu finden. So bot er uns Gastfreundschaft in dem Hause, das er mit seiner Frau, seinem Sohn und seiner Schwiegertochter in Criel, einem ländlichen Vorort von Voiron, bewohnte.

Das Zusammensein mit unseren alten Freunden war unser einziger Lichtpunkt. Wir konnten uns in Voiron nicht recht wohl fühlen; diese banale Industriestadt von etwa 16 000 Einwohnern war zu grundverschieden von «unserem» Belvès.

Landschaftlich ist die Isère mit ihrem alpinen Charakter unbestreitbar sehr schön. Eine Szenerie, die am Auge haften bleibt, ohne zum Herzen zu dringen. Man bewundert diese effektvolle Natur, aber man wird nicht warm.

Auch der Menschenschlag hier ist ein anderer. Der Volkswitz selbst gibt sich darüber Rechenschaft. Ein lokales Sprichwort sagt: «Wenn man in der Isère eine gute Flasche Wein mit einem guten Freund trinken will, muß man die gute Flasche und den guten Freund mitbringen.» Etwas Wahres ist vielleicht dabei.

Überall heimatlos, empfanden wir dennoch eine Art Heimweh nach Belvès. Dort hatten wir uns ein bißchen «zu Hause» gefühlt; in Voiron spürten wir auf Schritt und Tritt die «résidence forcée», den Zwangsaufenthalt. Um diesen Umstand ja nicht zu vergessen, mußten wir uns jeden Samstag auf der Polizei melden. Auch Fräulein Kolar, deren Ariertum sich durch das Zusammenleben mit uns Juden suspekt gemacht hatte.

Und dieser Verdacht sollte für die Unschuldige noch sehr böse Folgen nach sich ziehen.

Nach etwa drei Wochen war es uns endlich geglückt, ein leeres Häuschen in Criel, in der Nähe von Koflers ausfindig zu machen, und meine Frau und Slava verstanden es, mit einem Minimum an da und dort ausgeborgten und gemieteten Möbeln unsere kleine Behausung in ein wohnliches Heim umzuwandeln. Zu dem Häuschen gehörte auch ein Stückchen Grund. Mit Feuereifer machten sich die Frauen an die Arbeit, bis aus dem unbebauten Terrain das Muster eines Miniatur-Gemüsegartens geworden war, der aller Nachbarn Bewunderung erregte.

Aber mir wurde zuweilen vor dieser ganzen Herrlichkeit bange, besonders an Samstagen, wenn wir uns auf der Polizei zu melden hatten. Auf unserem «Dossier», das der Beamte jedesmal hervorzog, stand als erstes, groß mit roter Tinte geschrieben und doppelt unterstrichen: JUIFS. Juden.

Mitte Juli überraschte uns eines Tages Frau Mila Friedezky, die Gattin meines Kameraden und Barackenchefs im Konzentrationslager. Sie trat bei uns ein, äußerlich sehr ruhig, zu ruhig: von jener versteinerten Ruhe, die trostloser ist als der heftigste Ausbruch von Verzweiflung.

Was war geschehen?

Sie hielt uns statt jeder Antwort einen Brief hin, einen Abschiedsbrief ihres Mannes. Wohl eines der erschütterndsten menschlichen Dokumente, die Hitlers verfluchte Zeit geboren hat. Welche Größe, dieser Brief, welche Liebe, welche verhaltene Qual. Und welche stumme Anklage!

Nach 14 Monaten Haft in Beaune waren meine Kameraden

eines Tages im Morgengrauen durch die Signalpfeifen der Gardes aufgeschreckt worden. In einer Stunde, hieß es, alles fix und fertig zum Abmarsch.

Zum Abmarsch endlich in die Befreiung?

Fix und fertig zur Deportation in eine der mit deutscher Sachlichkeit als «Vernichtungslager» bezeichneten Torturhöllen in Deutschland oder Polen.

Ob Lublin oder Dachau, ob Auschwitz oder Buchenwald, wo immer: es war gleichbedeutend mit einem Todesurteil, mit einem Todesurteil, das etappenweise, in Raten vollstreckt ist. Der Tod zu hundert Toden zerstückt, das Sterben zu hundert Agonien verlängert.

In einer Stunde fix und fertig zum Abmarsch. In dieser Stunde hatte Friedezky noch die Kraft aufgebracht, seine letzten Trostworte an seine Frau zu schreiben.

Man versuche, einen Augenblick lang das nachzufühlen: den Mann, als er diesen Abschied, dieses Testament seiner Liebe, rasch rasch aufs Papier werfen mußte, die Frau, als sie diesen Brief in Händen hielt.

Frau Friedezky hatte nicht länger in Paris bleiben können. Die Razzien waren in größtem Umfang wiederaufgenommen worden, diesmal ohne Unterschied des Geschlechtes, des Alters. Und die deutsche Polizei besorgte das Geschäft jetzt zusammen mit der französischen, die nicht genug verläßlich erschien.

Mütter hatten, als die Schergen eindrangen, ihre kleinen Kinder aus dem Fenster geschleudert und waren ihnen in die Tiefe nachgesprungen. Aber die zerschmetterten Leichen auf dem Pflaster störten die Deutschen ebensowenig, wie ein Kehrichthaufen sie gestört hätte: die nächsten kamen an die

Reihe. Todkranke, eben Operierte, waren aus den Spitälern weggeschleppt worden. Mein Freund, der großartige Dr. Elbim, Chef-Chirurg in einem Spital, der gewagt hatte zu protestieren, erhielt von einem Helden der «Wehrmacht» statt jeder Antwort einen furchtbaren Schlag ins Gesicht mit einem Gummiknüppel.

Und vor den Wohnungen der auf diese Weise verhafteten Juden fuhren pünktlich noch am gleichen Tage Möbelwagen vor, und alles, was nicht niet- und nagelfest war, wurde im Nu von sachkundigen Räuberhänden verladen und in eigene Lagerhäuser gebracht. Die deutsche Organisation des Raubmordes war bewunderungswürdig bis ins letzte Detail, das muß man sagen.

Die letzten Tage vor ihrer Flucht hatte Frau Friedezky bei Bekannten versteckt verbracht. Dreimal hatten die Deutschen sie in ihrer Wohnung gesucht. Endlich war es soweit, daß der Passeur, der Frau Friedezky mit noch einigen anderen Leidensgefährten über die «Linie» schaffen sollte, das Zeichen zur Abreise gab. Dieser Wohltäter begnügte sich mit 30 000 Franken pro Kopf. Die Deutschen hatten die Überwachung der Linie noch weiter verschärft. Zur Jagd auf das jüdische Freiwild wurden jetzt sogar Flugzeuge eingesetzt.

Dagegen war es ein offenes Geheimnis, daß man durch gefällige Vermittler aus dem «Commissariat juif» für 60 000 Franken einen regulären Passierschein bekommen konnte. Die normale Taxe für einen Passierschein betrug 10 Franken. Und für eine halbe Million war sogar ein hieb- und stichfester Arierpaß zu haben. Die ehrlichen französischen Makler teilten sich mit den Deutschen in die Beute. Blonde Germanen und «negroide» Franzosen fanden sich da einträchtig zusammen.

War es bereits auffällig genug, daß man Frau Friedezky bereits wenige Tage nach ihrer Ankunft in der zone libre die Erlaubnis erteilt hatte, sich in die Isère zu begeben, so war noch seltsamer, was ein Bekannter Frau Friedezkys erzählte, der kurze Zeit später aus Paris geflüchtet und gleichfalls nach Voiron gekommen war.

Alles in allem waren wir jetzt in Voiron zwölf fremde Juden. Ich erwähne das so nebenbei, weil der Bürgermeister von Voiron erklärt hatte, die vielen fremden Juden in der Stadt wären schuld an dem Mangel an Lebensmitteln, sie äßen der einheimischen Bevölkerung alles weg.

Doch kommen wir auf den Bekannten Frau Friedezkys zurück. Dieser hier hatte bei der französischen Polizei ein geradezu unglaubliches Entgegenkommen gefunden: er durfte von der Demarkationslinie ohne jeden Zwischenaufenthalt direkt nach Voiron weiterreisen.

Aber ... Aber der Polizeikommissär hatte ihm erklärt: Von mir aus, fahren Sie, wohin Sie wollen. Mir kann es gleichgültig sein, wo man Sie auflesen wird.

Was hatte das zu bedeuten? Auf keinen Fall etwas Gutes.

Wir hatten jetzt ein «Heim». Und die Frau unseres Nachbarn Pellat redete meiner Frau zu, doch einen kleinen Vorrat an Obst- und Gemüsekonserven für den kommenden Winter anzulegen. Madame Pellat war in der glücklichen Lage, an den kommenden Winter als an eine neue Jahreszeit und nichts anderes zu denken ...

## NEUN GENDARMEN
## GEGEN FÜNF JUDEN

Die antisemitische Hetze hatte sich inzwischen auch in der Presse und im Radio der freien Zone von Tag zu Tag verschärft. Kein Zweifel: sollte es den Deutschen belieben, auch auf die Juden in der zone libre Hand legen zu wollen, so würden sich die Lakaien von Vichy, der Maréchal an der Spitze, willig dazu hergeben.

Anfang August 1942 hatte Hitler nochmals in einer Rede die Ausrottung sämtlicher Juden in den von ihm besetzten Ländern angekündigt. In dieser Beziehung konnte man sich auf sein Wort verlassen. Und verlassen konnte man sich auch darauf, daß niemand versuchen würde, ihn an seinem Vorhaben zu hindern.

Daß wir [ge]halten waren, uns jede Woche bei der Polizei zu melden, schien noch nicht zu genügen.

Eines Tages, es war der 25. August, ging ich nachmittags in die Stadt, um den Arzt Dr. Ferrier wegen meines Herzleidens zu konsultieren. Dr. Ferrier untersagte mir vor allem strengstens jede Aufregung. Leider unterließ ich, ihn zu fragen, auf welche Weise ich diese Therapie befolgen könnte.

Als ich wieder nach Hause kam, erfuhr ich, daß unterdessen zwei Gendarmen uns einen Besuch abgestattet hatten. Oh, sie waren sehr freundlich gewesen, sie hatten ausdrücklich versichert, daß dieser Besuch keinen besonderen Zweck verfolge. Sie waren «nur so» gekommen, im Vorübergehen, wahrscheinlich, um sich besorgt nach unserem Wohlbefinden zu erkundigen. Ganz nebenbei hatten sie auch nach mir gefragt und sich dann überaus höflich verabschiedet.

Abends gingen wir wie gewöhnlich zu Koflers hinüber. Wir hörten bei ihnen die französische Sendung der BBC aus London. Der Speaker richtete unter anderem eine dringende Warnung an alle in Lyon befindlichen ausländischen Juden: nach zuverlässigen Informationen sollten in der nächsten Nacht vorläufig 600 verhaftet und den Deutschen zur Deportation ausgeliefert werden.

Gleichzeitig kam Emil Kofler aus Grenoble zurück, wohin er über unser Ersuchen gefahren war, um vielleicht etwas Authentisches über bevorstehende Maßnahmen zu erfahren. Ein Bekannter, der dort über gute Beziehungen zur Präfektur verfügte, hatte ihm zwar nichts Konkretes mitteilen können, aber immerhin erklärt: «Alle fremden Juden täten jetzt am besten, sich zu verstecken.»

Sich verstecken... Wo sich verstecken?

Wir machten uns auf den Heimweg. «Auf morgen», sagte ich unseren Freunden, «falls wir nicht inzwischen geholt werden sollten.»

Zu Hause angelangt, schauten wir ratlos einer den anderen an. Rosa Ornstein, die mit uns wohnte, war sehr aufgeregt. Sie wollte für alle Fälle ihre Sachen packen. Wir redeten ihr ab, schon aus Aberglauben. Und dann, vielleicht waren unsere Befürchtungen übertrieben. Vorläufig habe das englische Radio nur von Juden in Lyon gesprochen und nur von 600, es könne sich also um keine generelle Maßnahme handeln. Gegenseitig und jeder sich selbst suchten wir uns etwas vorzutäuschen.

Dann wünschten wir uns eine gute Nacht und gingen zu Bett. Aber von Schlaf konnte natürlich keine Rede sein. Jeder

von uns lag wach und stumm da, und alle dachten wir unablässig an das Gleiche. Was immer einer dem anderen hätte sagen
wollen, es wäre nur fromme Lüge gewesen. So schwiegen wir,
Herzklopfen auf Herzklopfen, Stunde auf Stunde. Von Zeit zu
Zeit schauten wir auf die Uhr. Wenn nur diese Nacht schon
vorüber wäre ...

Gegen vier Uhr morgens hörten wir einen Hund anschla-
gen. Zu gleicher Zeit sprangen meine Frau und ich aus dem
Bett und stürzten ans Fenster.

Durch das fahle Zwielicht des ersten Morgendämmers sahen wir einige Gestalten langsam, behutsam auf unser Haus
zuschleichen. Gendarmen. Sieben Mann, einer hinter dem
anderen wie Rothäute auf dem Kriegspfad, mit geschulterten
Karabinern, angeführt von dem Brigadier in Person.

Ein Aufgebot von sieben schwerbewaffneten Mann gegen
drei Frauen und mich.

Ein paar Augenblicke später schrillte die Hausglocke. Ich
zog meine Frau, die schon bei der Türe war, zurück und schob
sie ins Zimmer. Dann öffnete ich.

Zwei Mann blieben vor der Tür draußen, wohl um jeden
«Fluchtversuch» zu verhindern. Die anderen fünf traten ein.

Der Brigadier folgte mit zwei Mann in unser Schlafzimmer.
Die beiden anderen – es waren dieselben, die uns tags vorher
«besucht» hatten – pochten an die Zimmertüren von Slava und
Rosa Ornstein.

«Ziehen Sie sich an», befahl der Brigadier, «und packen Sie
etwas Kleider und Wäsche. Aber schnell, schnell, wir haben
keine Zeit zu verlieren, wir haben noch andere Juden zu verhaften.»

In diesem Augenblick brach meine Frau ohnmächtig zusammen. Es dauerte nur ein paar Minuten, bis sie wieder zu

sich kam. Kaum hatte sie die Augen wieder geöffnet, sagte ihr der Brigadier grob: «Spielen Sie doch keine Komödie, das nützt Ihnen gar nichts.»

Wir waren wehrlos. Aber diese Roheit war mir zu viel. «Schweigen Sie wenigstens», schrie ich den Kerl an, «Sie verrichten ein Geschäft, dessen Sie sich zu schämen hätten.»

Daraufhin setzte der Brigadier ein teuflisches Lächeln auf: «Beruhigen Sie sich doch, Monsieur. Sie sollten nicht sagen, daß ich nicht nett (gentil) bin. Ich habe sogar für einen sehr komfortablen Autobus gesorgt, der Sie nach Grenoble bringen wird. Ich tue für Damen, was ich kann.»

Jetzt wusste ich, was uns bevorstand: die Deportation. Meine Frau, die Arme, wollte versuchen, wenigstens mich zu retten. «Telephonieren Sie doch dem Dr. Ferrier» bat sie. «Mein Mann hat ihn erst gestern konsultiert. Er wird Ihnen bestätigen, daß mein Mann nicht transportfähig ist. Unser Nachbar Pellat hat ein Telephon.»

Einer der beiden Gendarmen trat vor: «Soll ich vielleicht telephonieren?»

«In was mischen Sie sich», fauchte der Brigadier seinen Untergebenen an, «ich habe den Auftrag, diese Juden nach Grenoble zu schicken, und das tue ich. Alles andere geht mich nichts an.»

«Sie haben den ehrenvollen Auftrag», sagte ich, «diese Juden einzufangen und nach Grenoble zu schicken. Aber was wollen Sie von Fräulein Kolar? Sie wissen sehr wohl, daß sie keine Jüdin ist.»

«Sie mag vielleicht keine Jüdin sein», war die Antwort. «Aber jedenfalls hat sie die Demarkationslinie mit einer Bande von Juden überschritten. Das genügt. Sie geht mit.»

Fräulein Kolar war unterdessen in unser Zimmer getreten und hatte alles gehört. Und sie, die sonst so Schüchterne, machte einen Schritt auf den Brigadier zu. «Selbstverständlich gehe ich mit», rief sie dem Wicht mit blitzenden Augen zu, «und ich ginge mit, selbst wenn Sie mich hierlassen wollten. Ich ziehe es bei weitem vor, mit Juden zu bleiben, als mit Christen Ihrer Art.»

Dann wechselten wir kein Wort mehr, es sei denn, daß ich den Brigadier ersuchte, Emil Kofler zu verständigen, was er gnädig gewährte. Dafür weigerte er sich, mit seinen Leuten das Zimmer zu verlassen, während sich meine Frau ankleidete.

Wir zogen uns an. Wir packten unsere Bündel. Was mitnehmen, was zurücklassen? Alles erschien so unentbehrlich und überflüssig zugleich.

Der armen Rosa fiel alles aus den Händen. Sie konnte nur still vor sich hin weinen. Einer der Gendarmen half ihr.

Inzwischen war Emil Kofler gekommen. Wir verabschiedeten uns. Dann nahmen uns die Gendarmen in die Mitte, und wir verließen «unser» Haus, das von dem Brigadier sofort versiegelt wurde.

Bei Pellats schlief noch alles. Dagegen die Nachbarin in dem Haus gegenüber, die alte Madame Regnier, war bereits in ihrem Garten. Wie sie uns so zwischen den Gendarmen erblickte, begann sie zu weinen. «Welches Unglück!», stammelte sie, «welches Unglück!»

«Was für ein Unglück?» sagte ihr der Brigadier gut aufgelegt im Vorübergehen. «Und warum weinen Sie? Alles, was diese Juden zurücklassen, kommt dem Secours National zugute.»

Auf der anderen Seite des Weges befindet sich noch eine Pension, die einer Frau Marquet gehört. Diese Frau Marquet hatte sich vor ihrer Haustür aufgestellt, und als wir an ihr vorübergeführt wurden, applaudierte sie entzückt, als hätte es sich um eine höchst gelungene Theaterszene gehandelt. Der Brigadier lächelte ihr geschmeichelt zu wie ein Schauspieler, der sich für den Beifall bedankt.

Zunächst ging es zu dem Hause, wo Frau Friedezky wohnte. Sie wartete bereits auf der Straße, von zwei Gendarmen flankiert. Keine sechs Wochen waren seit ihrer Flucht aus Paris verstrichen...

Wir waren also jetzt fünf Gefangene, die von neun Gendarmen eskortiert wurden. Auf Umwegen, denn man wollte Aufsehen vermeiden, brachte man uns in den Hof der außerhalb des Stadtzentrums gelegenen Gendarmeriekaserne. Dort warteten wir, bis nach und nach die noch fehlenden sieben Juden eingeliefert wurden. Um 8 Uhr waren wir komplett. Zwölf Stück. Der Brigadier rieb sich die Hände.

Kurz bevor wir den Autobus bestiegen, kamen auf ihren Fahrrädern noch Herr und Frau Pellat, die von Madame Regnier verständigt worden waren. Der Brigadier wollte sie zuerst nicht vorlassen, aber die resolute Madame Pellat begann derart Skandal zu schlagen, daß er es vorzog nachzugeben. So konnten wir unseren Nachbarn adieu sagen.

Und dann traten wir an dem strahlend schönen Morgen des 26. August 1942 die Fahrt nach Grenoble an. In einem wirklich komfortablen Touristen-Autobus.

## CASERNE BIZANET
## IN GRENOBLE

Will ich jetzt versuchen, das auszudrücken, was wir an jenem
Tage erlebten und mitansehen mußten, so erscheint mir jedes
Wort schrecklich unzulänglich und wieder nicht schlicht ge-
nug. Man soll Zeugenschaft ablegen. Aber sonst wäre es das
Beste zu schweigen.

Die Tragödie, die sich abspielte, ging fast lautlos, fast unbemerkt vor sich. Mitten in dem gleichgültigen, geschäftigen Alltag einer großen Stadt. An einem herrlichen Sommertag. Kein
Donner, kein Blitz, kein rächendes Zeichen fuhr von dem wol-
kenlosen, fühllosen Himmel hernieder. Nichts deutete darauf hin, was diese Caserne Bizanet in dem schönen Grenoble
an Pein und Größe, an Angst und Gebeten, an Anklage und
Heldentum in ihren Mauern barg. Und auch bei uns drinnen,
bei den Verdammten, gab es keine Szenen, kein Pathos, keine
Ausbrüche, kaum einige verstohlene Tränen. Dennoch versagt
die Sprache, wollte man unsere Verlassenheit, unsere tödliche
Verlassenheit fühlbar machen; wollte man zum Aufstöhnen
bringen, was jeder an stummer Qual verschlossen in sich trug.

Wir waren vielleicht nicht mehr als tausend in dieser Kaserne.
Das, was uns widerfuhr, stellte nur ein winziges, verschwin-
dendes Partikelchen dar in der ungeheuerlichen Masse der
Untaten, die von den Deutschen an wehrlosen Juden verübt
wurden. Endlos die Reihe der Verbrechen, endlos der Zug
der Opfer. Aber wo wäre die Strafe, die allein nur das sühnen

würde, was an diesen verhältnismäßig wenigen Juden in der
Caserne Bizanet in Grenoble verübt wurde?

Und wie trostlos die Abstumpfung, die Gleichgültigkeit der
Welt dem jüdischen Martyrium gegenüber.

Zur Zeit, da ich diese Aufzeichnungen niederschreibe – Dezember 1943 –, ist sehr viel von der Deportation von 1500 nor-
wegischen Studenten, Geistlichen und Lehrern nach Deutschland die Rede. Schweden, Finnland und die Schweiz haben
offiziell dagegen Protest eingelegt. Schweden ließ sich diesen
Protest sogar etwas kosten: unter dem Druck der öffentlichen
Meinung hat Schweden die Handelsbeziehungen zu Deutschland wesentlich eingeschränkt.

Das ist in höchstem Maße begrüßenswert und erfreulich.
Die prachtvollen Norweger würden verdienen, daß noch weit
mehr zu ihren Gunsten geschehe. Aber es ist andererseits begreiflich, wenn man sich des Gedankens nicht erwehren kann:
welche offizielle Stimme erhob sich angesichts aller unvorstellbaren Atrozitäten, die an Millionen und Millionen jüdischer Männer, Frauen und Kinder verübt wurden und werden? Welcher neutralen Regierung wären unsere Leiden wert,
auf den Gewinn aus einem Handelsvertrag zu verzichten? Wo
das Volk, das Empörung über unser Martyrium zu Massen-
kundgebungen hingerissen hätte?

Selbst die Alliierten ...Nun, sie haben ein bißchen etwas
getan. Aber sie haben ungeheuer viel versäumt, solange noch
Zeit gewesen wäre. Im übrigen beschränkte sich ihre offizielle Entrüstung mehr oder weniger auf Worte, und zuweilen
konnte man nicht umhin zu denken, daß alles, was an Juden
verbrochen wurde, ihnen mehr oder weniger nur als Kano-
nenfutter für die Geschütze der Propaganda diente ...

Kommen wir auf Grenoble zurück.

Nach etwa zweistündiger Fahrt hatte unser Autobus vor einer Kaserne, der Caserne Bizanet, gehalten. Sie diente jetzt als Sammelgefängnis für die in der Isère zusammengefangenen Juden.

Zugleich mit uns trafen noch andere Cars mit ihrer Ladung ein. Auf der Straße vor dem Eingangstor hatte sich ein dichtes Spalier von Neugierigen gebildet. Die meisten hatten wenigstens den Takt zu schweigen. Aber andere gaben ihre oft humoristischen Glossen zum Besten, als würden sie sich in einem Kino ausgezeichnet amüsieren. Nirgends ein Ausruf der Empörung, ein Protest.

Wie viele sind noch am Leben von der Fracht Juden, die da vor den Augen der Gaffer abgeladen und in den Hof der Kaserne gebracht wurden?

Dort nahmen uns Soldaten in Empfang. Französische Soldaten in Sturmhelmen und mit geschulterten Bajonetten. Sturmhelme und Bajonette, um einen wehrlosen Elendshaufen der deutschen Bestie zuzutreiben.

Einen Elendshaufen, der obendrein zum großen Teile aus Frauen, Kindern, Kranken und Krüppeln bestand. Ohne Unterschied des Alters und des Geschlechtes. Es gab nur ein Geschlecht: Juden, auszurottende Juden. Da waren uralte Greise und Greisinnen. Und da waren die Kinder.

Um mich keiner Übertreibung schuldig zu machen: Kinder unter zwei Jahren waren «in Freiheit» belassen worden. Man hatte Vater und Mutter und Geschwister von ihnen weggerissen, aber sie selbst waren in Freiheit belassen worden, in der Freiheit herrenloser Tiere. Was dagegen auch nur einen Tag über zwei Jahre zählte, war mitverhaftet worden.

Nun, diese Kinder hier über zwei Jahren wurden doch

wenigstens nicht von ihren Eltern getrennt, durften doch wenigstens zusammen mit ihnen umkommen? Sich solchen sentimentalen Träumereien hingeben hieße die Deutschen schlecht kennen. Wir werden noch sehen, was mit solchen Kindern über zwei Jahren geschah, geschehen durfte, ohne daß irgendeine Regierung protestiert hätte.

So also schaute die Streitmacht aus, gegen die Sturmhelme und Bajonette aufgeboten waren. Ein paar Monate später, als es den Deutschen beliebte, gegen alle Verträge auch die zone libre zu besetzen, da wurden freilich Sturmhelme und Bajonette gehorsamst abgeliefert. Die Glorreiche Campagne gegen jüdische Greise, Frauen und Kinder hatte dem illustren Pétain, Maréchal de France, vollauf genügt.

Wir wurden zunächst in eine Kanzlei geführt, wo man uns in ein Register eintrug. Dann Einteilung in Gruppen, deren jede einen Raum mit der entsprechenden Anzahl von Liegestätten zugewiesen bekam.

Wer ein Bedürfnis zu verrichten hatte, mußte sich bei einer eigenen Wache melden und warten. Waren zwanzig Kandidaten beisammen, so wurden sie von einem waffenstarrenden Krieger über den Hof zum Abtritt geführt. Nach verrichtetem Bedürfnis wieder sorgfältig gezählt und zurückeskortiert. Der nächste Trupp kam an die Reihe. Diesmal ließ die französische Organisation nichts zu wünschen übrig.

Im Vergleiche zu Beaune-la-Rolande waren wir hier sehr komfortabel untergebracht. Hier war ich ferner mit meinen Angehörigen beisammen. Und dennoch dachte ich jetzt an das Konzentrationslager wie an etwas Beneidenswertes zurück. Dort war noch etwas wie Hoffnung, etwas wie Leben gewesen.

Während ich hier auf so vielen Gesichtern ringsum jenen letzten, endgültigen Ausdruck entdeckte, der schon das Antlitz des Todes ist. Einen Ausdruck, der bewirkt, daß man unwillkürlich nur flüstert und auf den Zehenspitzen gehen möchte.

Das kam daher, daß die meisten von uns – ich spreche von den Erwachsenen – sich Rechenschaft darüber gaben, daß wir Verlorene waren. Schon hier war ein Niemandsland, das Zweite Reich zwischen Leben und Sterben. Aber jenseits der Demarkationslinie erwarteten uns die Deutschen. Dort drüben begann das Dritte Reich der Agonie. Und wir würden nicht einmal den Trost haben, zusammen untergehen zu dürfen. Sie werden uns vorher auseinanderreißen, das wußten wir. Keine Stimme, kein Blick mehr würde zu uns dringen. Nichts als das Hohngelächter unserer Henker.

Darum trugen so viele, obzwar sie noch am Leben, äußerlich noch unversehrt waren, gleichsam schon ihre eigene Totenmaske.

Andere wieder waren merkwürdig gefaßt, weil sie nicht genug Phantasie hatten, sich vorzustellen, was ihnen bevorstand. Es hieß, daß unser Aufenthalt in der Kaserne drei bis vier Tage dauern werde. Sie klammerten sich an diese Frist, flüchteten in jede Minute wie in ein Versteck.

Noch andere wieder, besonders Junge, wollten sich aus Trotz gegen das Schicksal nichts anmerken lassen. Innerlich schlug ihre Jugend wild um sich, doch sie lächelten dazu. Ein Lächeln, das fürchterlicher war als eine Grimasse.

Jedes Wort der Emphase würde nur falsch und hohl klingen. Aber man kann es nicht anders sagen: In diesem Gefängnis der zur «Vernichtung» Verurteilten war ein namenloses Heldentum, vor dem man sich in Ehrfurcht und Andacht beugen müßte. Keine Klage wurde unter allen diesen Unseligen laut. Jeder auf seine Art und alle zusammen trugen sie ihre Qual mit einer Würde, die nichts zur Schau stellte und nur um so erschütternder wirkte. Sie alle waren nichts mehr als ein Stück Folterfleisch, dem Herrenvolk zur Lust. Juden. Aber diese Juden hätten unendlich stolz sein dürfen auf ihren Adel, ihre Größe.

Es gäbe für die Deutschen nur <u>eine</u> Strafe, die Sühne genug wäre, nur <u>eine</u> gerechte Strafe: wenn sie Auge um Auge, Zahn um Zahn das erleiden müßten, was sie uns erleiden machten. Und ich möchte dann ihr Verhalten sehen ...

Zeit meines Lebens werde ich die kleinen Kinder vor Augen haben, die zwischen den Liegestätten miteinander spielten, fröhlich, ahnungslos, ohne Arg. Zeit meines Lebens werde ich auch den unsäglichen Schmerzensblick ihrer Mütter vor mir sehen, wie er ihnen folgte, sie überwachte, sie ans Herz preßte.

Ging man zu einem der rückwärtigen Fenster des Raumes, so konnte man auf eine enge Straße hinuntersehen. Auf dieser Straße spielten ebenfalls Kinder, glückliche Kinder, und aus dem gegenüberliegenden Hause schauten ihnen ebenfalls Mütter zu, glückliche Mütter.

Hier bei uns spielende Kinder und ihre Mütter und dort drüben spielende Kinder und ihre Mütter. Nur eine schmale Straße, ganz wenige Schritte trennten sie. Nur daß drüben ein Anfang war und hier bei uns das Ende. Das war alles.

Bereits am Vormittag hatte mein Herz mir zu schaffen gemacht. Ich konnte mich begreiflicherweise nicht an die Anordnung des Dr. Ferrier in Voiron halten, der mir noch tagsvorher jede Emotion strengstens untersagt hatte.

In einem Raum im Erdgeschoß war eine Art Ambulanz mit einem Arzt und einer Krankenschwester installiert. Bald nach unserer Einlieferung hatte man, auf eine Tragbahre angeschnallt, eine Frau weggebracht, eine Mutter. Sie war plötzlich irrsinnig geworden. Ihr kleines Kind blieb zurück.

Auf Drängen meiner Frau hatte ich ersucht, dem Arzt vorgeführt zu werden, aber die Wache vor unserer Tür wollte davon nichts wissen. So kehrte ich unverrichteter Dinge zurück und legte mich wieder auf meine Matratze.

Gegen Abend verschlechterte sich mein Zustand rapid. Mit übermenschlicher Energie schleifte mich meine Frau hinunter in die Ambulanz. Kaum war ich unten angelangt, setzte ein Anfall von solcher Heftigkeit ein, wie ich ihn noch nie zuvor erlitten hatte. Die Krankenschwester flößte mir etwas zwischen die Zähne ein, während der Arzt eine Injektion vorbereitete, der noch eine zweite folgen sollte.

Dieser Arzt war ein Mensch. Er war kein Deutscher. Leider kenne ich nicht seinen Namen.

Als ich wieder halbwegs zu mir gekommen war, sagte er mir: «Bleiben Sie vorläufig ruhig hier liegen. Der Präfekt ist derzeit in der Kaserne. Ich werde ihm Ihren Krankheitsbefund übergeben und Sie ihm persönlich vorführen, bis Sie wieder imstande sind zu gehen.» Und mit einem Blick auf meine Frau: «Madame wird Sie begleiten.»

Dann diktierte er leise etwas der Schwester und entfernte sich mit dem Papier.

Als er zurückkam, folge ihm ein Mann, der sich nur mühsam auf zwei Krücken fortbewegte, mit einem etwa achtjährigen Knaben. Der Mann wimmerte vor Schmerzen. Polnischer Jude, der kein Wort französisch verstand; dafür beherrschte der Kleine, der den Dolmetsch machte, die Sprache wie ein Franzose. «Helfen Sie dem Vater, Monsieur», flehte er den Arzt an, «helfen Sie dem Vater.» Der Mann bekam eine Injektion, aber die Schmerzen wollten nicht nachlassen. Da begann der Bub bitterlich zu weinen und bedeckte den Vater mit Küssen. «Du wirst sehen», tröstete er ihn auf Jiddisch, «es wird gleich besser werden.» Dann französisch zum Doktor: «Nicht wahr Monsieur, wir können bald wieder nach Hause?» Der Arzt schwieg verlegen. Dann wieder jiddisch: «Siehst Du, Vater, es wird schon besser.» Der Vater erwiderte nichts, er umfing bloß den Kleinen mit einem unbeschreiblichen Blick von Weh und Zärtlichkeit.

Sie verließen das Zimmer.

Endlich war es soweit, daß ich von dem Arzt und meiner Frau zu dem Präfekten geführt werden konnte.

Der Präfekt sagte mir: «Sie können wieder nach Hause gehen.» Und mit einem gewissen Nachdruck fügte er hinzu: «Sofort!» Zugleich übergab er mir einen Schein dahin lautend, daß ich die Erlaubnis habe, mich in Begleitung meiner Frau provisorisch (das Wort war unterstrichen) an meinen Wohnort zurückzubegeben.

Ich dankte. Meine Frau bat noch den Präfekten, die beiden zu uns gehörigen Personen Fräulein Kolar und Frau Ornstein vorzulassen. Er stimmte zu.

Wir kehrten in den zweiten Stock zurück. Unterwegs sagte meine Frau bloß: «Ein Wunder, ein Wunder.» Benommen streckte ich mich wieder auf mein Lager aus, unsere Rettung kam mir nur dumpf zu Bewußtsein. Und dann, was würde der Präfekt für Slava und Frau Ornstein entscheiden? Slava hatte sich die ganze Zeit über eigensinnig geweigert, ihr «Ariertum» geltend zu machen. Sie wollte unser Schicksal bis zum Ende teilen. Jetzt erst erklärte sie sich bereit, mit Frau Ornstein zum Präfekten zu gehen.

Während die beiden Frauen unten waren, kam ein Soldat und nahm meine Frau beiseite: «Ich höre, daß Sie frei sind», flüsterte er ihr zu, «verlassen Sie unverzüglich die Kaserne.» – «Aber mein Mann ist noch zu schwach», wandte meine Frau ein, «wir möchten noch ein paar Stunden warten.» – «Ich kann Ihnen nur <u>einen</u> Rat geben», insistierte der Soldat, «bleiben Sie nicht hier, und wenn Sie Ihren Mann auf dem Rücken fortschleppen müssten!»

Hatte nicht auch der Präfekt nachdrücklich bemerkt: «Sofort!»?

Gleich darauf kehrten die beiden Frauen zurück. Slava hielt den gleichen Schein wie wir. Der Präfekt hatte sich zwar mit ihrem Taufschein begnügt, aber hinzugefügt: «Sie werden den Nachweis Ihres Ariertums noch vor dem Commissariat aux Affaires Juives» zu erbringen haben.»

Frau Ornstein? Man brauchte die Unglückliche nur anzuschauen, um zu wissen, daß sie keine Gnade vor den Augen des Präfekten gefunden hatte.

Die weißhaarige, schwer an Arthritis deformans leidende Frau war so unvorsichtig gewesen, aus eigener Initiative eine ärztliche Untersuchung zu verlangen. «Haben Sie darüber zu entscheiden oder ich?» hatte ihr der Präfekt unwillig das Wort abgeschnitten. Und dann setzte er den Schlußpunkt unter ihr Schicksal: «Vous pouvez disposer.» Sie können gehen.

Wir mußten sie zurücklassen, sie und Mila Friedezky. Und so viele andere. Auch wenn wir geblieben wären, wir hätten an ihrem Los nichts ändern können. Keinem von uns wäre damit geholfen gewesen. Wir wären überdies getrennt worden. Das alles wußten wir, das alles sagte uns die Vernunft. Dennoch schämten wir uns fast, hätten wir am liebsten um Verzeihung bitten wollen.

Wir schlichen schließlich davon wie Schuldige.

Es war ein Uhr nachts. Stille im ganzen Gebäude. Aber eine schlaflose, gepeinigte Stille. Zum Ersticken, diese Stille.

Auf dem Hof trat ein Soldat auf uns zu; derselbe, der uns gewarnt hatte: «Ich bin glücklich», sagte er, «daß Sie frei sind. Gott beschütze Sie.»

Während der Posten beim Tor unsere Scheine prüfte, meinte er halblaut zu meiner Frau: «Jetzt haben Sie noch eine letzte Gelegenheit, das Weite zu suchen.»

Wir standen auf der Straße. Wieder auf der Straße. Unfaßbares Wunder.

Meine Frau und Slava, obendrein beladen mit unseren Bündeln, schleppten mich mehr, als sie mich führten. Endlich erreichten wir ein Hotel. Kein Zimmer frei; aber man gestattete uns, den Rest der Nacht im Vestibül zu verbringen.

Aus einem Zimmer hörte man die Atemzüge tiefen, ruhigen, glücklichen Schlafes. Wir dachten an die in der Kaserne.

Um sechs Uhr morgens fuhren wir mit der ersten Tram auf den Bahnhof. Zwei Stunden später waren wir wieder in Voiron.

Gestern um die gleiche Zeit ...

Gestern um die gleiche Zeit waren wir unterwegs nach Grenoble. Jetzt sind wir wieder hier. Dazwischen liegen vierundzwanzig Stunden, die schwerer wiegen als sonst ein ganzes Leben. Und dazwischen liegt ein Wunder, ein Auferstehungswunder. Aber eine von uns fehlte.

# EIN GLÄSCHEN TRINKEN

Auf der Gendarmerie, wo wir unserer Wohnungsschlüssel behoben, waren sie sehr überrascht, uns wiederzusehen. Der Brigadier tat sogar erfreut.

An unserer Wohnungstür prangte bereits eine Tafel: «Beschlagnahmt auf Anordnung des Präfekten der Isère.» Aber zum Glück hatten sie noch keine Zeit gehabt, unsere Habseligkeiten fortzuschaffen.

Bei Koflers erfuhren wir, daß bereits um sieben Uhr morgens Cars mit Häftlingen aus der Caserne Bizanet durch Voiron durchgefahren waren, Richtung Lyon. In einem dieser Cars, der nur mit Frauen und kleinen Kindern besetzt war, hatte sich auch Rosa befunden. Kofler hatte sogar mit der Unglücklichen ein paar Minuten sprechen können.

Statt nach drei bis vier Tagen, wie es ursprünglich geheißen hatte, waren bereits um 5 Uhr morgens alle abtransportiert worden, alle ohne Unterschied. Die begleitenden Gendarmen hatten den Auftrag, die Häftlinge in dem Lager Vénissieux bei Lyon abzuliefern. Dort sollten die Deportierten angeblich mehrere Tage bleiben, bevor sie an die Demarkationslinie gebracht und dort den Deutschen übergeben würden.

Man durfte nichts unversucht lassen, um Frau Ornstein vielleicht doch noch retten zu können. Der junge Edgar Kofler, der Sohn unseres Freundes, war bereits mit dem ersten Zug nach Lyon abgereist. Nach zwei Tagen kehrte er unverrichteter Dinge zurück. Alle Bemühungen vergeblich.

In Lyon hatte der edle Kardinal Gerlier eine Art Rettungsdienst organisiert, der von einem Abbé Glasberg geleitet wurde. Es verlautete, daß dieser unermüdliche und unerschrockene Priester bereits einigen Lagerinsassen von Vénissieux zur Flucht verholfen habe. Außerdem hatte sich Edgar Kofler in Lyon mit einer Freundin Rosas, Madame Danon, in Verbindung gesetzt. Die Dame kannte einen bedeutenden Advokaten, der über einflußreiche Beziehungen zur Präfektur verfügte. Solange sich Rosa noch nicht in den Krallen der Deutschen befand, war vielleicht noch nicht alles verloren. Es handelte sich darum, den Henkern zuvorzukommen.

Aber der Zufall, das Schicksal wollte es anders. Eine verhängnisvolle Verkettung von Umständen sollte alle Anstrengungen zunichte machen: der Abbé Glasberg war abwesend, der Advokat plädierte in einem Prozeß bei Gericht. Erst gegen Abend gelang es Edgar Kofler, den Abbé zu erreichen. Dieser hatte sich den ganzen Tag über in Vénissieux aufgehalten, und es war ihm tatsächlich gelungen, einige Frauen und Kinder in Sicherheit zu bringen. Der Abbé versprach, gleich am nächsten Morgen sein Möglichstes für Rosa zu versuchen. Und der Advokat erklärte sich bereit, seine Beziehungen zur Präfektur spielen zu lassen. Gegen ein angemessenes Honorar ...

Aber als der Abbé Glasberg am nächsten Morgen nach Vénissieux kam, fand er das Lager leer. Die Deutschen hatten erfahren, daß Häftlinge gerettet worden waren, und den Befehl gegeben, ihre Opfer unverzüglich an die Demarkationslinie zu schaffen. Zugleich hatten sie den Kardinal Gerlier mit Verhaftung bedroht.

Noch um zwei Uhr nachts waren die Gefangenen schleunigst aus Vénissieux weggebracht worden; in drei voneinander getrennten Gruppen: Männer, Frauen, Kinder. Alles was man noch erfahren konnte, war, daß sie zunächst in das Lager

Drancy bei Paris gebracht würden, um von dort weiter deportiert zu werden.

Madame Danon schickte sofort einen Vertrauensmann
nach Paris. Aber alle seine Versuche, nach Drancy vorzudrin-
gen, blieben erfolglos. In Drancy waren die Gefangenen alles
in allem zwei Tage geblieben.

In Voiron erhielten wir noch ein paar erschütternde Zeilen, die Rosa aus Vényssieux geschrieben hatte. Und das ist
das letzte, was wir von ihr und Frau Friedezky gehört haben.

Viel später sollten wir erfahren, daß die Kinder, die spielenden Kinder aus der Caserne Bizanet in Frankreich geblieben
waren. Gerettet vielleicht? Das hieße die Deutschen schlecht
kennen.

Zusammen mit Tausenden von anderen Kindern – fünftau-
send im ganzen – waren diese Kinder in «meinem» Lager, in
Beaune-la-Rolande zusammengepfercht worden. Und dann
hatten sie eigens hierzu bestellte Naziweiber durch Injektionen «ausgerottet».

Unter diesen deutschen Weibern befanden sich bestimmt
auch Mütter, die nach vollbrachtem Tagwerk sich ruhig nie-
dersetzten, um ihren Kindern daheim die zärtlichsten Briefe
zu schreiben.

Anfang September 1942 erschien die ungemein stark verbrei-
tete Zeitung «Gringoire» mit einer riesigen Schlagzeile auf der
ersten Seite: «Le bobard des enfants séparés de leurs mères».
Das Lügengeschwätz von den von ihren Müttern getrennten
Kindern. Und darunter ein Artikel, der sich entrüstet darüber
aufregte, wie man es nur wagen könne, derartige Gräuelmär-
chen zu verbreiten. Niemals seien Kinder von ihren Müttern
getrennt worden.

Wir waren also wieder «zu Hause» in Voiron. Es fehlte uns nicht an Bezeugungen der Sympathie. Und aus Belvès schrieb uns Jacquot Rispal einen von Zorn und Abscheu flammenden Brief. Wäre dieser Brief in die Hände der Zensur gefallen, er hätte die bösesten Folgen für unseren jungen Freund nach sich ziehen können. Pierre Vorms kündigte uns seinen Besuch an.

Das alles tat uns sehr wohl. Dennoch spürten wir, daß unsere wunderbare Errettung wieder nur ein Provisorium bedeutete.

Gleich [ein] paar Tage nach unserer Rückkehr waren zwei Gendarmen bei uns erschienen. «Aus purer Sympathie», wie sie bieder versicherten, einzig zu dem Zweck, um nach meinem Befinden zu schauen. Sie setzten sich an mein Bett, rauchten eine Zigarette und tranken ein Gläschen auf meine Wiederherstellung. Auch ermangelten sie nicht, das Vorgehen der Deutschen gehörig zu verurteilen, waren wir doch ganz unter uns, nicht wahr? Wir schieden wie alte Freunde.

Nicht lange darauf beehrten mich wieder zwei andere: «um ein Gläschen zu trinken», aus keinem anderen Grunde, auf Ehre. Wer uns so einträchtig beisammensitzen und plaudern sah, hätte die guten Gendarmen geradezu für meine Schutzengel halten können.

Acht Tage später wieder ein Besuch. Aber je weiter die Likörflasche zur Neige ging, desto klarer wurde uns, daß diese rührende Fürsorge ungefähr der entsprach, die eine Katze für die Maus hegt.

Unser Nachbar Pellat hatte auf der Präfektur in Grenoble das Terrain sondiert. «Bis auf weiteres», hatte man ihm gesagt, «haben sie nichts zu befürchten.»

Bis auf weiteres.

Die Schlinge um unseren Hals war zwar durch ein Wunder nicht zugezogen worden, aber sie blieb weiter um unseren Hals. Ein Griff und der Strick, den man uns aus meinem Judentum gedreht hatte, tat sein Werk. Die braven Gendarmen hatten die Mission, sich von Zeit zu Zeit zu vergewissern, ob unsere Köpfe noch hübsch in der Schlinge steckten. Bis auf weiteres.

Dazu kamen noch andere Vorfälle, andere Symptome: Juden, die bisher verschont geblieben waren, wurden verhaftet und in das Konzentrationslager von Rivesaltes gebracht. Nur hatten die auch im neutralen Ausland bekanntgewordenen Proteste von Kirchenfürsten wie Cardinal Gerlier und Monseigneur Saliège jetzt zur Folge, daß die französischen Behörden sich vorläufig kollektiver Maßnahmen enthielten. Sie lieferten den Deutschen die Opfer in kleinen Gruppen aus. Das machte kein Aufsehen und ließ in Vichy die frechsten Dementis zu.

Pierre Vorms, der inzwischen bei uns eingetroffen war, drängte darauf, daß etwas geschehen müsse. Ein Wunder wie das von Grenoble werde sich nicht mehr wiederholen. Wir sahen das sehr wohl ein, aber was war zu machen? In unserer Situation gab es höchstens nur _einen_ rettenden Ausweg: Flucht in die Schweiz.

## FLUCHT IN DIE SCHWEIZ

Aber wie in die Schweiz gelangen ... Zwei Hindernisse richteten sich gleich riesigen Kerkermauern vor uns auf: einmal die Schwierigkeit, aus Frankreich hinauszukommen, und dann die Schwierigkeit, in die Schweiz eingelassen zu werden.

Auch an infamer Verlogenheit konnte es die Vichy-Regierung mit den Deutschen aufnehmen. Auf der einen Seite hatte Laval vor ausländischen Pressevertretern ausdrücklich erklärt, «daß ihn nichts daran hindern werde, sich aller fremden Juden zu entledigen». Aber andererseits benahm er diesen Juden jede Möglichkeit, das Land zu verlassen. Strengstes Verbot, die Eisenbahn zu benützen. Die Überwachung der Schweizer Grenze zum Äußersten verschärft. Wer bei dem Versuch, in die Schweiz zu flüchten, erwischt wurde, kam in Ketten nach Rivesaltes.

Und was den Einlaß in die Schweiz betrifft, riskierte jeder Jude, dem es schon eventuell glückte, über die Grenze zu kommen, «refouliert», das heißt wieder den Franzosen überstellt, das heißt nur um so sicherer den Deutschen ans Messer geliefert zu werden. Immerhin hatte die Schweiz erklärt, daß sie jeden Fall individuell untersuchen und unmittelbar in Lebensgefahr befindlichen Juden wie Österreichern und Tschechen das Asyl nicht verweigern werde.

Im Hinblick darauf, daß wir zu dieser Kategorie gehörten, ließ Vorms nicht locker. Wochen hindurch pendelte er zwischen Voiron und Grenoble hin und her, um nach einer Möglichkeit Ausschau zu halten.

Einigen Flüchtlingen war es gelungen, sich zu Fuß durch Savoyen und dann über die Alpenpässe in die Schweiz durchzuschlagen. Aber dieser Weg konnte natürlich im Hinblick auf meinen Zustand nicht in Betracht kommen.

Vorms setzte seine Bemühungen unermüdlich fort. Und eines Tages, Anfang Oktober, kam er aus Grenoble zurück und erklärte: Diesmal glaube ich endlich eine Lösung gefunden zu haben. Nur müsst ihr euch sofort entscheiden.

Und dann setzte er uns auseinander, um was es sich handelte.

Ein Advokat in Grenoble hatte ihm widerstrebend, nach langem Zögern, «aus purer Menschenfreundlichkeit» die Adresse eines Herrn Roland angegeben und bedeutungsvoll hinzugefügt: «Wenn der nur will, so kann er alles.»

Nach wiederholten vergeblichen Versuchen war es Vorms endlich gelungen, den Herrn Roland, der in einem Hotel wohnte, endlich zu erreichen und von ihm empfangen zu werden. Eine junge Frau, die Roland als Vertrauensperson vorgestellt hatte, war bei der Unterredung zugegen.

Um mich kurz zu fassen: Herr Roland gab sich schließlich als Polizeiinspektor der Sureté in Grenoble zu erkennen, zugeteilt der Grenzbrigade von Annecy. Also einer jener speziellen Spürhunde, die Vichy auf Juden losließ, die in die Schweiz flüchten wollten. Es war daher auch kaum notwendig, ihm unsere Situation auseinanderzusetzen. Er war sofort im Bilde.

Nach einiger Überlegung erklärte er sich schließlich bereit, unsere Sache in die Hand zu nehmen und uns über die Grenze zu schaffen.

Aber wie bis zur Grenze kommen? Hatten wir doch keine anderen Papiere als unsere groß mit «JUIF» überstempelten Identitätskarten? Auf diesen Einwand meines Freundes hatte der Polizei-Gewaltige nur eine wegwerfende Handbewegung übrig: Wer unter seinem Schutz stehe, der brauche eben keine Papiere, der habe keine Kontrolle zu befürchten, nichts. Derartige Hindernisse existierten nur für einen gemeinen Passeur, aber nicht für einen Polizei-Inspektor.

Mit einem Wort: ein Kinderspiel. Nur verlangte der edle Philanthrop für dieses Kinderspiel zwanzigtausend Franken pro Person, also 60 000 für uns drei, zahlbar im vorhinein.

Vorms wagte zu erwidern, daß ihm dieser obendrein im voraus zu erlegende Betrag denn doch übertrieben hoch erscheine. Daraufhin wies ihm Herr Roland fast die Tür. Schroff erklärte er: Entweder man akzeptiere widerspruchslos seine Bedingungen oder es sei überflüssig, seine kostbare Zeit noch länger in Anspruch zu nehmen. Und so ganz nebenbei hatte er noch hinzugefügt: «Wenn es Ihren Freunden nichts ausmacht, in 14 Tagen in Rivesaltes zu enden, so brauchen sie überhaupt keinen Centime auszugeben. Denn in spätestens 14 Tagen werden alle fremden Juden in Rivesaltes sitzen, das sage ich, Roland, Ihnen.»

Wir berieten und berieten. Schließlich beschlossen wir, unser letztes Geld zu opfern, alles zu Geld zu machen, was nur zu Geld zu machen war, und die Bedingungen Rolands zu akzeptieren.

Vorms faßte seinen Eindruck von Roland in die Worte zusammen: Ein Gangster, gewiß, aber ein Gangster, der einer übernommenen Verpflichtung auch nachkommt. Dann ging er telephonieren. Er hatte mit Roland vereinbart, daß er ihn in seinem Bureau in der Sureté von Grenoble anrufen werde.

Als er zurückkam, brachte er folgende Instruktionen mit: wir sollten am übernächsten Tag, mit dem letzten Zug, nach

Grenoble fahren, der dort Mitternacht ankommt. Auf dem Bahnhof werde uns die junge Frau, die Vertrauensperson Rolands, erwarten und uns alles Weitere mitteilen. Kein Gepäck mitnehmen, höchstens ein Handköfferchen oder eine Aktentasche.

Am vereinbarten Tag schlichen wir in Begleitung von Vorms spätabends im Dunkel davon wie Verbrecher, auf Umwegen, um nicht vielleicht einem unserer Gendarmen-Freunde in die Arme zu laufen. Auf dem Bahnhof drückten wir uns in einen finsteren Winkel. Dann die Fahrt nach Grenoble, immer in der Angst vor einer Kontrolle. Wir kamen glücklich an. Auf dem Bahnhof erwartete uns vereinbarungsgemäß die junge Frau.

Erst einige Wochen war es her, daß wir hier in Grenoble die Caserne Bizanet hinter uns hatten. Jetzt standen wir wieder vor einem Sprung ins Ungewisse, und er konnte zu der gleichen Katastrophe führen, der wir nur durch ein Wunder im allerletzten Augenblick entgangen waren.

Die junge Frau machte uns ein Zeichen, ihr zu folgen. Nach ungefähr einer Viertelstunde blieb sie vor einem Hause in der Rue Thiers stehen, öffnete das Tor und ließ uns ein. Im Dunkel tappten wir hinter ihr bis in den 5. Stock. Am Ende eines langen Korridors eine schmutzige, muffige Mansarde. Ein nicht überzogenes Bett, ein einziges, ein Tisch, drei Sessel.

Die junge Frau erklärte, daß sie uns um 6 Uhr morgens abholen werde. Herr Roland werde uns in einem Café gegenüber dem Bahnhof erwarten. Doch dürften wir uns nicht zu erkennen geben, wir hätten ihm nur unauffällig auf den Bahnhof zu folgen. Er werde in den Schnellzug nach Annemasse einsteigen, in ein Coupé erster Klasse. Wir in den gleichen Waggon.

Sollte unterwegs vielleicht eine polizeiliche Kontrolle erfolgen, so hätten wir die Beamten einfach an den Herrn Polizeiinspektor zu weisen und uns sonst um nichts zu kümmern. In Annemasse werde Roland für alles Weitere sorgen und uns über die Grenze zur elektrischen Tram bringen, die nach dem fünf Kilometer entfernten Genf führt.

Bevor sie uns um 1 Uhr nachts verließ, ersuchte die junge Frau noch, ihr die 60 000 Franken auszufolgen. Sie müsse noch jetzt in die Sureté gehen, um den Herrn Inspektor von unserer Ankunft zu verständigen und ihm bei dieser Gelegenheit das Geld zu übergeben.

Sechs Uhr. Wir saßen da und warteten. Aber die junge Frau kam nicht. Halb sieben, sieben. Niemand. Jetzt hatte der Zug, den wir benützen sollten, Grenoble bereits verlassen.

Endlich, um 8 Uhr, erschien sie. «Technische Hindernisse im allerletzten Augenblick», entschuldigte sie sich. Wir müßten begreifen: Herr Roland wolle unbedingt sichergehen und uns nicht dem geringsten Zwischenfall aussetzen. Er ziehe daher vor, erst den Abendzug zu nehmen. Sie werde uns also um 6 Uhr abends abholen, schlag sechs Uhr.

Sie kam erst um 7 Uhr, um uns mitzuteilen, daß unsere Abreise auf den nächsten Morgen verschoben sei.

Ich will mich kurz fassen: Auch am nächsten Morgen fuhren wir nicht. Auch nicht am nächsten Abend. Wir waren jetzt zwei volle Tage in unserer Mansarde, vier Personen. Zu den Mahlzeiten stahlen wir uns fort, um in einem Restaurant hastig etwas zu essen: jeden Augenblick mußte man sich auf eine Juden-Razzia gefasst machen. Unsere Nerven waren zum Zerreißen gespannt, in jener Verfassung, da man ein Ende mit Schrecken einem Schrecken ohne Ende vorzieht. Wir wollten unser Geld wiederhaben und nach Voiron zurück, komme, was da wolle. Vorms hatte zu diesem Zweck noch spätabends ein Rendezvous mit Roland in der Sureté vereinbart.

Gegen Mitternacht kam er endlich zurück und redete eindringlich auf uns ein, doch nicht im letzten Augenblick den Kopf zu verlieren. Er hatte sich in der Sureté persönlich von der Machtstellung des Inspektors überzeugen können, der dort nach Belieben schalte und walte. Roland hatte eine völlig plausible Erklärung für die wiederholte Verzögerung geben können. Er stelle uns anheim, das Geld zurückzunehmen oder aber am nächsten Morgen mit ihm zu reisen, und diesmal garantiere er für alles.

In der Nacht vorher war in Grenoble wieder eine Anzahl fremder Juden verhaftet worden. Wir entschlossen uns schließlich, mit Roland zu fahren...

Diesmal holte uns die junge Frau pünktlich ab. Im Café gegenüber dem Bahnhof sah ich Roland zum erstenmal: sehr selbstbewußtes Auftreten, Gehaben eines Menschen, vor dem sich alle Türen öffnen. In seiner Begleitung befanden sich noch ein Hüne mit einem brutalen Bulldoggengesicht und ein junger, untersetzter Bursche, Visage eines Galgenvogels. Wie uns die junge Frau erklärte, gehörten die beiden ebenfalls zur Polizei und würden bis Annemasse mitfahren.

Bevor Roland mit seiner Suite in den Zug einstieg, winkte er die junge Frau zu sich und wechselte mit ihr einige Worte. Sie kam zurück: «Ich soll Ihnen von Herrn Roland ausrichten», sagte sie uns, «daß Sie so sicher über die Grenze kommen werden wie ein rekommandiertes Paket. Sie können sich bis Annemasse ruhig aufs Ohr legen.»

Wir verabschiedeten uns von Vorms, der in Voiron noch auf

ein Telegramm von uns warten wollte, um dann nach Belvès zurückzukehren.

Um halb elf sollten wir in Annemasse ankommen.

Unsere «Eskorte» im Nebencoupé war glänzender Stimmung. Wir hörten sie laut lachen und scherzen. Schließlich begannen sie eine Kartenpartie.

Wir näherten uns Aix-les-Bains, als plötzlich der junge Bursche in unserer Coupé trat und meiner Frau ein Zeichen machte, ihm in den Korridor zu folgen. Dort flüsterte er ihr etwas zu. Ich sah, wie meine Frau zusammenfuhr und ihn heftig replizierte.

Ich stand auf und ging hinaus. «Was gibt es?» fragte [ich] ihn. Der Kerl schaute mir unverschämt ins Gesicht. «Ich habe Madame bereits gesagt», erklärte er leise, aber frech, «daß Sie aussteigen müssen. In Aix kommt eine Polizeikontrolle. Steigen Sie nicht aus, so werden Sie alle drei verhaftet. Ist das klar?»

Inzwischen fuhr der Zug in die Station ein. Auf dem Perron eine ganze Abteilung Gardes Mobiles, die sich anschickten, einzusteigen.

Wir mußten den Zug verlassen, was blieb uns anderes übrig? Meine Frau hatte den Burschen am Arm gepackt und zog ihn mit sich auf den Perron. «Wir verlangen», sagte sie ihm, «daß Herr Roland wenigstens mit uns bleibt und uns nach Grenoble zurückbringt. Sonst werden wir Skandal schlagen, sagen Sie ihm das!»

Der Zug hat in Aix nur wenige Minuten Aufenthalt. Der Kerl tat so, als wollte er in das Coupé zu Roland zurückkehren. Aber auf dem Trittbrett blieb er stehen und versetzte meiner Frau einen Stoß, daß sie zurücktaumelte. Dann schwang er sich in den Waggon und schlug die Türe zu. Der Zug setzte sich in Bewegung.

Noch heute frage ich mich, wieso es möglich war, daß die ganze Szene nicht den Verdacht eines der Polizisten erregt hatte.

Und noch heute frage ich mich, wieso wir uns soweit beherrschen konnten, daß uns ohnmächtige Wut, Verzweiflung und zugleich unsagbare Müdigkeit nicht auf dem Gesicht geschrieben standen, als wir uns so plötzlich auf diesem Bahnhof wie mitten im Feindesland ausgesetzt sahen. Verloren, wenn es dem Nächstbesten gerade einfallen sollte, unsere Papiere zu verlangen.

Was tun? Wie aus dem Bahnhof hinauskommen? Und was dann? Wie nach Voiron zurückkehren? Und sollten wir vielleicht gezwungen sein, eine Nacht in Aix zuzubringen, wie ein Obdach finden, wo man uns nicht nach unseren Papieren fragt? Wir kannten hier keine Seele.

Das waren so die Fragen, die blitzschnell auf uns einstürmten, während wir ratlos auf dem Perron standen und obendrein unbefangen tun mußten, als wären wir Touristen, die einen schönen Herbsttag zu einem Ausflug benützen.

Wir beschlossen, zunächst ins Bahnhofsbuffet zu gehen und dort abzuwarten, ob die Gardes Mobiles, die nicht in den Zug eingestiegen waren, vielleicht den Bahnhof verließen.

Beim Betreten des Buffets bemerkte ich, daß die rückwärtige Türe, die auf die Straße führte, weit geöffnet war. Eine Tür ins Freie ... Wie fasziniert schritt ich auf diesen Ausgang, diesen Ausweg zu. Doch schon hatte sich die mürrische Kellnerin breit davor aufgepflanzt. «Was suchen Sie hier?» fuhr sie mich an. «Hier ist kein Ausgang.»

Ich brachte irgendeine Ausrede vor und bestellte etwas zu

trinken. Die Kellnerin war uns sichtlich nicht gewogen, sie ließ uns nicht aus den Augen. Wir mussten uns doppelt anstrengen, eine möglichst unverfängliche Konversation zu führen. Selbst dieser Kellnerin waren wir auf Gnade und Ungnade ausgeliefert. Wem waren Juden nicht auf Gnade und Ungnade ausgeliefert?

Nach einer Viertelstunde entschlossen wir uns zum Gehen. Auf dem Perron glücklicherweise kein Garde mehr. Wir konnten unbehelligt auf die Straße. Doch was nun?

Wir begannen durch den Ort umherzuirren, straßauf, straßab. Wir markierten Spaziergänger, Kurgäste. Mit größtem Interesse studierten wir die Schaufenster der Kaufläden, selbst wenn sie fast leer waren. Dann gingen wir in ein Café. Dort brachte ich in Erfahrung, daß es vor dem nächsten Morgen keinen Zug mehr nach Grenoble gäbe. Aber um vier Uhr nachmittags verkehre ein Autobus.

Wieder begannen wir ziellos zu «schlendern», obzwar wir bei aller Erregung zum Umfallen müde waren. Dann wieder in ein Café. Am Nebentisch erzählte man sich Lokalneuigkeiten; unter anderem, daß gestern durch Aix ein Trupp Juden in Ketten durchtransportiert worden waren, Juden, die versucht hatten, in die Schweiz zu flüchten und von den Passeuren an die Polizei ausgeliefert worden waren.

Wir hatten also noch großes Glück mit unserem Roland gehabt...

Endlich, endlich wurde es drei Uhr. Wir gingen auf den Hauptplatz, wo sich die Haltestelle der Autobusse befindet. Mehrere Personen warteten bereits, und immer neue gesellten sich dazu. Wir hatten gut getan, so früh zu kommen.

Mit einem Male sah ich quer über den Platz einen Gendar-

men langsam und breitspurig auf unsere Gruppe zuschrei-
ten.

«Schon wieder eine Kontrolle!» brummte ärgerlich eine
Frau neben uns und begann in ihrer Handtasche nach ihren
Papieren zu kramen.

Der Autobus war bereits in Sicht. Doch für uns gab es jetzt
nur eines: so rasch und unauffällig wie möglich zu verschwinden. Während alles nach vorne drängte, drückten wir uns
nach rückwärts. Ich hörte noch, wie der Gendarm rief: «Vos
papiers!»

Da schoß plötzlich aus einer Garage gleich einem Deus ex
machina ein Mann hervor, lief auf den Gendarmen zu und
teilte ihm aufgeregt etwas mit. Und gleich darauf sah ich beide
sich eilends entfernen.

Wird der Gendarm wiederkommen? Sollen wir hierbleiben?
Versuchen wegzukommen? Wir riskierten unsere Chance,
gingen wieder zum Autobus zurück, und kaum hatten wir uns
in das übervolle Gefährt hineingepreßt, setzte es sich in Bewegung. Wir atmeten auf, wie atmeten wir auf!

Fast so atmeten wir auf, als wäre es uns gelungen, über die
Schweizer Grenze zu kommen. Einen Augenblick lang vergaßen wir fast, was uns geschehen war. Wir fuhren, wir fuhren,
und der Gendarm konnte uns nicht mehr erreichen, das war
alles, was uns in jenem Moment zu Bewußtsein kam.

In Chambéry eine halbe Stunde Aufenthalt, eine halbe
Stunde Herzklopfen, denn auch in Chambéry gibt es Gendarmen. Doch alles ging gut ab. Grenoble. Wir eilten zum Bahnhof und erreichten gerade noch den Abendzug. Um neun Uhr
abends waren wir wieder in Voiron.

Mit unserer Schweizer Expedition war es zu Ende. Und mit
unseren Kräften.

Ich möchte noch erwähnen, welchen Verlauf die Angelegenheit Roland nahm. Wir konnten uns natürlich nicht rühren, eine Anzeige hätte für uns die bösesten Folgen nach sich gezogen, das wußte der Polizei-Bandit nur zu gut. Immerhin machten sich Vorms und unser Nachbar Pellat auf die Jagd nach Roland, um vielleicht die Rückgabe der 60 000 Franken durchzusetzen. Es gelang ihnen schließlich, den Schuft zu erreichen. Er ließ sich herbei, 20 000 fs rückzuerstatten, und versprach, den Rest in 8 Tagen zu bezahlen. Doch als Pellat am vereinbarten Tag nach Grenoble kam, war Roland spurlos verschwunden. Pellat erfuhr, daß der Herr Polizeiinspektor sich Betrügereien auch an Personen hatte zuschulden kommen lassen, die keine Juden waren, und daher die Anzeige erstatten konnten. Aber Roland hatte sich noch rechtzeitig aus dem Staub machen können; es waren noch andere Polizeibeamte in die Affären ihres Kollegen verwickelt, und man zog es vor, ihn nicht zu finden.

Ein Glück noch, daß unsere Freunde von der Gendarmerie in Voiron uns während unserer Abwesenheit nicht aufgesucht hatten. Unser Fluchtversuch war nicht bemerkt worden. Wir hatten 40 000 fs verloren, sonst hatte sich nichts geändert.

Nein, es hatte keinen Sinn mehr, gegen die Mauer anzurennen. Man stieß sich höchstens noch mehr wund. Wir waren müde, unbeschreiblich müde.

## EIN TELEGRAMM

So vergingen [ein] paar Wochen. Unter den Briefen, die wir erhielten, war auch einer von Jacquot Rispal. Er schrieb, daß er sich darauf freue, uns bald wieder in der Dordogne zu sehen. In der Dordogne? Ich verstand nicht, was der Junge meinte, legte dem auch weiter keine Bedeutung bei. Platonische Wünsche, sagte ich meiner Frau, gutgemeinte Trostworte.

Unsere Freunde, die Gendarmen, hatten uns inzwischen wieder beehrt. Wir plauderten in vertrauter Herzlichkeit, und sie beteuerten hoch und heilig, daß wir unter ihrer Obhut in Voiron sicher wären wie in Abrahams Schoß. Natürlich glaubte ich ihnen kein Wort. Aber uns war alles schon gleichgültig, wir waren vollkommen apathisch geworden.

Da, eines Tages Anfang November, ein dringendes Telegramm: Jacquot kündigte uns seine Ankunft für den gleichen Abend an. Die Reise von Belvès nach Voiron erforderte volle 24 Stunden. Wir fragten uns, zu welchem Zweck der Junge die lange und beschwerliche Fahrt unternommen habe.

Kaum war die erste Begrüßung vorüber, kaum hatte der gute Junge die Liebesgaben ausgepackt, die ihm seine gute Mutter für uns mitgegeben hatte, so erklärte er uns kurz und bündig, daß er gekommen sei, uns abzuholen. Die Situation der Juden gestalte sich immer drohender. Und wir müßten sofort, gleich am nächsten Morgen, mit ihm reisen. Alles sei vorausgesehen, bis ins letzte Detail geregelt. Wir hätten uns nur mit ihm in den Zug zu setzen. Das Übrige sei seine und seiner Eltern Sache.

Wir schauten Jacquot verständnislos an. Nun entschloß er sich, uns doch einige Erläuterungen zu geben.

Nach unserem so kläglich gescheiterten Fluchtversuch hatte seine Mutter sich zugeschworen, uns zu retten. Aber wie? Die Frage bereitete ihr schlaflose Nächte.

Und eines Nachts, als sie so wach dalag, kam [es] wie eine Erleuchtung über sie.

Einige Kilometer von Belvès entfernt, völlig isoliert auf einem Hügel gelegen, befindet sich ein Franziskanerinnen-Kloster mit einem von den Schwestern geleiteten Hospital für Schwachsinnige und Epileptikerinnen: das Kloster von Labarde.

Gabriel Rispal, der Vater Jacquots, kam seit Jahren von Zeit zu Zeit nach Labarde, um dort Arbeiten vorzunehmen. Er steht zu der Oberin, der Mère Saint-Antoine in den besten Beziehungen.

Hélène Rispal hatte ihren Gatten mitten in der Nacht aufgeweckt und ihm gesagt: «Gleich morgen früh wirst du nach Labarde fahren. Wir müssen versuchen, die Mère Saint-Antoine dazu zu bewegen, die Scheyers in dem Koster zu verstecken. Dort wüßte ich sie in Sicherheit.»

Und am nächsten Morgen stattete Rispal der Supérieure einen ersten Besuch ab. Als guter Diplomat wollte er nicht gleich mit der Tür ins Haus fallen, sondern zunächst einmal das Terrain sondieren. Er kam voll Zuversicht zurück: als er auf die Judenverfolgungen zu sprechen kam, hatte sich die Mère St-Antoine über die Vorfälle sehr entrüstet gezeigt. Bei einem zweiten Besuch rückte er mit der Sprache heraus, legte der Oberin unseren Fall dar und betonte zugleich, wie sehr ihm und seiner Frau unser Wohl und Wehe am Herzen liege. Dann brachte er seine Bitte vor.

Die Supérieure zeigte sich keineswegs abgeneigt. Aber da war ein kapitales Hindernis: Labarde ist ein Nonnenkloster mit einer Anstalt für weibliche Kranke. Die Mère St-Antoine war damit einverstanden, meine Frau und Slava aufzunehmen. Aber was mich betraf, so müßte anderwärts ein Versteck gefunden werden, vielleicht bei einem der Bauern in der Umgebung.

Nun, Rispal ließ nicht locker. Er schilderte nochmals unsere Erlebnisse, führte meinen erschütterten Gesundheitszustand ins Treffen, wies darauf hin, daß sich in einem Nebentrakt der Anstalt ein Zimmer mit separiertem Eingang befinde, machte sich erbötig, alle Instandsetzungsarbeiten selbst vorzunehmen, kurz: er blieb Sieger und konnte seiner Frau das uneingeschränkte Ja der Supérieure überbringen. Und noch am Abend des gleichen Tages hatte Hélène Rispal ihren Sohn nach Voiron expediert, um uns abzuholen. Wir hatten uns nur in den Zug zu setzen.

«Aber wir können uns doch gar nicht in einen Zug setzen», wandte ich ein; «wenn man uns mit unseren Papieren erwischt...»

«Selbstverständlich haben wir auch das vorgesehen», unterbrach mich mit einem Lächeln Jacquot. «Hier»: und triumphierend zog er drei Identitätskarten aus seiner Brusttasche. «Ein Neffe meiner Eltern, René Mathieu, ist Bürgermeister in St-Cernin-de l'Herm. Durch ihn haben wir uns falsche Papiere für euch verschafft; sie müssen nur noch mit euren Photographien versehen werden.»

Ich sah den Jungen an, dieses neunzehnjährige Milchgesicht, während er so mit glühenden Wangen auf uns einredete. Wir waren sprachlos, sprachlos vor Staunen und Ergriffenheit.

Da waren Menschen, die uns kaum oder wie dieser Mathieu, überhaupt nicht kannten. Ungefährdete Menschen, keine Juden, keines unserer Leiden hatten sie am eigenen Leibe gespürt, sie konnten sich unser Dasein höchstens nur vorstellen. Und sie hatten das alles für uns getan; sie scheuchten sich nicht nur selbst aus ihrer Ruhe auf, sie nahmen nicht nur solche Mühe auf sich, sie begaben sich noch freiwillig in Gefahr, um uns zu retten. Da war eine Mutter, die ohne zu zaudern selbst die Sicherheit ihres einzigen Kindes um unseretwillen aufs Spiel setzte. Das gab es noch.

Zugleich konnte ich nicht umhin, mir in meinem Gewissen eine Frage zu stellen: Hätte ich im umgekehrten Fall ebenso gehandelt? Ich weiß es nicht.

Sogar entschlossen, aus eigenem Antrieb nichts mehr zu versuchen, hätten wir uns nicht weigern dürfen, nach allem was diese Menschen für uns unternommen hatten. In dieser Beziehung also gab es nichts mehr zu überlegen. Nur machten wir unserem jungen Freund begreiflich, daß wir unsere Abreise noch auf kurze Zeit verschieben müßten, um diesmal wenigstens einen Teil unserer Sachen mit uns nehmen und den Rest in Sicherheit bringen zu können. Jacquot sah das schließlich ein, wenn auch widerstrebend. Wir vereinbarten mit ihm den 16. November als Datum unserer Abreise, und er schlug uns spontan vor, wiederzukommen und uns abzuholen. Zeitig am nächsten Morgen trat er die Rückfahrt nach Belvès an.

Wir begleiteten ihn auf den Bahnhof. Dort trafen wir zufällig einen unserer Freunde von der Gendarmerie. «Sie verlassen uns doch nicht?» fragte er mich besorgt. «Was fällt Ihnen ein», antwortete ich ihm, «wir begleiten bloß jemanden zum Zug.» – «Ah so» – und er schüttelte mir erfreut die Hand...

Wir hatten uns vorgenommen, diesmal nichts zu überstürzen. Aber die Ereignisse wollten es anders.

Kaum war Jacquot abgereist, erfolgte die Landung der Alliierten in Algier. Das diente den Deutschen zum Vorwand, die zone libre zu besetzen. Die «France Libre» hatte zu existieren aufgehört.

Für uns hatte dieses Ereignis zur unmittelbaren Folge, daß wir keine Zeit mehr verlieren durften. Von einem Tag auf den anderen konnte das Hakenkreuz in Voiron auftauchen. Wir beschlossen, Voiron am nächsten Morgen zu verlassen, telegraphierten Jacques Rispal, und am 11. November gelang es uns, unbemerkt von unseren Gendarmen, den Zug nach Lyon zu besteigen. Dort erwartete uns unser junger Freund, der unser Telegramm gerade noch rechtzeitig genug erhalten hatte, um uns bis Lyon entgegenfahren zu können.

Am 12. morgens waren wir in Belvès, aber wir blieben im Zug sitzen. Es war vereinbart, daß wir erst in Le Got, der nächsten Station, aussteigen würden, um nicht eventuell in Belvès erkannt zu werden. Jacquot verließ den Zug, und sein Vater stieg zu uns ein. Da sich Gabriel Rispal in Gesellschaft eines Bekannten befand, tat er so, als würde er uns nicht kennen. Nichtsdestoweniger fand er Gelegenheit, mir mit der Geschicklichkeit eines Taschenspielers ein Paket Zigaretten in meine Tasche zu praktizieren.

In Le Got stieg er aus. Wir hinter ihm. Vor dem Bahnhof ein Auto, auf das er zuging. Wir hinter ihm. Er sagte noch, auf den Chauffeur deutend: «Zu dem hier könnt ihr Vertrauen haben.»

Drinnen im Wagen fielen wir uns um den Hals. Alle vier weinten wir.

Nach etwa halbstündiger Fahrt hielt der Wagen. Von der Landstraße zweigte ein Feldweg ab, ziemlich steil einen Hügel hinan. An der Kreuzung ein Wegweiser mit einer Aufschrift: Asile de Labarde.

Diesen Weg schlugen wir ein. Noch eine Viertelstunde, und wir waren oben angelangt. Zur Linken ein großer, die Landschaft beherrschender Christus am Kreuz. Vor uns eine breite Allee, die an Wirtschaftsgebäuden vorbei zu einem weitläufigen, altertümlichen Haus führte.

Wir waren am Ziel.

## LABARDE

Denke ich an den 12. November 1942 zurück, so erscheint mir jener trübe, naßkalte Spätherbsttag als einer der ergreifendsten und zugleich glücklichsten meines Lebens. Ein lichter Sphärenklang in dem Inferno der Hitler-Welt.

Wir waren schrecklich verbraucht und wund. Was wir hinter uns hatten, zerrte wie eine zu schwere Last zu Boden. Und nun das, was wir vor uns hatten, Labarde, unser neues «Heim»: ein Haus für Schwachsinnige, Epileptikerinnen, unheilbar Kranke. Ein Haus des Elends.

Dennoch war der Tag unserer Ankunft in diesem Haus einer der schönsten unseres Lebens.

Neben uns Gabriel Rispal. Aus seinen Augen strahlte die Freude, den Plan seiner Frau verwirklicht zu sehen. Was wußten sie von uns: daß wir Geächtete waren. Juden.

Und dann der Empfang, den uns die Oberin, die Mère St-Antoine bereitete. Eine etwa fünfzigjährige Frau trat uns entgegen, das noch anmutige Gesicht eingerahmt von dem schwarzen, weißgeränderten Schleier der Franziskanerinnen. Ich hatte mich auf etwas wie eine strenge, unnahbare Äbtissin gefaßt gemacht, die sich zwar herbeigelassen hatte, uns in einem Winkel ihres Hauses Asyl zu gewähren, im übrigen uns aber vielleicht fühlen lassen würde, daß wir nur geduldet waren, unwillkommene Almosenempfänger der Nächstenliebe.

Statt dessen sah ich mich einer Frau gegenüber, die ihren Titel «Mère», Mutter, nicht wie eine Bezeichnung ihres geistlichen Ranges, sondern wie einen Ausdruck ihres ganzen

Wesens führte. Vom ersten Augenblick an fühlte ich mich vor Mère St-Antoine wohl und unbefangen wie vor einer Mutter. Und vom ersten Augenblick an spürte ich, daß diese edle Frau auch eine Beherrscherin der Seelen ist.

Sie empfing uns nicht wie Bittsteller, denen man eine milde Gabe reicht, nicht wie Geächtete, denen man einen Unterschlupf anweist. Sie empfing uns, als würde es ihr förmlich zur Auszeichnung gereichen, uns ihr Haus zur Verfügung zu stellen.

Sie behandelte uns mit einer Aufmerksamkeit und Behutsamkeit wie Kranke in der Rekonvaleszenz. Ohne Fragen an uns zu stellen, machte sie uns sprechen, schloß sie uns auf, und ich bemerkte, daß sie Tränen in den Augen hatte, während sie uns zuhörte.

Dann führte sie uns in unsere Behausung, nicht ohne nachdrücklich hervorgehoben zu haben, welche Mühe sich die Rispals mit der Instandsetzung gegeben hatten.

Wir hatten uns eine ganz primitive Unterkunft vorgestellt und wären auch damit zufrieden gewesen. Ein bißchen Ruhe, das war alles, wonach wir verlangten. Aber zu unserer Überraschung fanden wir ein sauberes, geheiztes Zimmer mit drei bequemen Betten. Zu dem mit allem Notwendigen ausgestatteten Raum gehörte sogar noch ein kleines Cabinet de toilette.

Und die Supérieure entschuldigte sich noch, daß sie uns nichts Besseres zu bieten hätte ...

An jenem ersten Tage aßen wir zu Mittag noch nicht auf unserem Zimmer, sondern mit Rispal in dem Parloir, wo uns die Mère St-Antoine empfangen hatte. Nicht nur, daß sie uns zum

Willkomm Leckerbissen vorsetzen ließ, deren Existenz uns fast aus dem Gedächtnis entschwunden war: Sardinen, Butter, eine Omelette. Aber sie erschien plötzlich persönlich mit einem Tablett: «Hier bringe ich Ihnen noch ein Dessert», erklärte sie und stellte eine Schüssel Kompott vor uns hin. «Sie müssen ordentlich essen, zunächst einmal zu Kräften kommen. Für alles andere lassen Sie mich sorgen.»

Am Nachmittag kam noch Pierre Vorms und leistete uns bis zum Abend Gesellschaft. Und für den nächsten Tag war uns der Besuch Hélène Rispals und Jacquots angekündigt.

Wir waren wie berauscht von soviel Fürsorge und Wärme. Beinahe vergaßen wir, daß wir uns nicht in einer Villegiatur, sondern in der Klandestinität, in einem Versteck, befanden. Manchmal fragte ich mich, ob dies alles auch wahr sei. Wir fühlten uns als Menschen unter Menschen, nicht als gehetztes Freiwild.

Kein Appartement in einem Luxushotel hätte uns wohnlicher sein können als dieses einfache Zimmer, in dem wir mit den Freunden beisammensaßen. Und als sie fort waren, in jener ersten Nacht unter dem Dach, dem Obdach von Labarde, fanden wir einen tiefen, ruhigen Schlaf, und zum erstenmal seit langer Zeit war das Erwachen nicht Angst und Bangigkeit vor dem neuen Tag.

Begreift man jetzt, daß ich an diesen 12. November 1942 als an einen der glücklichsten meines Lebens zurückdenke?

Am nächsten Tag also hatten wir noch die Freude, Hélène Rispal und ihren Sohn bei uns zu sehen.

Empfanden wir schon damals die tiefste Dankbarkeit für diese Frau, so ist sie uns seither unendlich teuer geworden. Mit jedem Tage, mit dem wir sie näher kennenlernten, gewannen wir sie mehr lieb. Heute steht sie uns nahe wie nur eine Schwester. Und ihr Kind betrachten wir als unser Kind.

Diese stille Frau ist die Einfachheit, die Bescheidenheit selbst. Sie macht nichts aus sich, im Gegenteil; sie ist förmlich erstaunt über jeden Beweis von Zuneigung und begreift nicht, daß man das Empfangen, das Nehmen nicht so selbstverständlich findet wie sie das Geben, das Sichverschenken.

Sie hat uns letzten Endes im Verein mit ihrem Gatten und ihrem Sohn das Leben gerettet, und man wird noch sehen, wie sie in der Folge über uns wachte. Aber längst sind wir ihr nicht mehr «dankbar» dafür. Denn nur wenn man Dankbarkeit als Liebe und Liebe als Dankbarkeit bezeichnen kann, dann empfinden wir drei, was wir Hélène Rispal schuldig sind.

Der Zustand von Euphorie, in den uns die ersten Tage unseres Aufenthaltes in Labarde versetzt hatten, konnte natürlich nicht ewig anhalten. Aber er wurde von keiner grausamen Ernüchterung abgelöst.

Zwar gaben wir uns Rechenschaft darüber, daß wir keineswegs außer Gefahr, sondern nur vor der Gefahr versteckt waren; zwar durften wir uns nicht in Sicherheit wiegen, nicht die kleinste Unvorsichtigkeit begehen. Wir waren verborgen, nicht geborgen. Und wir lebten unter Geisteskranken und Krüppeln.

Aber von Anbeginn an spürten wir auch eine Atmosphäre des Wohlwollens und der Sympathie um uns, hatten wir das Gefühl, daß hier in Labarde die Mère St-Antoine und in Belvès die Freunde gleichsam schützend vor uns standen, und dieses Bewußtsein verlieh uns Halt und Hoffnung. Wir hatten mit unserer Identität, die nur den Freunden und der Oberin bekannt war, auch gewissermaßen wenigstens die unmittelbaren, so quälenden Folgeerscheinungen dieser Identität abgestreift.

Das Leben in einer Anstalt für arme Närrinnen und Fallsüchtige ist keine Annehmlichkeit. Auch ein Nonnenkloster ist keine Stätte der Zerstreuung. Wir durften uns überdies nicht über den Bereich des Hauses hervorwagen. Der Christus am Kreuz am Ende der Allee war die Grenze unserer Bewegungsfreiheit, und selbst innerhalb dieser Grenze mußten wir vorsichtig sein.

Doch all das vermochte nicht, unsere Zufriedenheit zu beeinträchtigen. Die leiseste Klage wäre uns als frevelhafter Übermut, als Herausforderung des Schicksals erschienen. Noch niemals zuvor haben wir ein Dach über dem Kopf, einen warmen Ofen, jeden Bissen Brot so einzuschätzen gewußt wie hier in Labarde. Noch niemals zuvor waren meine Frau und Slava mit solchem Eifer ans Werk gegangen wie hier, wo wir von frühmorgens bis spätabends die mannigfachsten und anstrengendsten Arbeiten für das Haus freudig wie ein Dankopfer verrichteten.

In unserem Zimmer rückten wir drei eng aneinander. Jeden Tag, den wir ohne Angst verleben konnten, empfanden wir immer wieder von neuem als Wohltat, als Geschenk. Abends gingen wir zu Bett mit dem einen Wunsch, dieses Glück möge uns auch am nächsten Tage gewährt bleiben. Nicht einen Augenblick erschien uns das als etwas Selbstverständliches. Wir brauchten übrigens nur daran zu denken, was tagtäglich und stündlich anderen zugefügt wurde, die keine Rispals und kein Labarde gefunden hatten.

Wir wissen nicht, ob es uns beschieden sein wird, in Labarde zu bleiben und zu überleben. Ich schreibe diese Zeilen Ende Dezember 1943 nieder. Deutschland ist wohl noch lange nicht zu Boden geschlagen. Vielleicht ist unser Aufenthalt hier nur eine letzte Gnadenfrist, die uns vom Schicksal gewährt ist. Doch wie dem immer auch sein möge, wir werden jeden halbwegs ruhigen Tag hier bewußt und dankbar gleich einem Geschenk empfangen haben.

## SELIG SIND DIE ARMEN
## IM GEISTE

Unser Milieu hier setzt sich aus zwei Komponenten zusammen. Auf der einen Seite die Insassen des Hospitals, die «Enfants», etwa 80 an der Zahl. «Enfants», Kinder, Kinder der Nächstenliebe nämlich, so werden alle Pfleglinge hier generell bezeichnet, ob es sich nun um unsere Jüngste, die fünfjährige stumme Monique, handelt oder um unsere Älteste, die bald achtzigjährige Marie Mass, die als zehnjährige Waise von der Assistance Publique hier untergebracht wurde. Fast sieben Jahrzehnte hat Marie Mass hinter diesen Mauern verbracht, viele Tausende von gleichförmigen Tagen und Nächten. Aber würde sie nicht so schrecklich den Tod fürchten, denn sie ist geistig «normal», so wäre Marie Mass restlos glücklich.

Auf der anderen Seite das Kloster, die von der Supérieure geleitete «communauté», der fünfzehn Schwestern. Ein Mikrokosmos, in dem alle profanen Werte und Maße keine Geltung haben. Doch ist darum diese kleine Welt nicht minder erfüllt von Arbeit und Mühsal, von ihren großen und kleinen Ereignissen. Aber stets getragen von dem Glauben, daß Erdentage nichts sind als ein flüchtiger, nichtiger Übergang zu dem anderen, dem ewigen Leben. Dieser Glaube verleiht den Schwestern die Kraft, auf jeden irdischen Dank, jeden irdischen Lohn zu verzichten: der zwanzigjährigen Soeur St-Félix ebenso wie der fünfundachtzigjährigen Soeur Marthe, die noch immer nicht aufgehört hat zu arbeiten.

Und diese beiden kleinen Welten hier: die Geistesschwachen, die «Abnormalen» und die sie mit solcher Hingebung betreuenden Klosterfrauen durchdringen einander zu einem Ganzen, das mich gelehrt hat, mit manchen überkommenen Begriffen weniger leichtfertig umzugehen.

«Selig sind die Armen im Geiste, denn ihrer ist das Himmelreich.»

Das Himmelreich? Sofern sie nicht an einem schmerzhaften körperlichen Gebrechen leiden, sind die Armen im Geist bereits auf Erden selig. Sie leben, ohne kämpfen zu müssen, und der Tod hat keine Schrecken für sie, sie stellen sich nichts darunter vor. Marie Mass ist «vernünftig», daher hat sie so schrecklich Angst vor dem Sterben. Dafür besitzen die anderen in ihrer «Unvernunft» jene höchste Weisheit, die sie davor bewahrt, zu leiden.

Manche von ihnen sind von einer Wahnidee befangen. Aber diese Wahnidee ist für sie bis in die letzte logische Verästelung wirklicher als unsere Realitäten.

Unter unseren «enfants» ist eine Alte, die Mémé, die früher einmal, vor langer, langer Zeit Telephonbeamtin war. Täglich führt sie an einem imaginären Apparat stundenlange, sehr angeregte Gespräche mit imaginären Partnern. Einmal, mitten während einer solchen Konversation, trat eine Schwester plötzlich ins Zimmer. «Entschuldigen Sie», sagte die Mémé ihrem Partner, «aber ich muß jetzt unterbrechen. Der Soeur de l'Annonciation ist gekommen, und was wir uns zu sagen haben, geht Sie nichts an. Ich werde Sie später wieder anrufen.»

Andere, die lethargisch hinzudämmern scheinen, werden von Zeit zu Zeit von dem Ausbruch eines Affektes wie von einem Erdbeben des Unterbewußtseins geschüttelt. Aber hier müssen sie nichts verdrängen; sie dürfen hemmungslos und ungestraft abreagieren. Man sondert sie höchstens für die Dauer der Krise ab. Im schlimmsten Fall, wenn sie tobsüchtig andere bedrohen, steckt man sie in eine Zwangsjacke. Die Strafen, welche das Dasein über uns «Normale» verhängen würde, ließen wir uns selbst immer freien Lauf, bleiben ihnen erspart. Ungleich härtere Strafen als Absonderung oder Zwangsjacke.

Da ist die Germaine, eine scheue, ruhige, allem Anschein nach völlig harmlose Person. Germaine hatte eine besondere Zuneigung zu der Soeur Benigna gefaßt; sie folgte der Schwester auf Schritt und Tritt und gehorchte ihr auf den leisesten Wink. Eines Tages wurde Soeur Benigna versetzt, und an ihre Stelle kam Soeur Marie-Bernard. Die neue Schwester stand Germaine nicht zu Gesicht, und sie ignorierte sie einfach. Doch als Soeur Marie-Bernard einmal auf Ausführung eines Auftrages bestand, stürzte sich die sonst so fügsame, stille Germaine auf die Schwester, riß ihr den Schleier herunter und überschüttete sie mit den unflätigsten Schimpfworten. Germaine hat darum ihre «Stelle» nicht verloren. Sie ist nur eine Schwachsinnige. Was wäre im gleichen Fall einer «Normalen» geschehen[?]

Noch ihren Träumen dürfen sie sich ungestört hingeben. Die meisten gleiten aus dem Erwachen in den Schlaf, aus dem Schlaf ins Erwachen, bis sie schließlich in den Tod gleiten. Weder im Wachen noch im Schlaf hat sie das Leben aufgeschreckt.

Sehr oft denke ich an die Minou. Nie habe ich sie ein Wort sprechen gehört, man hätte sie für stumm halten können.

Einer der Schlafräume für die Pfleglinge grenzt an unser Zimmer. In der Stille ist durch die dünne Wand jede Bewegung, jeder Laut daneben zu hören. Und Nacht für Nacht, immer um die gleiche Stunde, tauchte plötzlich aus dem Dunkel leise, ganz leise eine geisterhaft zarte Melodie auf. Es klang wie ein verschollenes, süßes Kinderlied, wie eine verstohlene Liebkosung. Ein tönendes Stückchen Traum.

Die Minou war es, die so vor sich hin sang, ein, zwei Minuten lang, Nacht für Nacht. Niemand verwehrte es ihr, sie war nur eine Närrin.

Eines Nachts sang sie wieder. Aber mitten drin hielt sie inne. Am Morgen fand man sie tot.

Kinder sind unsere «enfants», unabhängig von ihrem Alter, auch insofern, als ihr Wesen gleichsam im Urzustand geblieben ist.

Im Urzustande ihr Egoismus. Sie leben in einem Hause der Nächstenliebe, aber der Begriff des Nächsten existiert für die meisten von ihnen überhaupt nicht. Der Herdentrieb bewirkt, daß sie das Bedürfnis haben, sich zueinander zu drängen; doch verschwindet eine von ihnen, so merken es viele gar nicht.

Seit unserer Ankunft in Labarde sind schon mehrere Pfleglinge gestorben, Alte wie Junge. Da das Wort «Sterben» den Schwachsinnigen nichts bedeutet, macht ein Todesfall nicht den geringsten Eindruck auf sie. Und der Leichenzug, der sich unter Vorantritt der Supérieure und eines Priesters von der Kapelle zu dem kleinen Friedhof hinter dem Kloster bewegt, bietet ihnen nur eine willkommene Abwechslung. Sie fühlen sich nicht verpflichtet, eine Trauermiene aufzusetzen, ihre Geschäfte zu unterbrechen, verlogene und überflüssige Nachrufe zu halten. «Elle est partie», sie ist fort, meint höchstens die eine oder andere, wenn man sie nach der Verstorbenen befragt. Sie ist fort. Was ist da noch hinzuzufügen?

Abends im Schlafraum bleibt ein Bett leer. Nicht für lange. Denn bald wird ein neuer Pflegling eintreffen und das Bett wieder besetzt sein. Alles ist beim Alten geblieben. Ein Gesicht ist durch ein anderes ersetzt worden. Und niemand hat sich von der Verstorbenen eine Erbschaft erwartet, kein sehnlich erstrebter Posten wird durch ihr Verschwinden frei, kein Platz, um den ein Wettlauf einsetzen müßte. Ob sie noch lebte, ob sie tot ist, die Suppe für die Übrigen steht zur gewohnten Stunde auf dem Tisch.

Wir sind ja in einem Narrenhaus.

Im Urzustande auch die Offenheit dieser «Armen im Geiste». Sie können es sich leisten, ehrlich, unverblümt herauszusagen, was sie sich denken. Wenn sie sprechen, machen sie keine Worte; sie brauchen keine konventionellen Lügen.

Eines Tages komme ich mit Jacquot Rispal an dem Kuhstall vorüber. Die Louisette, deren animalische Gefräßigkeit keine Grenzen kennt, ist gerade im Begriffe, eine riesige, noch mit Schmutz bedeckte Futterrübe zu verschlingen. «Gibst du mir ein Stückchen, Louisette?» frage ich sie. Statt jeder Antwort drückt sie den Zeigefinger ans linke Auge, was soviel bedeutet wie: da kannst du lange warten. Ich stoße Jacquot an. «Und mir», sagt er, «mir gibst du auch nichts, Louisette?» – «Oh ja», kollert sie freudig mit ihrer rauhen Baßstimme und hält ihm die Rübe hin, «oh ja, Ihnen gebe ich gern etwas, weil Sie jung und schön sind, Monsieur Jacquot.»

Eines Tages erhält die Supérieure durch den Maire unserer Gemeinde die Verständigung, daß alle jene Pfleglinge, die außerhalb der Anstalt angetroffen werden könnten, mit einer Identitätskarte versehen sein müssen. Etwa fünfzehn, die zu

Feldarbeiten verwendet werden, benötigen solch ein Dokument und daher vor allem eine Photographie. Meine Frau, die sich einen Kodak verschafft hat, unterzieht sich der Aufgabe, sie aufzunehmen.

Große Sensation für die Auserwählten. Jede macht sich rasch noch ein wenig zurecht; selbst in der kläglichsten dieser Jammergestalten haftet noch eine Spur weiblicher Koketterie. Und alle anderen sind schwer enttäuscht. Sie wissen nicht, wie herrlich es ist, auf jede Identitätskarte verzichten zu können, sie ahnen nicht, was Zahllose jetzt darum gäben, jenseits von Gut und Böse aller Papiere zu sein. Sie sind unglücklich; aber am ärgsten treibt es die Madeleine.

Unter allen unseren «Kindern» ist Madeleine vielleicht das häßlichste. Kaum zwanzig Jahre alt, schaut sie wie eine verhutzelte, verkrümmte Greisin aus. Oder auch wie ein Embryo. Man muß sich an diesen Anblick erst gewöhnen, obzwar wir hier in Labarde, weiß Gott, gegen derlei recht abgehärtet sind.

Die Madeleine schluchzt herzzerreißend: sie will wie die anderen ihre Photographie und ihre «cartité» haben. Kein Zureden nützt etwas. So lange weint und bettelt sie, bis ihr meine Frau endlich verspricht: «Gut, Madeleine, du sollst deine cartité haben. Sei nur still, dann werde ich dich aufnehmen.»

Strahlend stellt sich die Madeleine in Positur. Meine Frau knipst. So. Die Operation ist beendet. Nur möchte die Madeleine ihre cartité sofort, auf der Stelle haben. Es ist nicht so einfach, ihr begreiflich zu machen, daß sie sich noch ein bißchen gedulden muss.

«Du hast doch keinen Film mehr im Apparat gehabt», sage ich meiner Frau, als wir wieder in unserem Zimmer sind. «Natürlich nicht», antwortet sie, «aber mach' dir keine Sorgen; sie wird ihre cartité haben.»

Dann schneidet meine Frau aus einer alten illustrierten Zeitschrift das Konterfei einer Filmschönheit aus: Dauerwellen, schmachtende Wimpern, großes Dekolleté, Diamantenboutons, drei Reihen Perlen. Jetzt noch ein Stückchen rosa Carton, auf dem das Bild des Filmlieblings aufgeklebt wird. Darunter malt meine Frau kalligraphisch: MADELEINE. Daß die Madeleine weder lesen noch schreiben kann, tut nichts zur Sache. Es macht sich besser so.

Ich gehe die Madeleine holen. «Siehst du», sagt ihr meine Frau, «weil du brav warst, ist deine cartité schon fertig. Hier!»

Die Madeleine nimmt den Carton, betrachtet das Bild und – gerät in einen wahren Freudentaumel. Dann läuft sie zu der Supérieure: «Ma Mère, ma Mère, ich habe sie, meine cartité und schauen Sie, wie gut ich getroffen bin!» Die Mère muß das Bild bewundern, die Schwestern, das ganze Haus. Und jedesmal wiederholt die Madeleine entzückt: «wie gut ich getroffen bin, wie gut ich getroffen bin!»

Warum sollte ihr auch der leiseste Zweifel kommen? Sie hat sich noch niemals in einem Spiegel gesehen; sie ist felsenfest davon überzeugt, daß dieses Bild des Filmstars samt Dauerwellen, Perlen und Brillanten ihr Bild ist und daher ist es auch ihr Bild. Wahr ist, was wir glauben. Und von uns «Normalen» wollen die meisten auf der cartité ihres Lebens auch nicht das Bild dessen sehen, was sie in Wirklichkeit sind, sondern eine Fiktion dessen, was sie scheinen möchten. Vielen mag es gelingen, die Umwelt zu täuschen, aber wem gelingt es bis zum Ende, auch sich selbst zu düpieren?

Von alledem weiß die schwachsinnige Madeleine nichts. Ihr Spiegel ist das Bild der Filmschönheit, ihre Illusion ist wahrer als unsere vermeintlichen Realitäten, ihre cartité identischer als so manche echte Identitätskarte.

Die Geschichte mit den Identitätskarten hat mir übrigens die Überlegenheit unserer «enfants» auch in anderer Beziehung zu Bewußtsein gebracht. Denn keine «Nichtarierin» befindet sich unter ihnen.

Hier in ihrem Heim sind sie zu Hause, ein für allemal. Und noch die verblödeteste unter ihnen ist Staatsbürgerin, die unter dem Schutz des Gesetzes steht, nichts zu befürchten hat, sich nicht verstecken muß. Wir dagegen... Wir sind Freiwild. Ein Einstein wäre hier Freiwild. Die Louisette mit ihrer Futterrübe zwischen den Zähnen, die Madeleine mit ihrer cartité, sie ahnen nicht, wie hoch sie sich in ihren Menschenrechten einem Einstein, einem Bruno Walter, einem Franz Werfel überlegen fühlen dürfen.

Selig sind die Armen im Geiste. Denn ihrer ist bereits die Erde: sofern sie «Arier» sind.

## NONNEN

Bevor mein Schicksal mich nach Labarde führte, machte ich mir von der Welt der Klosterfrauen einen oberflächlichen, herkömmlichen und daher fast ganz falschen Begriff.

Nonnen ... Das Wort läßt einen Akkord aufklingen, ruft Ideenassoziationen von etwas Strengem und Feierlichem und wieder Lieblichem und Idyllischem hervor. Kasteiung und Meditation, Orgelklang und lichte Stimmen wie von unsichtbaren Engelschören, Gebet und stilles Wandeln in blühenden Klostergärten hinter hohen, schützenden Mauern.

Was glaubte ich sonst noch von Klosterfrauen zu wissen? Daß sie allem entsagt haben, was sonst ein Frauenleben erfüllt; daß sie Kranke pflegen und Arme betreuen; daß sie Kinder unterrichten und erziehen und dann unvergleichlich sind in der Kunst, sich junge Seelen zu erobern. Ich habe eine Cousine, die ihre Mädchenjahre in einem Kloster verbrachte. Noch Jahrzehnte später, als längst verheiratete Frau, als Mutter einer erwachsenen Tochter, unternahm sie lange und beschwerliche Reisen, um eine ihrer früheren Lehrerinnen einen oder zwei Tage wiedersehen zu können. Was ich damals als ewige Backfisch-Schwärmerei belächelte, heute kann ich es sehr gut verstehen.

Was Klosterfrauen in Wirklichkeit sein können, dafür ist gleich die Mère Saint-Antoine ein Beispiel, obzwar man diese überragende Erscheinung gewiß nicht zum allgemeinen Maßstab nehmen darf.

Der Mère St-Antoine ist ihr Amt nicht bloß ein Zweck, sich das himmlische Leben zu verdienen, sondern auch ein Mittel, das irdische Leben zu bemeistern. Dieser nicht mehr jungen Frau, deren Gesundheitszustand obendrein sehr angegriffen ist, flößt der Glaube auch eine bewunderungswürdige Energie und physische Arbeitskraft ein. Ihr edles Herz ist ein Himmel, aber ihr gesunder Menschenverstand steht mit beiden Füßen fest auf der Erde. Ich sah sie ein mit Krätze bedecktes Kind lächelnd umarmen, und ich sah sie mit dem gleichen Lächeln die gröbsten Arbeiten verrichten. Ich sah sie eine Tobsüchtige durch die bloße Gewalt ihres Blicks augenblicklich bemeistern, und ich sah sie ihre große Anstalt mit dem Weitblick und der Organisationsgabe eines gewiegten Fachmanns leiten. Sie hat eine kleine Bühne installiert, auf der sie ihre Schützlinge bei besonderen Anlässen Theater spielen läßt, und sie hat Labarde mit einer Wäscherei und landwirtschaftlichen Einrichtungen versehen, die so manchem weltlichen Betrieb zum Muster dienen könnten.

Das ist die Mère St-Antoine. Eine ungewöhnliche Persönlichkeit. Aber selbst die normale Durchschnitts-Nonne führt ein ganz anderes Dasein, als man gemeinhin annimmt.

«Sie haben auf alles Weltliche verzichtet.» Das sagt sich so leicht, so gedankenlos. Aber dafür, meint man, bleibt ihnen der Existenzkampf erspart; die Sorge um das tägliche Brot; die Sorge um das Alter. Sie verbringen ihr Leben hinter Klostermauern; doch diese Mauern bewahren sie vor den Stürmen und Verheerungen, vor den Enttäuschungen und Bitternissen der Außenwelt. Sind sie im Grunde nicht zu beneiden?

Sehen wir einmal etwas näher hin.

Ja, sie sind zu beneiden. Zu beneiden aber um eine Stärke,

die sie freiwillig alle Opfer bringen ließ, mit denen sie ihren inneren und äußeren Frieden erringen konnten. Die allermeisten von diesen Frauen waren noch sehr jung, als sie den Schleier nahmen, das Leben lag noch verlockend vor ihnen, viele von ihnen waren sehr anziehend, und es fehlte nicht an Versuchungen.

Sie entsagten, mehr noch: gleichsam mit eigenen Händen töteten sie alles ab, was die Natur erheischt, was das Dasein anderer Frauen verspricht. Um diese innere Widerstandskraft sind sie zu beneiden. Und zu beneiden sind sie ferner um ihre Ausgeglichenheit, ihre heitere Resignation; um ihre lautlose, unerschöpfliche Geduld; um die rücksichtslose Härte gegen sich selbst, mit der sie die niedersten und undankbarsten Arbeiten auf sich nehmen, ohne jede andere Genugtuung, ohne jeden anderen Lohn als jenen, den ihnen ihr Glaube verheißt: um Gotteslohn. Sie sind auch noch zu beneiden um die niemals wankende Demut, mit der sie unbedingten Gehorsam üben. Jedem Befehl unterwerfen sie sich wie einer höheren Fügung, denn auch die Beschlüsse ihrer Vorgesetzten betrachten sie lediglich als Willensinstrument Gottes.

Ich drückte einmal einer Schwester meine Bewunderung vor der Entsagung aus, welche das Leben einer Klosterfrau ausmacht. «Wir haben es ja vorher gewußt», antwortete sie mir mit einer Geste, als wäre dies alles nicht der Rede wert.

Die gleiche Schwester wurde in ein anderes Haus des Ordens versetzt. Das heißt, sie erhielt nach achtzehnjähriger Dienstzeit in Labarde eines Tages den Befehl, am nächsten Morgen nach ihrem neuen Bestimmungsort abzureisen. Achtzehn Jahre, achtzehn Jahre der Gewöhnung, des Verbundenseins mit Menschen und Dingen: der Abschied fiel ihr nicht leicht, sie wäre sonst auch kein Wesen aus Fleisch und Blut.

Aber nicht eine Sekunde lang, wäre es ihr in den Sinn gekommen, nach dem Grund oder dem Sinn ihrer Versetzung zu forschen oder gar sich dagegen aufzulehnen. Sie hatte zu gehorchen, sie gehorchte. Beneidenswert.

Und beneidenswert sind sie vor allem um ihre unerschütterliche Gewißheit, daß die kurze Spanne unseres irdischen Daseins nichts ist als Vorbereitung, Übergang zum ewigen Leben.

Sonst aber – sonst [sind] sie wahrhaftig nicht zu beneiden. Sie führen ein Dasein, von dessen Härten man sich draußen schwerlich einen Begriff macht. Nehmen wir unsere Franziskanerinnen hier.

Da sind Schwestern, die unverdrossen Kranke pflegen, von denen keine je genesen kann; selbst diese Genugtuung bleibt ihnen versagt. Sie sind nicht nur Krankenpflegerinnen, sie müssen auch Irrenwärterinnen sein. Wir haben ferner hier in Labarde eine ganze Anzahl von Pfleglingen, die Nacht für Nacht ihr Bett beschmutzen, Nacht für Nacht gereinigt, umgebettet werden müssen, nicht einmal, sondern mehrmals. Und kaum eine Nacht vergeht ohne Anfälle und Schreikrisen.

Lauter Dinge, wird man anwenden, die schließlich auch zu den Obliegenheiten weltlicher Krankenpflegerinnen gehören. Richtig. Aber weltliche Schwestern versehen ihren Dienst entweder bei Tag oder bei Nacht, werden abgelöst; sie haben überdies ihre freien Tage, ihren Ausgang, ihren Urlaub. Unsere Schwestern hier dienen ohne Unterbrechung. Der Tag für alle beginnt hier um 5 Uhr morgens und endet um halb neun Uhr abends. Dazwischen ist Nachtruhe, sollte Nachtruhe sein. Doch für jene Schwestern, die in unmittelbarer Berührung mit den Kranken stehen, gibt es keine ungestörte Nachtruhe. Und von ihrer Geduld, ihrer Sanftmut will ich gar nicht reden.

Ein anderes Beispiel: Soeur Scolastique, die Köchin. Sie ist 62 Jahre alt und hat das Essen für rund hundert Personen zuzubereiten. Seit Jahrzehnten steht sie von 5 Uhr morgens angefangen an ihrem Herd, Sonntags wie wochentags, Sommer wie Winter. Sie ist schwerhörig und nichts weniger als robust. «Wenn es nicht mehr weitergehen wird», meint sie, «wird man mich ersetzen. Aber solange es weitergeht, muß ich aushalten.»

Und die übrigen Schwestern? Jede hat ihren «emploi», ihren Wirkungskreis, für den sie verantwortlich ist: Feldarbeiten, Vieh, Wäscherei, Schneiderei usw. Jede hat ein Arbeitspensum zu bewältigen, wie man es «draußen» keiner Arbeiterin, keiner Bauerndirn, nicht einmal einem Knecht zumuten würde. Keine Arbeitskraft draußen würde sich auch mit den sonstigen Lebensbedingungen zufriedengeben. Nur ganz wenige Schwestern verfügen über eine eigene, winzige, ungeheizte Zelle, die anderen bewohnen einen gemeinsamen Schlafraum.

Die Ernährung ist auch in normalen Zeiten just ausreichend, sie bei Kräften zu erhalten. Sie essen, um ihrer Arbeit nachkommen zu können. In der ärgsten Hochsommerglut müssen sie gekleidet gehen wie im Winter. Leichte Erkrankungen, selbst wenn sie recht schmerzhaft sind, dürfen erst zur Kenntnis genommen werden, bis sie zu schwerer Krankheit ausgeartet sind.

Eine Altersgrenze für die Arbeit gibt es nicht. Die allermeisten Schwestern hören erst zu arbeiten auf, wenn sie zu leben aufhören.

Und diesen Frauen sollte man nicht einmal ihr bißchen Geborgenheit vergönnen; ihnen nicht einmal vergönnen, daß die Klostermauern, die sie von allen weltlichen Freuden ausschließen, ihnen wenigstens den Lärm und die Häßlichkeit der Außenwelt abhalten?

Aber selbst noch im Schutze dieser Mauern ist es nicht immer leicht, das innere Gleichgewicht zu bewahren.

Denn man soll nicht vergessen, daß diese Frauen bei aller Selbstentäußerung Wesen aus Fleisch und Blut geblieben sind, Wesen mit menschlichen Reaktionen und Reflexen. Auch die strengste, nivellierendste Ordensregel vermag nicht alle Verschiedenheiten und Gegensätze der Charaktere und Temperamente auszugleichen, zu einer vollkommenen Einheitlichkeit zu uniformieren.

Auch hinter Klostermauern bleibt die menschliche Natur, was sie ist, und Menschenwerk Stückwerk. Auch hinter Klostermauern bewirkt der Alltag, daß selbst Wesen, die sich dem Himmel geweiht haben, sich nicht ununterbrochen in diesem Aufschwung, diesem Zustand der Gnade erhalten können und Rückfälle ins Irdische erleiden. Und von allen Nonnen, die sich berufen glaubten, sind nicht auch alle auserwählt. Nicht alle sind Heilige. Doch für diese hier ist es nur um so schwerer und verdienstlicher, das Leben von Heiligen zu führen. Sie sind noch weniger zu beneiden als jene, die niemals eine Versuchung anwandelt.

Ich weiß nicht, ob es ein Paradies gibt. Aber von den Klosterfrauen, die ich kenne, ist keine einzige, die nicht verdienen würde, ins Paradies zu kommen...

# DURCH EIN GUCKLOCH
## GESEHEN

Kloster, Krankenhaus, Krankenhaus, Kloster. Wie eingekapselt lebten wir in dieser Welt. Wir hatten kein Radio, bekamen nur sporadisch eine Zeitung zu Gesicht, eines jener infamen Blätter, die in ihrer widerlichen Hitler-Liebedienerei wie ein ins französische übersetzter «Völkischer Beobachter» anmuteten. Meine Frau und Slava gingen aus einer Arbeit in die andere: das beste Mittel, sich abzulenken, nicht zuviel nachzudenken.

Wir waren so gut wie abgeschnitten von «draußen». Immerhin suchten uns Menschen in unserem Versteck auf, und durch sie lernten wir wieder andere kennen, hörten wir dies und jenes. Und in gewisser Beziehung konnten wir von unserem Schlupfwinkel aus die Vorgänge draußen wie durch ein Guckloch fast besser beobachten und beurteilen, als wären wir selbst draußen gewesen.

Man brachte mir in meine Abgeschiedenheit sogar einige Bücher – so die Werke Eugène Le Roys – die mir sonst bestimmt entgangen wären.

Sooft es nur möglich war, machten die Rispals den Weg zu uns. Sie kamen einzeln oder zusammen, sie kamen bei Wind und Wetter, zuweilen an stockfinsteren, eisigen Winterabenden. Dazwischen schrieb uns Hélène Rispal noch: an Madame Marguerite oder Monsieur Maurice. Unseren Familiennamen kannte niemand außer der Oberin.

Ich möchte vorgreifen: es ist mir ein Bedürfnis, gleich jetzt hier nur einen dieser Briefe anzuführen, einen Brief, den sie uns an einem Tage schrieb, an dem sie aus der Entfernung spürte, daß wir uns mit neuen Sorgen, neuen Befürchtungen herumschlugen.

Im Februar 1943, kaum drei Monate nach unserer Ankunft, wurde die Mère St-Antoine zu unserem Leidwesen und unserer großen Bestürzung von Labarde abberufen und als Supérieure nach La Trene bei Bordeaux versetzt. Ihre Nachfolgerin war die Mère Espérance. Wir fragten uns, ob wir der neuen Supérieure genehm sein würden. Sollten wir nicht in Labarde bleiben können, was dann? Wo eine andere Zuflucht finden? Mit unserer Ruhe war es wieder einmal aus.

Da erhielten wir den nachfolgenden Brief Hélène Rispals, den uns ihr Gatte überbrachte:

Meine guten und teueren Freunde,
Sollten es die Ereignisse wollen, daß Ihr nicht dort bleiben könnt, wo Ihr seid, so seid nicht einen Augenblick in Unruhe deswegen. Ihr habt Euch uns anvertraut, und wir werden Euch weiter retten, und zwar bis zum Ende. Seid beruhigt, meine Teueren. Ihr habt in der Vergangenheit weit schwerere Gefahren überstanden als das Hindernis, das sich jetzt wieder vor Euch aufrichtet. Ihr gehört uns, Ihr seid in unserem Besitz, wir werden vor nichts zurückscheuen, und wir werden Euch behalten.
Mein Mann soll Euch auseinandersetzen, was ich diese Nacht beschlossen habe.
Ich umarme Euch ebenso innig, wie ich Euch liebe.
Hélène

Zu diesem Zeugnis der Treue und Hingabe ist wohl nichts hinzuzufügen.

Es würde zu weit führen, wollte ich auseinandersetzen, was
Hélène Rispal beschlossen hatte, um uns wieder in Sicherheit
zu bringen, falls die neue Supérieure mit unserem weiteren
Verbleib in Labarde nicht einverstanden gewesen wäre. Nur
soviel: die Ausführung ihres Plans wäre für die Rispals wieder
mit den größten Mühen und persönlichen Risiken verbunden
gewesen.

Glücklicherweise kam es nicht dazu. Die Nachfolgerin der
Mère St-Antoine erklärte sich bereit, uns in Labarde zu belassen. Auch die zweiundsiebzigjährige Mère Espérance ist in
ihrer Art eine hervorragende Erscheinung, wenn auch grundverschieden von ihrer Vorgängerin.

Auf den ersten Blick scheint sie schwer zugänglich; doch
hat man sich erst den Weg zu ihr gebahnt, so findet man ein
Herz voll Güte. Was man für kühle Verschlossenheit halten
könnte, ist im Grunde nur eine gewisse Schüchternheit und
Einsamkeit. Mère Espérance geht nur schwer aus sich heraus,
aber sie ist dankbar, wenn man zu ihr kommt. Es brauchte natürlich eine gewisse Übergangszeit, bis wir uns näherkamen.
Heute glaube ich sagen zu dürfen, daß wir uns ihrer ganzen
Sympathie erfreuen.

Nicht lange vor ihrer Abberufung hatte die Mère St-Antoine
übrigens in einem in der Nähe der Anstalt gelegenen Wirtschaftsgebäude noch einem «Kollegen» Asyl gewährt, einem
anderen Bedrängten, wenn dieser auch glücklicherweise nicht
unsere Erfahrungen hinter sich hatte. Aber sein Fall verdient,
erzählt zu werden.

Es handelte sich um Herrn Fanchtein, einen französischen, in Paris ansässigen, seit Jahrzehnten getauften Juden, verheiratet mit einer «hundertprozentigen Arierin», Vater von drei unmündigen Kindern.

Herr Fanchtein, der zu Beginn des Krieges eingerückt war, wurde nach dem Debakel in Belvès demobilisiert, und bei dieser Gelegenheit lernte er die Mère St-Antoine kenne. Später kehrte er nach Paris zurück, wo er als Beamter in einer Fabrik arbeitete.

Als die «décrets juifs» herauskamen, unterließ Herr Fanchtein, sich als «Nichtarier» zu melden. Niemand vermutete in ihm einen Juden. Seine Frau ist fromme Katholikin, seine Kinder besuchen eine Klosterschule. Er konnte seiner Tätigkeit ruhig weiter nachgehen.

Aber das Malheur wollte, daß er seine Identitätskarte erneuern lassen mußte. Der Beamte auf der Polizeipräfektur, der bei den Deutschen in die Schule gegangen war, schöpfte Verdacht. Fanchtein? Fanchtein? Sie sind Jude, erklärte er. Warum haben Sie sich nicht deklariert?

Herr Fanchtein protestierte, beteuerte seine «Unschuld». Nichts half. Da er den geforderten «Ariernachweis» nicht erbringen konnte, wurde er in den Anklagezustand versetzt.

Die nächste Etappe war der Untersuchungsrichter. Aber auch dieser Franzose war ein gelehriger und gefügiger Schüler der Deutschen.

«Sie sind nicht Jude?» meinte er freundlich. «Dann haben Sie gewiß auch nichts dagegen, sich vor dem Gerichtsarzt einer kleinen Prozedur zu unterziehen. Eine reine Formalität.»

Und der Gerichtsarzt, der ebenfalls wußte, was er den Deutschen schuldig war, konstatierte, daß Herr Fanchtein beschnitten ist. Er konstatierte es mit lebhaftem Bedauern, aber die Pflicht geht vor alles.

Strafverhandlung. Entrüstetes Plädoyer des Staatsanwaltes. Hämische Bemerkungen des Vorsitzenden. Urteil des französischen Gerichtshofs: Sechs Monate Gefängnis.

Zum Glück war Herr Fanchtein bis dahin auf freiem Fuß belassen worden, und es verblieben dem Delinquenten noch 4 Stunden bis zum Strafantritt, die er dazu benützte, sich der gerechten Sühne für sein Verbrechen durch Flucht zu entziehen. Er klopfte an die Tür der Mère St-Antoine an; sie verschloß sie ihm nicht.

Auch Herr Fanchtein ist einer jener französischen Juden, die früher «so etwas» in Frankreich nie für möglich gehalten hätten. Er hat mir das selbst loyal zugegeben.

Wir sind im Laufe der Zeit gute Freunde geworden.

Labarde liegt auf einem Hügel. Unten im Tal und auf den Anhöhen gegenüber sind zahlreiche Gehöfte verstreut. Allmählich wußte ich nicht nur, wem jede dieser Farmen gehörte, ich lernte vom Hörensagen auch die Besitzer kennen. Gabriel Rispal ist fast mit allen bekannt, und manchmal erzählte er uns Geschichten von seinen Bauern. Ebenso Vorms, der auf der anderen Seite von Belvès, in Guiraud, mitten unter Bauern lebte. Auch unsere Schwestern kamen mit Bauern in Berührung. So konnte ich mir ein Bild von der ländlichen Mentalität machen.

In politischer Beziehung ließ die Haltung der Bauern in den allermeisten Fällen kaum etwas zu wünschen übrig. Viele von ihnen sollten später in der Resistenz und unter den Kämpfern im Maquis tätigen Anteil an der Erhebung des Landes nehmen. Unter den Blutzeugen der Widerstandsbewegung wird man eine große Anzahl Bauern finden.

Die Dordogne galt übrigens schon im Jahre 1943 als besonders suspektes Departement und sollte von dem Terror der deutschen «Repressalien» immer ärger heimgesucht werden.

Was dagegen das soziale Verhalten der Landleute, ihre Einstellung zu der notleidenden Bevölkerung in den Städten betrifft, so kann man nicht gerade behaupten, daß sie von besonderer Nächstenliebe beseelt waren. Hörte man den Bauern zu, so hatten sie zwar alles Mitgefühl für die armen Teufel in der Stadt; das heißt für jene, die es sich nicht leisten konnten, die auf dem schwarzen Markt unerbittlich in die Höhe getriebenen Preise zu bezahlen – aber dabei blieb es auch, von vereinzelten rühmlichen Ausnahmen abgesehen.

Ein kleines, doch sehr charakteristisches Erlebnis, das Rispal zum Besten gab: Er hatte einen sehr begüterten Bauern gebeten, ihm zu einem halbwegs erschwinglichen Preis 2 Kilo Speck zu überlassen, um sie Freunden, Arbeitern, nach Paris zu schicken. Aber der Bauer wollte nichts davon wissen. Rispal redete ihm ins Gewissen, schilderte ihm eindringlich die Entbehrungen einer kinderreichen Familie in der Großstadt. Der Bauer höre aufmerksam zu, überlegte einen Augenblick und erklärte schließlich mit bekümmerter Miene: «Arme Leute! Aber an Ihrer Stelle würde ich ihnen nichts schicken. Denn, sehen Sie, Ihre Freunde in Paris sind das Hungern bereits längst gewöhnt. Wie lange reicht schon so ein Lebensmittelpaket? Einige Tage. Und dann wird es Ihre Leute nur um so schwerer ankommen, mit dem Hungern wieder von vorn zu beginnen. Nein, glauben Sie mir, Sie täten viel besser daran, überhaupt nichts zu schicken, selbst wenn ich Ihnen den Speck schenkte.»

Nicht lange nach unserer Ankunft brachten uns die Rispals ihren Neffen René Mathieu, Lehrer und Bürgermeister in St-Cernin de l'Herm, einem Marktflecken in der Dordogne. Mathieu war es gewesen, der, ohne uns zu kennen, falsche Papiere für uns ausgestellt hatte. Wir lernten auch seine charmante Frau Henriette kennen, ebenfalls Lehrerin, später noch deren Schwester Madame Rousset, Lehrerin an der Ecole St-Esprit in Bergerac und Gattin eines kriegsgefangenen Lehrers. In der Folge sollten sie alle eine wichtige Rolle in der Resistenz spielen.

Durch die Mathieus und Madame Rousset gewann ich einen Einblick in die bewunderungswürdige klandestine Arbeit, die ein großer Teil der Lehrerschaft in- und außerhalb der Schule leistete. Innerhalb der Schule haben es diese mutigen Männer und Frauen verstanden, den Kindern gleichsam durch die Blume des Unterrichtes die Wahrheit über die Deutschen zu sagen. Um zu ermessen, welche Kunst diese Art von Unterricht bedeutete, muß man beispielsweise wissen, daß ein Unterrichtsminister wie Abel Bonnard, Mitglied der Académie française, sich nicht entblödet hatte, unliebsame Dinge wie die Französische Revolution und die napoleonischen Siege einfach aus dem Unterricht zu streichen. Dagegen war es vorgeschrieben, auf die verhängnisvollen Fehler hinzuweisen, die Frankreich sich seit jeher dem friedlichen Deutschland hatte zuschulden kommen lassen, und zugleich die Größe und Großmut des Dritten Reiches ins hellste Licht zu rücken.

Riskierten diese Männer und Frauen schon innerhalb der Schule täglich, ihre Existenz und ihre Freiheit zu verlieren, so setzten sie außerhalb der Schule ihr Leben unerschrocken aufs Spiel. Was sie neben der geistigen Sabotage noch später in der aktiven Resistenz und im Maquis geleistet haben, sollte ihnen niemals vergessen werden.

Für einen René Mathieu ist es allmählich zum Hauptberuf geworden, Refraktären Unterschlupf und Nahrung zu verschaffen, Waffen zu verstecken, sich verfolgter Juden anzunehmen, der Resistenz geheime Nachrichten zu übermitteln, falsche Identitäten und Lebensmittelkarten auszustellen. Daß dieser Mann sich bisher noch in Freiheit, noch am Leben befindet, ist schier ein Wunder.

Mathieu hat übrigens noch vor Ausbruch des Kriegs und auf einem ganz anderen Gebiete unglaubliche Dinge durchgesetzt.

Er brachte es zuwege, in einer Gemeinde die Kanalisation einzuführen, seine Schule mit kalten und warmen Duschen, Garderobenkästen etc. auszustatten. Revolutionäre Taten, wenn man die Lebensverhältnisse bei der Landbevölkerung des Périgord bedenkt. Unter dem Vorwand der Tradition, der Altvätersitte, herrscht selbst bei wohlhabenden Bauern eine Rückständigkeit, ein Mangel an Reinlichkeit, ein Analphabetentum der Hygiene, wie man es in Westeuropa kaum für möglich halten würde. Versucht man aufzuklären, eines Besseren zu belehren, so stößt man überall auf das gleiche eigensinnige, allmächtige Argument: «C'est comme ça», es ist nun einmal so.

Man kann es Mathieu glauben, daß er die heftigsten Widerstände, ja Anfeindungen zu überwinden hatte. Jetzt freilich sind sie in ihrer Gemeinde alle sehr stolz auf ihren Lehrer und Bürgermeister.

Für uns war ein Besuch der Mathieus etwas wie ein leichtes Angeheitertsein. Nicht nur, daß sie beladen kamen mit allen möglichen guten Dingen; aber waren sie mit der Verteilung

ihrer Liebesgaben zu Ende, so begann Mathieu seinen ungestümen, jeden Einwand überrennenden Optimismus auszupa-
cken. Er ist ein Zauberkünstler, ein Alchimist der Interpreta-
tion: selbst die deprimierendste Nachricht verwandelt er flugs
in das Gold der Zuversicht.

Sein Optimismus kann anstecken wirken. Im Herbst 1943
ließen wir uns von ihm sogar zu dem großen Leichtsinn über-
reden, uns für ein einziges Mal aus unserem Versteck hervor-
zutrauen und einen Tag bei ihm in seinem Hause in St-Cernin
zu verbringen. Er holte uns mit einem Auto ab, und brachte
uns abends wieder heim. Alles lief gut ab und Mathieu trium-
phierte; hatte er doch wieder einmal recht behalten.

Ein Tag, an den wir noch lange zurückdachten. Ein Fest
der Gastfreundschaft, das aber eine seltsame Wirkung auf uns
ausübte, betäubend und wieder erregend gleich einem alten
Wein, der vergessen macht und zugleich Gespenster herauf-
beschwört.

Wir saßen an einem schön gedeckten Tisch. In einem Heim,
einem Familienheim mit seiner Atmosphäre von Gleichgewicht und Dauer, mit seinen hundert Dingen, zusammenge-
tragen im Lauf der Jahrzehnte, überkommen von Generation
zu Generation. Lauter Dinge, die man gewiß entbehren kann,
wenn es sein muß, aber man hängt an ihnen.

Auch wir hatten einmal solch ein Heim mit hundert über-
flüssigen, doch so vertrauten Dingen. Waren es wirklich erst
fünf Jahre her, daß wir hinausgestoßen wurden? Waren es
nicht fünf Jahrzehnte, fünf Jahrhunderte?

Man mag noch so fühllos an dem Grab seines früheren Ich
stehen – es kommen Augenblicke, da man sich seiner selbst
nicht erwehren kann. Plötzlich tut sich das Grab auf.

Nicht daß ich undankbar gewesen wäre, vergessen hätte,

daß uns nur ein Wunder unser Zimmer in Labarde hatte finden lassen; nicht daß ich die Wärme und Herzlichkeit, die uns umgab, nicht in vollen Zügen genossen hätte. Aber ich konnte nicht verhindern, daß ich plötzlich uns selbst, mich selbst wie längst Verstorbene erblickte. Und nicht die Gegenwart, die Vergangenheit war es, die mir unbegreiflich, gespenstisch erschien.

Ein prächtiger Mensch noch, den ich in Labarde kennengelernt habe, ist Herr Maisonneuve, der maire von Ste Foy, unserer Gemeinde. Er war von der Mère St-Antoine in unsere Situation eingeweiht worden. Seit Jahr und Tag stellt er falsche Lebensmittelkarten für uns aus.

Auch er schaut hie und da nach uns, allein oder mit seiner hochbetagten Mutter, einer noch sehr rüstigen, rotwangigen alten Dame, deren Augen in der Frische einer unverbrauchten Güte leuchten. Unendlich rührend ist die Liebe dieses Sohnes zu dieser Mutter; sie hat ihm nicht nur das Leben gegeben, sie ist auch sein ganzes Leben, man spürt das an jedem Wort, an jedem Blick zwischen den beiden. Und diese Liebe ist auch der Antrieb zu dem Guten, das diese beiden Menschen üben, bewahrt sie vor dem Abstumpfen.

Einige Zeit nach dem Abgang der Mère St-Antoine kam aus dem Mutterhause des Ordens, der Devèze, die Generaloberin Mère Sainte-Anne auf Inspektion nach Labarde.

Ich hatte ein längeres Gespräch mit dieser bedeutenden Frau, und statt jeder Charakteristik möchte ich mich darauf beschränken, einige ihrer Äußerungen wiederzugeben.

So zum Beispiel sagte sie mir: «Ich habe in dem unserem Orden gehörigen Haus in Rolleville bei Le Havre fast vor den

Augen der Deutschen zwei jüdische Familien versteckt und setze meinen ganzen Ehrgeiz darein, sie in eine bessere Zukunft zu retten. Mehrere Monate hindurch habe ich auch englische Soldaten beherbergt.» Ferner: «Wir im Kloster haben uns nicht um Politik zu kümmern. Das hindert jedoch nicht, daß wir wissen müssen, was vorgeht, schon um zu erkennen, wo unsere Pflicht als Menschen und Französinnen ist.»

Endlich: «Wer über der unmittelbaren Gegenwart nicht die Vorzeichen der Zukunft übersehen will, muß die Augen offen halten, aber gleichzeitig oft die Ohren verschließen.»

Während ich die Mère St-Anne sprechen hörte, dachte ich mit Bewunderung daran, daß die Größe der katholischen Kirche nicht zuletzt auch darin besteht, an die richtige Stelle die richtige Persönlichkeit zu setzen.

Selbst wenn es von den Deutschen eines Tages vielleicht in Schutt und Asche gelegt werden sollte, wird Rom dennoch die Ewige Stadt bleiben.

## MUSIK

Eines Tages, im Herbst 1943, brachte uns Gabriel Rispal ein umfangreiches Paket. Als wir es öffneten, trauten wir kaum unseren Augen: ein Radioapparat kam zum Vorschein.

Der eigene Apparat der Rispals. Sie hatten gefunden, daß wir in unserer Einsamkeit nicht länger ohne Radio bleiben könnten. Und da es nicht möglich war, einen anderen Apparat aufzutreiben, so stellten sie uns eben ihren eigenen zur Verfügung...

Wir hatten also ein Radio. Etwas Zauberhaftes. Das bedeutete nicht nur, daß wir London, New York, Algier hören konnten; das bedeutete auch, daß wir etwas längst Entbehrtes, längst Verlorenes wiederfanden: Musik. Konzerte, Opern, Gesang. In Labarde. Schon das Vorgenießen dieses Genusses war etwas Köstliches.

Kaum hatten wir den Apparat installiert, so begannen wir auch schon von einer Station zur anderen zu laufen, gierig von allem zu naschen.

Es gab Musik, die mir eine völlige Evasion aus der Zeit, nicht bloß aus der Gegenwart gewährte. Hörte ich Mozart, so litt ich nicht mehr an der Gegenwart, schleppte ich nicht mehr die Last der Vergangenheit mit mir, spürte ich nicht mehr die Beklemmung der kommenden Tage. Ich fühlte mein dunkles Schicksal von mir abfallen. Es konnte wie ein seliges Sichauflösen sein, ein Tod ohne Sterben.

Beethoven? Beethoven machte mich die Gegenwart vergessen. Eine Botschaft, daß es über der frechen Blasphemie dieser Zeit noch ein Reich Gottes im Menschen gibt. Jene Botschaft, die in der dritten Leonoren-Ouvertüre von der Trompete hinter der Szene verkündet wird; vom Himmel scheint sie zu kommen. Beethoven gab mir eine Erschütterung, die ohne Grauen war; Tränen, die nicht Verzweiflung waren, sondern Erlösung, Aufbrechen des Herzens, strömender Regen nach langer, schrecklicher Dürre. Hinter der scheußlichen Fratze der Gegenwart wurde wieder die tragische Schönheit eines anderen Lebens offenbar.

Aber noch anderes wurde offenbar. Während Mozart alles zu einer einzigen Berückung verschmolz, konnte Beethoven plötzlich etwas wie einen Schrei aufsteigen machen, einen Schrei, der sich nicht zurückdrängen läßt.

Es ist nicht wahr, daß schöne Erinnerungen ein Trost sein müssen; sie können tröstlich sein, wenn sie noch durch irgendein Band mit der Gegenwart verknüpft sind. Aber sonst können solche Erinnerungen peinigend sein, wie eine letzte Erkenntnis in schlafloser Nacht, wenn man nach Atem ringt, können solche Erinnerungen das Bewußtsein der Gegenwart, das Bewußtsein dessen, was aus einem geworden ist, nur um so unerbittlicher hervortreiben. Mahnung an die vielen Tode, die man inzwischen gestorben, an alles, was inzwischen in einem abgestorben ist.

Wien. Wien vor März 1938. Der Große Musikvereinssaal. Festliche Gehobenheit der Philharmonischen Konzerte. Das scheinbar konfuse Stimmen der Instrumente, an sich schon eine Symphonie wunderbarer Verheißungen. Die familiären Gesichter im Orchester. Das Dirigentenpult. Franz Schalk, Felix Weingartner, Bruno Walter.

Die Wiener Oper. Fidelio. Und da sehe ich plötzlich, nach Jahrzehnten, Gustav Mahler wieder vor mir, sein erlauchtes, illuminiertes Asketen-Antlitz, Antlitz eines Herrschers und Büßers von des Genies Gnaden, spürte ich plötzlich in jedem Nerv wieder die Spannung und feierliche Weihe des Augenblicks, wenn er in dem verdunkelten Hause den Taktstock zum Beginn hob. Vom Konzertmeisterpult aus hält Arnold Rosé den Blick auf ihn gerichtet, den Bogen zum Anstrich bereit. Bei den Celli sitzt Friedrich Buxbaum. Die Mildenburg singt die Leonore, Schmedes den Florestan, Hesch den Rocco, Demuth den Gouverneur. Ich sehe, ich höre sie noch.

Dann die letzte Fidelio-Aufführung, die ich noch zu Beginn 1938 erlebte. Und das «Lied von der Erde», das Lied von einer anderen Erde. Bruno Walter dirigierte an beiden Abenden, der große Jünger und Erbe Gustav Mahlers.

Nach der Invasion Österreichs hatte sich Bruno Walter nach Frankreich gewendet und dort die französische Staatsbürgerschaft angenommen. Herriot überbrachte ihm persönlich das Naturalisationsdekret.

Anläßlich eines Besuchs, den ich ihm in Paris abstattete, sagte mir François Mauriac, wie stolz er auf diesen seinen neuen Kompatrioten sei. Mauriac hatte einigen von Bruno Walter geleiteten Aufführungen im Salzburger Festspielhaus beigewohnt. Später hatte er noch in der Wiener Staatsoper die von Walter neueinstudierte «Carmen» gehört. «Ich hatte tatsächlich den Eindruck», sagte Mauriac, «die Oper zum erstenmal zu hören. Kein Franzose hat jemals noch das Werk Bizets so zu offenbaren gewußt.»

Bruno Walter hat sich noch rechtzeitig retten können. Das

Frankreich Pétains hätte keinen Augenblick lang gezögert, den Juif Bruno Walter den Deutschen auszuliefern.

Gustav Mahler seit langem tot. Bruno Walter zum Glück in Amerika, außerhalb der Griffweite des Hakenkreuz-Reptils. Sonst wären sie beide in einem Konzentrationslager elend umgekommen. Gustav Mahler, Bruno Walter: zwei auszurottende «jüdische Schädlinge».

Wie viele solcher Schädlinge waren vielleicht unter den zahllosen jüdischen Kindern, die von den Deutschen, dem Volk der Hitler und der Henker, hingemordet worden sind? Wie viele solcher Schädlinge, Genies, die berufen gewesen wären, auf allen Gebieten der Kunst und Wissenschaft der Welt Großes zu geben, sind schon im Keim in den «Vernichtungslagern» erstickt worden?

## EUGÈNE LE ROY

Dem Aufenthalt in Labarde verdanke ich, auch die Bücher Eugène Le Roys kennengelernt zu haben.

Obzwar ich von Jugend auf bestrebt war, mich mit französischer Literatur halbwegs vertraut zu machen, muß ich gestehen, daß ich diesen großen Epiker nicht einmal dem Namen nach kannte. Aber ich darf zur Entschuldigung anführen, daß ich diese Unterlassungssünde mit sehr vielen, sonst sehr belesenen Franzosen teile. Le Roy kann nicht in Vergessenheit geraten, doch von dem großen Publikum ist er noch zu «entdecken».

Er ist seit langem tot – seit 1907. Es ist gut, daß er einer ganz anderen Generation angehörte, sein edles Herz hätte diese unsere Welt schwerlich ertragen. Höchstwahrscheinlich hätte dieser große Franzose in einem Konzentrationslager geendet.

Nicht bloß ihrer Entstehungszeit, auch ihrer ganzen Art nach liegen die Werke Eugène Le Roys scheinbar weit, weit abseits von jeder «Aktualität». Auch von jeder Mode. Doch gerade dies macht ihren unwandelbaren Wert, ihre alterslose Schönheit aus. In ihrer Einfachheit, Breite, Ruhe und Harmonie stehen sie über der Zeit wie die Natur selbst. Kunstlos und mühelos scheinen sie dem fruchtbaren Erdreich des Périgord entsprossen gleich einer köstlichen Frucht. Aber sie sind die Schöpfung eines großen Dichters und lauteren Menschen.

Die Erzählungen Eugène Le Roys beschränken sich scheinbar alle auf Land und Leute des Périgord, dieser eigenartigen

Region des französischen Südostens. In Wahrheit jedoch um-
spannen sie die ganze Welt, ist ihr fesselndes Lokalkolorit, ihre
charakteristische Folklore ein Reflex des ganzen Lebens. Und
sie sind tiefe, abgeklärte Weisheit eines Herzens, das schon
langsamer schlägt, aber niemals nachließ, sich der Schwachen
und Bedrängten anzunehmen, niemals überdrüssig wurde,
sich gegen Unrecht, Lüge und Pharisäertum aufzulehnen, mag
das Übel auch von den geschriebenen und ungeschriebenen
Gesetzen der bürgerlichen Gesellschaftsordnung und Moral
sanktioniert sein. Daher die Anfeindungen, denen Le Roy in
gewissen reaktionären oder auch nur konservativen Kreisen
begegnete, obzwar er die Politik verabscheute und niemals
einer Partei angehörte.

In seiner makellosen Ethik war das Leben Eugène Le Roys
eins mit seinem Werk: er verachtete Ehren und Gewinn, ver-
schmähte jede Reklame, kannte keinen Ehrgeiz, keine Eitelkeit, war zu keinem Kompromiß, keiner Konzession zu haben.
Er wollte keine Carrière machen, nicht arrivieren. Nichts anderes wollte er als aufrecht seinen geraden Weg gehen.

Es liegt eine innere Logik darin, daß er fast sechzig Jahre alt
war, als er durch einen Zufall «entdeckt» wurde.

Der Senator Aleide Dusolier kaufte eines Tages auf einer
kleinen Bahnstation im Périgord, während er auf den Zug nach
Périgueux wartete, eine Nummer der Lokalzeitung «L'Echo de
la Dordogne» und las aus purer Langeweile auch das Feuilleton, eine Fortsetzung des Romans «Le Moulin du Frau» von
einem gewissen Eugène Le Roy. Dusolier war davon so entzückt, daß er in Périgueux auf die Redaktion der Zeitung ging,
um Näheres über Werk und Verfasser zu erfahren.

Eugène Le Roy? Ein alter Sonderling, sagte man ihm, ein

bescheidener Steuerbeamter in Montignac, der sich in seinen freien Stunden als Schriftsteller betätigt. Der Senator
fuhr nach Montignac, suchte Eugène Le Roy auf und entwand
ihm schließlich fast mit Gewalt die Erlaubnis, seinen Roman
dem Verleger Dreyfus in Paris zu übergeben, der «Le Moulin
du Frau» sofort veröffentlichte. Dusolier hatte sich nicht ge-
täuscht: Das Buch war ein großer Erfolg. Émile Zola, Alphonse
Daudet drückten dem Autor ihre Bewunderung aus. Man legte
ihm nahe, doch nach Paris zu übersiedeln.

Aber bis zu seinem Lebensende weigerte sich Eugène Le
Roy eigensinnig, seinen Winkel im Périgord zu verlassen. Er
lehnte sogar die Ehrenlegion ab, wollte nichts anderes sein
und bleiben als der bescheidene Steuerbeamte in Montignac.
Ein wunderlicher Kauz. Und bei dem Gedanken, daß man ihm
eines Tages nach seinem Tode in Montignac ein feierliches
Denkmal errichten würde, hätte er bloß gelächelt.

Es ist keineswegs meine Absicht, hier eine Darstellung von
dem Werk und Leben Eugène Le Roys geben zu wollen. Was
ich bezwecke, ist lediglich, auf ihn hinzuweisen. Menschen,
die guten Willens sind und leiden, vielleicht einen Freund zu
übermitteln.

Mehr denn je braucht man heute Bücher, die nicht bloß «Literatur» sind; die noch etwas anderes geben als prätentiöse,
blendende, aber leere und unfruchtbare artistische Spiele und
Spielereien. Mehr denn je braucht man heute Bücher, die aus
einem fühlenden Herzen und nicht aus einem berechnenden
Verstand kommen. Bücher, die uns bei der Hand nehmen, uns
führen. Bücher, die helfen.

Allen jenen, die solcher Hilfe bedürfen, kann ich nur raten:
Lest von den Werken Eugène Le Roys zumindest «Le Moulin

du Frau» und «Jacqou le Croquant». Aber vor allen Le Moulin du Frau. Lest dieses wunderbare Buch und, wenn ihr Kinder habt, gebt es ihnen zu lesen.

Es wird ihnen vielleicht später einmal im Leben die so schwere Aufgabe erleichtern, ein anständiger Mensch zu bleiben; es wird später einmal auch ihre Herzen davor bewahren, in Gleichgültigkeit und Trägheit zu verdorren.

Lauter Dinge freilich, die heute in Verruf geraten sind, die man überlegen belächelt. Doch ebendeshalb mögen sie wichtiger sein denn je. Und ebendeshalb ist das Werk Eugène Le Roys dazu berufen, auch diese Zeit zu überdauern, so wie es in seiner stolzen Bescheidenheit und Einsamkeit viele gestern noch sich überall laut vordrängende und heute schon vergessene Namen überlebt hat.

## DENUNZIANTEN

Ein etwa zwölfjähriger Knabe betritt in Bergerac das Gebäude der Gestapo. «Was suchst du hier?» fragt man ihn. «Ich bin aus Belvès», erklärt der Bub, «ich brauche Geld und komme einen Juden denunzieren.»

Sofort wird er zu einem freundlichen Beamten geführt, dem er Namen und Adresse eines in Belvès versteckten Elsässer Juden angibt: Salomon, rue Pelevade in Belvès. Dann erhält er seine Prämie ausbezahlt, 500 Franken, und zieht ab.

Aber damit gibt er sich noch nicht zufrieden. Das Bürschchen fährt mit dem nächsten Zug heim und sucht stracks Herrn Salomon auf. Von Gewissensbissen getrieben? Das hieße, diese hoffnungsvolle Jugend gründlich verkennen. Der Junge hat sich vielmehr einen Plan zurechtgelegt, mit dem er zwei Fliegen auf einen Schlag treffen will. Das Geschäft soll ihm doppelt eintragen.

«Erschrecken Sie nicht», sagt er zur Einleitung Herrn Salomon. «Ich komme in einer für Sie sehr ernsten Angelegenheit. Fragen Sie mich nicht, wieso, aber durch einen Zufall weiß ich ganz bestimmt, daß Sie heute der Gestapo in Bergerac denunziert worden sind. Für diese Mitteilung ersuche ich Sie um 2500 Franken. Das ist sehr wenig, aber ich wollte Ihnen vor allem einen Dienst erweisen.»

Herr Salomon packte seinen Wohltäter beim Kragen und setzte ihn vor die Tür. Dann ging er zu Gabriel Rispal und erzählte ihm die ganze Geschichte. Rispal machte den Buben ausfindig und nahm ihn so lange ins Gebet, bis er schließlich

mürbe wurde und alles gestand. Dann brachte er den kleinen
Denunzianten zu dem Gendarmerie-Brigadier Dubeau, der
schon damals im Geheimen für die Resistenz arbeitete. Dubeau sperrte den Buben ein. Aber das änderte nichts an der
Tatsache, daß Salomon noch am gleichen Abend mit seiner Familie aus Belvès verschwinden mußte. Sie flüchteten zu Mathieu nach St-Cernin. Und Salomon hatte in der Tat keine Zeit
zu verlieren gehabt: nach Mitternacht kamen in einem Auto
vier Gestapo-Leute aus Bergerac, um den Juden «auszuhe-
ben». Sie mussten sich diesmal damit begnügen, die Wohnung
sorgfältig auszuplündern.

«Ich brauche Geld und komme denunzieren.» Das ist das An-
gebertum, auf seine nackte, brutalste Formel gebracht. Die
Deutschen hatten richtig spekuliert, als sie sich von diesem
Handel mit Menschenqual und Menschenleben die schönsten
Erfolge versprachen. Und was die Prämien betrifft, so ließen
sie sich nicht lumpen: das begann mit einigen hundert Franken und ging bis in die Hunderttausende, ja bis in die Millionen. Wer Augen und Ohren offenhielt, konnte sich mühelos
die prächtigsten Renten sichern. Für die anderen Kollaborateure lag das Geld auf der Straße, sie brauchten sich nur zu
bücken, vor den Deutschen zu bücken, um es aufzuheben. Die
Denunzianten brauchten sich nicht einmal zu bücken: sie hatten nur den Mund aufzutun und einen Namen auszuspeien.
Das war alles.

Aber die Deutschen konnten von ihrem Budget für Judas-
löhne sogar erhebliche Summen ersparen, denn neben den
Professionals der Denunziation fanden sich noch viele freiwillige Amateure, die dieses Geschäft vermittels anonymer Briefe
völlig uneigennützig verrichteten. Dieser Kategorie von De-

nunzianten, männlichen und weiblichen, war das Bewußtsein, Mitmenschen in Tortur und Tod getrieben zu haben, mehr wert als alles.

Selbst mit den ganzen Vervollkommnungen in der Technik ihres Terrors wäre es den Deutschen nicht möglich gewesen, soviel Böses in Frankreich zu verüben, hätten sie nicht oft zu Pfadfindern ihrer Untaten die Denunzianten gehabt. Zu jedem Fang, der ihnen gelang, zu jeder Untat, die sie ausbrüteten, gehörten spezielle Lokal- und Personalkenntnisse, die sie sich nur durch Angeber verschaffen konnten. Vielfach wurden sie durch solche Franzosen auf Dinge gebracht, auf die sie von selbst überhaupt nicht gekommen wären. Der heimtückischste, gefährlichste Feind der Resistenz war die unsichtbare, unhörbare Assistenz der Denunziation.

Es wäre wahrlich schon an der deutschen Gestapo genug gewesen. Aber ihr zur Seite war noch neben der offiziellen die offiziöse und private französische Gestapo.

Sehr merkwürdig war auch die Einstellung gewisser Franzosen jenen Denunzianten gegenüber, die von der Resistenz entdeckt und verti[l]gt wurden.

Hörte man diesen Leuten zu, so hätte man glauben müssen, daß es sich nicht um Elende handelte, die endlich eine gerechte Strafe ereilt hatte, sondern um Unschuldige, die von den «Terroristen» wahllos niedergemacht wurden. Entsetzt schlugen die Gevatter und Gevatterinnen die Hände über dem Kopf zusammen: seht, da waren harmlose, friedliche Bürger, die keiner Fliege etwas zuleide taten, und eines Tages wurden sie aus dem Hinterhalt meuchlings über den Haufen geschossen. Wohin sollte das noch führen, wer war da noch seines Lebens sicher!

Vergebliche Mühe, ihnen den Zusammenhang zwischen der sich im Dunkel abspielenden Ursache und der Wirkung klarmachen zu wollen.

Das Lamento dieser empfindsamen Gemüter war den Deutschen und deren französischen Komplizen natürlich höchst willkommen. Diente es ihnen doch als effektvolle melodramatische Untermalung zu ihrer Propaganda gegen die «Terroristen», die «Banditen» und «Kommunisten», um nur die geläufigsten Bezeichnungen anzuführen, die in der Presse und im Radio gegen die Resistenz in Umlauf gebracht wurden. Ja, die Deutschen hatten sogar den Einfall, wirklich Unschuldige von französischen «assassins provocateurs» niedermachen zu lassen. Man erinnere sich nur an die Ermordung des ehemaligen Ministerpräsidenten Sarraut und anderer. Händeringend schoben die dann das Verbrechen der Resistenz in die Schuhe, heulten die Mörder um die Wette: «Haltet den Mörder!» Damit ließ sich eine Stimmung erzeugen, die frech dazu ausgenützt werden konnte, die Resistenz auch bei manchen Sympathisierenden in Misskredit zu bringen.

Die Okkupation hat aus Frankreich gleich einem großartigen Schatz die okkulten Kräfte der Resistenz zutage gefördert. Zugleich damit leider auch gleich einem ekelerregenden Haufen von Gewürm die Infamie des Denunziantentums.

## STATT EINES KAPITELS
## ÜBER DIE RESISTENZ

Eine Darstellung der Resistenz in Frankreich würde nicht ein Kapitel, sondern ein ganzes Buch erfordern. Dieses Buch wird in den verschiedensten Varianten von den verschiedensten Autoren verfaßt werden. Gar nicht zu sprechen von der Darstellung, welche die Resistenz in sublimierter Form auf allen anderen Gebieten der Kunst: Roman, Dichtung, Malerei, Musik, Skulptur, Theater finden wird.

Die Resistenz: das waren nicht nur die Männer im Maquis, die ein Troglodytendasein führten und deren heroische, oft nur mit den primitivsten Mitteln, gleichsam mit bloßen Händen vollführte Ruhmestaten würdig sind, der Nachwelt überliefert zu werden. Das waren nicht nur diese maquisards, Franzosen und Fremde, diese Partisanen, die in unwegsamem Dickicht, in Höhlen, Bergschluchten und Wäldern nisteten und trotz ihrer meist sehr mangelhaften Ausrüstung Unglaubliches gegen eine erdrückende Übermacht, gegen schwere Geschütze, Tanks und Bombadiers leisteten. Das waren nicht nur die «Refraktäre», die in ihren Verstecken in der Stadt und auf dem Land lieber die ärgsten Gefahren und Entbehrungen auf sich nahmen, als sich zur Sklavenarbeit für die Deutschen pressen zu lassen.

Resistenz: das war auch jene andere Guerilla, jene geheime Armee ohne Unterschied des Alters und des Geschlechtes, jene andere geheime Armee ohne Waffen und ohne Abzeichen, die in schier unbegrenzter Vielfalt das ganze Land gleich einem unsichtbaren und unzerreißbaren Netz des Widerstandes überzog. Jene Millionen-Armee, Männer wie Frauen, die sich in allen Klassen, Ständen und Berufen gegen den Unterdrücker schlug.

Jene Armee, die auch Tag für Tag ihre Toten und spurlos Vermißten auf dem Schlachtfelde ließ: auf den Exekutionsplätzen und in den Torturräumen der Gestapo, der deutschen wie der von Vichy beigestellten französischen.

So ganz nebenbei bemerkt und dies ohne die leiseste Ironie: daß es möglich war, sozusagen vor der Nase der Deutschen die Resistenz zu einer so großartigen Organisation auszubauen; daß der deutsche Terror mit allen Greueln seiner Repressionsmethoden nicht imstande war, die Resistenz einzudämmen; daß diese Resistenz oft dort auftauchen konnte, wo man sie am allerwenigsten vermutet hätte: das alles scheint nicht so erstaunlich wie der Umstand, daß die Resistenz auch der gedankenlosen, leichtfertigen, vertrauensseligen Geschwätzigkeit ringsum gewachsen war.

In gewissem Sinn ist Diskretion eine französische Nationaltugend. Es gibt kaum ein zweites Land, wo man so taktvoll wie in Frankreich von neugierigen und lästigen Fragen verschont bleibt. Andererseits findet man auch kaum ein zweites Land, wo die sogenannten Siegel der Verschwiegenheit mit solcher Leichtigkeit wenn auch nicht gerade gebrochen, so doch wenigstens ein bißchen gelüftet werden. Man bewahrt das Geheimnis, indem man es unter dem Siegel der strengsten Verschwiegenheit einem anderen anvertraut oder es zumindest durch nicht mißzuverstehende Anspielungen, augenzwinkernde Andeutungen erraten läßt. Nicht aus böser Absicht, bloß aus der Sucht, sich interessant, wichtig zu machen, zu imponieren, zu verblüffen, besser informiert zu erscheinen als die anderen gewöhnlichen Sterblichen.

Die Resistenz kann ein Lied davon singen, wie durch Indiskretionen solcher Art oft das schwerste Unheil angerichtet wird.

Das große Antlitz der französischen Resistenz nahm zahllose Formen, zahllose Gesichter an. In dem bescheidenen Rahmen dieses Buchs muß ich mich darauf beschränken, flüchtig einige kleine Beispiele anzuführen, wie ich sie durch mein Guckloch in Labarde beobachten durfte. Ich will dabei nicht einmal die klandestinen Leistungen eines Jean Cassou, eines Pierre Vorms, die ich verfolgen konnte, erwähnen. Die Taten und Initiativen solcher Männer gehören schon dem «braintrust», dem geistigen Generalstab der Resistenz an. Hier nur ein paar Episoden, ein paar Augenblicksaufnahmen.

In einer Mädchenschule setzte die Lehrerin ihren Schülerinnen auseinander, wieso sie die Truppenbewegungen der Deutschen in der Stadt unauffällig beobachten könnten, um ihr dann davon Mitteilung zu machen. Diese Beobachtungen wurden an einen in der Nähe von Bergerac kampierenden Maquis weitergeleitet. Zum Schluß ihrer Erläuterungen meinte die Lehrerin: «Wißt ihr, daß ich allein für die Dinge, die ich euch eben erklärt habe, noch heute ins Gefängnis kommen kann?» Worauf eine Stimme aus dem Hintergrund prompt ertönte: «Auf uns können Sie sich verlassen, Madame. Und sollten Sie heute ins Gefängnis kommen, so würden Sie spätestens morgen durch uns befreit sein.»

Die Lehrerin war Madame Rousset, die Schwägerin René Mathieus.

Eisenbahner, die nachts eine Strecke bei Belvès zu überwachen hatten. Mit maquisards, die ihrerseits die gleiche Stecke zerstören wollten, verabredeten sie, daß diese sie fesseln und knebeln würden. In dieser Lage verblieben sie viele Stunden, bis sie aufgefunden wurden. Aber sie hatten ihr Alibi vor den Deutschen.

Amtsärzte, die für junge Leute, die zum Frondienst nach Deutschland abgehen sollten, falsche Röntgenbilder mit Magengeschwüren, Knochenerkrankungen etc. verfertigten.

Der Curé in St-Cernin de l'Herm, der im Pfarrhof Refraktäre verborgen hielt und unter dem Altar Waffen versteckte.

Der Postdirektor Despont in Belvès, der in seiner Wohnung eine ganze geheime Telefonzentrale installiert hatte.

In einem Dorf unweit Belvès fuhren die Deutschen eines Nachts vor einem Bauernhof vor und holten zwei Maquisards heraus, die dort seit ganz kurzer Zeit versteckt waren. Die beiden jungen Menschen wurden nach Périgueux gebracht, gefoltert und da sie durch keine Tortur zum Reden zu bringen waren, schließlich hingerichtet. Der Besitzer der Ferme deportiert.

Die Unglücklichen waren einer Denunziation zum Opfer gefallen. Der Verdacht richtete sich gegen den Gemeindesekretär.

Eines Tages erschienen zwei Herren bei ihm, die sich als Mitglieder der Gestapo zu erkennen gaben.

«Sie haben uns einen so wertvollen Dienst erwiesen», sagte der eine, «daß wir gekommen sind, Ihnen persönlich zu danken.» Der Gemeindesekretär verbeugte sich geschmeichelt.

«Übrigens», fuhr der andere der beiden Besucher fort, haben Sie bereits Ihre Prämie für die beiden Banditen erhalten, die Sie uns angezeigt haben?»

«Gewiß, gewiß, das Geld wurde mir sofort ausbezahlt.»

«Und waren Sie mit dem Betrag zufrieden?»

«Oh, sehr zufrieden, danke sehr. Ich stehe ganz zu Ihren Diensten.»

«Dann seien Sie so freundlich und stellen Sie sich dort an die Mauer» – zwei Revolver kamen zum Vorschein –, «jetzt ist die Reihe an der Resistenz, Ihnen Ihre Prämie auszubezahlen».

Zwei Schüsse krachten.

Jacquot Rispal war der erste Refraktär aus Belvès. Bevor er einen Maquis erreichen konnte, hielt er sich bei Bauern in einem verlorenen Gutshof verborgen.

Eines Tages kam ein unbekannter Mann auf die Ferme und sagte ihm: «Du bist Jacques Rispal aus Belvès. Mich schickt die Resistenz. Ich soll dir sagen, daß du unverzüglich von hier verschwinden mußt, sonst wirst du morgen verhaftet.»

Jacquot befolgte die Weisung. Es gelang ihm, in stockfinsterer Nacht auf Schleichwegen Labarde zu erreichen. Er klopfte an unser Fenster, und wir verbargen ihn drei Tage in unserem Zimmer, bis seine Eltern ein neues Versteck für ihn ausfindig gemacht hatten. Von dort aus konnte er sich einem Maquis anschließen.

Der unbekannte Bote hatte wahr gesprochen: am nächsten Tage bei Morgengrauen war der Brigadier von Le Bugue, Faure, mit drei Gendarmen erschienen. Sie durchstöberten das Gehöft, unterzogen die Insassen einem Verhör. Von einem Refraktär keine Spur. Niemals hatten die Bauern einen Refraktär gesehen. Es mußte sich um einen Irrtum handeln.

Der Brigadier nahm ein Protokoll auf und zog mit seinen Leuten wieder ab.

Er selbst war es, der später dem Vater Jacquots erzählte, wieso sich die ganze Sache zugetragen hatte.

Die Gendarmerie von Le Bugue hatte eine Anzeige erhalten, in der es hieß: In der Ferme von Lebos ist ein Refraktär versteckt. Sollte er nicht binnen 24 Stunden verhaftet sein, so werden wir Euch Gendarmen durch die Deutschen auf die Finger klopfen lassen.

Der Brigadier Faure konnte die Anzeige nicht einfach ignorieren. Es blieb ihm nichts anderes übrig, als sich mit seinen Leuten auf den Weg zu machen. Aber vorher ließ er Jacquot rechtzeitig durch einen Boten verständigen.

Vielleicht wird es eines Tages möglich sein, dem anonymen Denunzianten auf die Spur zu kommen.

Resistenz: das waren auch die Frauen, die, allen Verboten und Drohungen der Deutschen zum Trotz, auf den Gräbern von hingerichteten Maquisards nachts immer wieder Kränze niederlegten; Kränze, deren blau-weiß-rote Schleifen die Inschrift trugen: Mort pour la Liberté. Gestorben für die Freiheit.

## SIE KOMMEN –
## SIE KOMMEN NICHT –
## SIE KOMMEN!

Im römischen Recht lernten wir Studenten die Formel: «Dies certa, sed incerta quando.» Ein Tag, der mit Gewißheit kommen wird, nur ist es ungewiß, wann er kommen wird. Ein solcher dies certa, sed incerta quando war das Datum des «Débarquements», der Landung der Alliierten in Frankreich.

Lange, schrecklich lange haben wir in Hangen und Bangen auf diesen Tag gewartet, auf ihn gehofft wie auf eine letzte Möglichkeit zu überleben.

Daß sie, die Alliierten, die Befreier, eines Tages kommen würden, dessen waren wir gewiß. Schon aus Selbsterhaltungstrieb durften wir daran nicht zweifeln, so verzagt und auch verbittert wir zuweilen sein mochten. Denn, offen gesagt, es konnte auch geschehen, daß wir etwas wie Verbitterung fühlten, wenn die französische Emission der BBC in London uns immer wieder mit guten Ratschlägen etwa in der Art des folgenden vertröstete: «Harrt aus! Laßt euch ja nicht unterkriegen!»

Doch wie das zu machen war, auszuharren, sich nicht unterkriegen zu lassen, darüber schwiegen sich die Ratgeber wohlweislich aus, und es kamen manchmal Augenblicke, da man ihnen am liebsten zugerufen hätte: Ihr habt leicht reden. Seid einmal an unserer Stelle, führt einmal nur für kurze Zeit unser Dasein, und dann werdet ihr wissen, was es heißt, auszuharren, sich nicht unterkriegen zu lassen.

Kein vernünftiger Mensch konnte sich der Einsicht verschließen, daß die Alliierten ihre Zeit, lange Zeit brauchten,
um die Landungsoperationen bis ins letzte Detail vorbereiten
zu können. Aber was wir der Propaganda zuweilen verargen
mochten, das war die Art schottischer Dusche – heiß, kalt,
heiß, kalt –, der sie unsere Nerven zu oft unterzog. Zu oft hatte
man uns die Landung als eine in allernächster Zeit bevorstehende Erlösung verheißen, und zu oft war dann nichts daraus
geworden. Zu oft hatte man unsere Nerven als ein Gummi-
band betrachtet, das man bis zum Zerreißen anspannt und
im nächsten Augenblick wieder zurückschnellen läßt. «Wir
kommen schon, wir kommen schon! hieß es heute. – Geduld,
wir werden schon einmal kommen, hieß es dann am nächsten
Tage. Zu oft wiederholte sich dieses grausame Spiel.

Selbst in den schwärzesten Stunden zweifelten wir nicht,
daß «sie» kommen würden. Dies certa. Aber wann, wann? Sed
incerta quando. Und inzwischen häuften sich die Tage zu Wochen, die Wochen zu Monaten, zu vielen endlosen Monaten.

Und mit jedem Tage wurde es schwerer, auszuharren, sich
nicht unterkriegen zu lassen. Immer ärger, immer wütiger
wurde der Terror der Deutschen und ihrer französischen
Helfershelfer. Razzien, Plünderungen, Hinrichtungen, Mord
und Brand: «Repressalien». Dazu all das, was sich im Dunkel
abspielte, in den Torturkellern, hinter den Mauern der Ge-
fängnisse, den Stacheldrähten der Konzentrationslager. Von
wie vielen Greueln wird man niemals erfahren ...

An höllischer, vor keiner Ausgeburt des Sadismus zu-
rückschaudernder Grausamkeit finden die Deutschen in der
Weltgeschichte nicht ihresgleichen. Diesen Ruhmestitel ihrer «Kultur» kann ihnen niemand bestreiten. Dafür sind sie

schlechte Psychologen. Sonst hätten sie längst erkennen müssen, daß jede ihrer «Repressalien» nur eine Straffung der Resistenz nach sich zog. Die Resistenz wurde weit eher zu einer Folge der Repressalien als die Repressalien zu einer Folge der Resistenz.

Aber in den letzten Monaten vor dem Debarquement und in der darauffolgenden Periode suchten die Deutschen ihre Bestialität nicht einmal mehr mit dem Vorwand der «Repressalien» zu bemänteln. Es ging ihnen offensichtlich nicht mehr darum, die Resistenz zu erdrosseln, des Maquis Herr zu werden, noch mehr Sklaven für die Fron in Deutschland zusammenzufangen, das Land auszuplündern, zu entmannen, in einen tödlichen Schwächezustand zu versetzen. Es ging ihnen vielmehr nur darum, sich noch einmal, bis zur allerletzten Minute, in ihren entmenschten Instinkten austoben, ausschwelgen zu können.

In Fayssinet, einem Weiler unweit Belvès, hämmert ein Hauptmann der Wehrmacht mit seinem Revolver gegen die versperrte Tür eines Häuschens, das von einer uralten, alleinstehenden Greisin bewohnt wird. Dabei geht der Revolver los, ohne daß dadurch irgendwem der geringste Schade[n] zugefügt wurde. Daraufhin wird die Tür zerschmettert, die Greisin herausgeschleppt und aufgehängt. Außerdem verfügt der tapfere Offizier noch die Füsilierung von zwölf männlichen Einwohnern. Und zum Schluß – aber erst nach sorgfältiger, methodischer Plünderung – wird die ganze Ortschaft angezündet.

Repressalie?

Der Tag wird kommen dies certa, an dem das das Herrenvolk der Lügner und der Henker winselnd versuchen wird, seine Untaten abzuleugnen. Der Tag wird kommen, an dem sie in unterwürfiger, kriecherischer Heuchelei und zugleich mit eiserner Stirn die Fabel von dem unschuldigen «anderen Deutschland» hervorholen werden, von dem treuherzigen, blütenweißen Deutschland, das von nichts gewußt hat, nichts von seinem «Führer», nichts von seinem Himmler, seinem Goebbels, seinem Göring, seinen Konzentrationshöllen.

Der Tag wird kommen, an dem keiner ein Nazi gewesen sein wird.

Kann sich jetzt einer vorstellen, was in diesem Jahre 1944 erst das Dasein der Juden war, der Juden, denen es Gott weiß wie noch gelungen war, der Deportation in die Vernichtungslager in Deutschland und Polen zu entrinnen? Die nicht entronnen waren ... Schon während des Transportes in plombierten Güterwagen erstickten noch in Frankreich haufenweise Männer, Frauen und Kinder langsam an den von dem Urin und den Exkrementen auf dem mit Kalk bestreuten Boden entwickelten Gasen.

Wo immer die Deutschen auftraten, suchten sie vor allem unter fröhlichem Gestapo-Hoiotohoh nach Juden. Sie begnügten sich schließlich nicht mehr mit Indizien, behördlichen Listen und sonstigen Angaben, die ihnen von Spitzeln und Denunzianten geliefert wurden. Wessen Nase ihnen irgendwie verdächtig vorkam, dem wurden die Hosen heruntergerissen, mochten seine Papiere noch so in «arischer» Ordnung sein. Hatte er das Malheur, beschnitten zu sein, so war sein Schicksal besiegelt. Bei Frauen ging die Willkür womöglich noch weiter: ihr Leben wurde von einer «Blutprobe» abhängig gemacht!

Je mehr die Zeit verstrich, desto weniger sicher, desto mehr unsicher fühlten auch wir uns in Labarde.

Kloster, Krankenhaus: kämen sie, so würden die Deutschen weder vor Kloster noch vor Krankenhaus haltmachen, das wußten wir nur allzu gut. Und entdeckten sie uns, so waren nicht nur wir verloren – das ganze Haus hatte «Repressalien» zu gewärtigen. Zu dem Gefühl unserer wachsenden persönlichen Unsicherheit gesellte sich noch das drückende Bewußtsein unserer Verantwortung jenen gegenüber, die es auf sich genommen hatten, uns Asyl zu gewähren.

Mitte Mai 1944 sahen wir eines Tages Gabriel Rispal bei uns eintreten. Aber diesmal kam er nicht wie gewöhnlich, gut aufgelegt und voller Zuversicht. Er war in Schweiß gebadet und erschöpft. Diesmal kam er selbst als Flüchtling nach Labarde: die Deutschen hatten Belvès überfallen.

Nach so vielen anderen Ortschaften in der Dordogne war also auch Belvès an die Reihe gekommen. Vor dem Hause der Rispals war ein eigenes Auto der Gestapo vorgefahren. Im letzten Augenblick noch rettete Hélène Rispal ihren Mann, indem sie ihn durch eine Hintertüre ins Freie stieß. Sie selbst blieb zurück. Auf großen Umwegen hatte Rispal endlich Labarde erreicht.

Jetzt saßen wir mit ihm in unserem Zimmer und warteten. Er selbst war vorläufig gerettet. Aber Hélène Rispal, was würden sie ihr antun? Sie hatte versprochen, so bald als möglich nachzukommen. So bald als möglich ... Und wenn die Deutschen sie an Stelle des Gatten verhafteten? Das war schon oft vorgekommen.

Draußen im Hof gingen unsere «enfants» ihren lieben Gewohnheiten und Geschäften nach, sorglos, ahnungslos. Die

Mémé führte eines ihrer endlosen imaginären Telephonge-
spräche. Sie amüsierte sich köstlich dabei. Selig sind die Armen im Geiste.

Endlich, es war schon acht Uhr Abends geworden, kam
Hélène Rispal. Wir atmeten auf.

Die Deutschen hatten eine Liste von 27 Personen mitgebracht, deren sie sich bemächtigen wollten. An zweiter Stelle
Gabriel Rispal. Als sie ihn nicht vorfanden und die tapfere Frau
trotz aller Drohungen fest dabei blieb, daß er in Geschäften
verreist sei, nahmen sie eine Hausdurchsuchung vor, bei der
sie Geld, Schmuck und Wäsche mitgehen ließen. Aber Hélène
war mit heiler Haut davongekommen. Ganz Belvès konnte
übrigens von Glück reden: hatten die Deutschen doch «bloß»
zwei Häuser in Brand gesteckt, ehe sie endlich mit zehn von
siebenundzwanzig Gesuchten abzogen. Die anderen hatten
noch rechtzeitig flüchten können.

Zum Schluß hatte der Anführer der Bande, ein Hauptmann,
erklärt: «Wir sind zwar keine Einheimischen, aber wir sind
über alles ebensogut unterrichtet, als wären wir Einheimi-
sche. Wir werden wiederkommen.»

Daß es auch in Belvès Denunzianten gab, konnte man den
Deutschen aufs Wort glauben. Ebenso ihr Versprechen wiederzukommen. Gabriel Rispal blieb bis auf weiteres bei uns.

Sie kamen in der Folgezeit wieder, sogar mehrmals. Sie
drangen über Belvès hinaus immer weiter vor und überfielen
Dörfer und Fermen in unmittelbarer Nähe von Labarde. Einmal waren sie unten im Tal, keine 500 Meter von uns entfernt.
Ich greife vor, und es hat kein Interesse, auf Einzelheiten ein-
zugehen. Aber von Tag zu Tag, von Nacht zu Nacht mußten
wir uns immer mehr darauf gefaßt machen, daß sie auch Labarde heimsuchen würden.

Wir überlegten, was zu tun wäre. Keinesfalls konnten wir in unserem von jeder Verbindung mit dem Hauptgebäude abgeschnittenen Zimmer bleiben. Dort würden sie uns wie in einer Mausefalle abfangen. Mit Rücksicht auf die Klosterfrauen mußten wir auch alle unsere Spuren verwischen; unser Zimmer musste den Eindruck eines unbewohnten Raumes machen.

So rafften wir denn wieder einmal unsere Habseligkeiten zusammen und schafften alles auf den Dachboden. Briefe, Photographien wurden verbrannt. Die Blätter meines Manuskripts vergrub ich.

Doch was nun, was mit uns selbst anfangen? Die Supérieure hatte uns einen leeren Schlafraum im zweiten Stock des Hauptgebäudes zur Verfügung gestellt. Von den Fenstern aus ließ sich ein gutes Stück der Straße übersehen. Nachts organisierten wir eine Art Wachdienst: wir entkleideten uns nicht und lösten uns von drei zu drei Stunden an unserem Beobachtungsposten beim Fenster ab. Im Falle, [daß] die Deutschen kommen sollten, hätten wir noch Zeit, aus dem Schlafraum zu flüchten.

Flüchten, ja, aber wohin flüchten? Ins Freie, in den Wald? Oder in dem weitläufigen Hause selbst einen Schlupfwinkel suchen, einen Schlupfwinkel in unserem Schlupfwinkel? Wir zerbrachen uns den Kopf, ohne zu einer Lösung gelangen zu können. Dieser Zustand von Unentschlossensein war entnervender als alles andere.

Eines Abends beratschlagten wir wieder flüsternd hin und her. Es war schon nach dem Angelus, und das ganze Haus schien in den Frieden und die Milde der Mainacht versunken. Aber ein Feuerschein am Horizont mahnte uns an die Gegenwart der Deutschen.

Plötzlich erschienen zwei Schwestern, die uns besonders zugetan waren, Soeur de l'Annonciation und Soeur Marie-Bernard. Lächelnd machten sie meiner Frau ein Zeichen, verschwanden mit ihr über den Hof.

Es dauerte einige Zeit, bis sie alle drei zurückkamen. Jetzt lächelte auch meine Frau. Sie winkte uns, ihnen zu folgen, und alle machten wir uns auf den Weg.

Auf der anderen Seite des Hofes, in einem Seitentrakt des Klosters, befindet sich die Kapelle. Hinter der Kapelle eine Tür, die in einen engen, kleinen Raum führt: die Morgue, die Totenkammer. Die Einrichtung besteht aus dem Bett, auf dem der Leichnam ruht, daneben ein Tischchen mit einem Leuchter. Die Wand zu Häupten des Bettes ist mit einem schwarzen Tuch bespannt, das bis zum Boden reicht. Oberhalb des Bettes ein großes Kruzifix.

Schiebt man das Bett zur Seite und hebt den unteren Teil der Wandbespannung, so wird in der Mauer ein Loch sichtbar, eine halbkreisförmige Öffnung, die niemand dort vermutet hätte; eine Öffnung, gerade weit genug, daß man sich auf allen vieren hindurchzwängen kann. Man gelangt dann in eine Art Höhle, wo zur Not einige Personen gebückt aneinanderkauernd ein paar Stunden aushalten können. Zu lange dürfte es freilich nicht dauern, sonst liefe man Gefahr zu ersticken, denn die einzige Luftzufuhr erfolgt durch die in die Totenkammer führende, obendrein mit dem schwarzen Tuch überspannte Öffnung.

Nun, wir waren von der Entdeckung der guten Schwestern begeistert. Das Versteck in unserem Versteck war jetzt gefunden. Jetzt wußten wir wenigstens, was wir zu tun haben. Und wir veranstalteten auf der Stelle eine Art Generalprobe, die zur allgemeinen Zufriedenheit ausfiel.

Wir vereinbarten also mit den Schwestern folgendes: Bei unmittelbarer Gefahr verschwinden wir in unsere Höhle. Die Schwestern bringen die Bespannung wieder in Ordnung, schieben das Bett wieder vor die Öffnung und sperren dann von draußen die Morgue ab. Sollten die Deutschen verlangen, daß man die Totenkammer aufschließe, so würden sie, wenn wir Glück haben, selbst bei einer Untersuchung des Raumes vielleicht nicht auf unser Versteck kommen. Vielleicht. Aber jetzt hatten wir wenigstens ein Vielleicht.

Statt mich in langatmige Details zu verlieren, will ich mich lieber auf das Resultat, das vorläufige Resultat, beschränken.

Wir haben Glück gehabt. Bis zu dem heutigen Tage – 6. Juli 1944 – haben wir zweimal die Höhle hinter der Morgue aufgesucht. Zweimal machten die Deutschen im letzten Augenblick kehrt. Werden wir auch weiter Glück haben?

Die Frage bleibt nach wie vor weiter bestehen. Aber inzwischen ist das Debarquement endlich, endlich Ereignis geworden. Die Alliierten sind in Frankreich, und sie rücken unaufhaltsam vor.

Noch sind sie weit von uns hier. Noch ist die Gefahr nicht gebannt. Noch häufen die Deutschen Verbrechen auf Verbrechen. Trotzdem scheint es uns jetzt noch leichter, «auszuharren, sich nicht unterkriegen zu lassen».

Ob wir selbst es erleben oder noch vorher untergehen müssen: die Befreier nahen von allen Seiten, die braune Bestie – ein Volk, ein Reich, ein Führer – wird in absehbarer Zeit niedergebrochen sein. Vorüber dann mit dem tausendjährigen Dritten Reich Hitlers. Nicht viel länger als ein Jahrzehnt wird es gewährt haben; kaum ein flüchtiger, ein vorüberhuschender Augenblick der Weltgeschichte. Nichtsdestoweniger hat der

Unhold wahr gesprochen. Denn gemessen an seinen Untaten und seinem Leid, gemessen an seiner Verruchtheit wiegt
dieser flüchtige, vorüberhuschende Augenblick schwerer als
sonst ein Jahrtausend.

## MORGEN DES
## 6. JUNI 1944

Als wir in den Schlafraum übersiedelten, hatten wir aus unserem Zimmer selbstverständlich auch den Radioapparat weggeschafft. In eine Decke eingeschnürt, lag er in einem Winkel der Hausapotheke. Wir blieben auf die Nachrichten und Gerüchte angewiesen, die irgendwie von draußen zu uns drangen.

Am 6. Juni 1944 gegen neun Uhr morgens war ich allein in unserem Schlafraum. Meine Frau und Slava arbeiteten im Gemüsegarten. Gabriel Rispal, der noch immer nicht wagen konnte, nach Belvès zurückzukehren, war ebenfalls draußen. Ich stand am offenen Fenster. Eine Schwester, die phlegmatische Soeur Emanel, kam unten vorbei. Nach einer Bemerkung über das regnerische Wetter rief sie mir im Vorübergehen noch zu: «Es heißt, daß amerikanische Kriegsschiffe in der Seine-Mündung liegen.» Damit ging sie weiter.

Amerikanische Schiffe ... Seine-Mündung ... Unsinn! Aber sollte das Debarquement endlich, endlich erfolgt sein? Wie ein Besessener stürzte ich hinunter, um das Radio aus der Hausapotheke zu holen. Ich glaube, selbst wenn die Deutschen im Anzug gewesen wären, so hätte mich das in diesem Augenblick nicht daran gehindert, mir Gewißheit zu verschaffen. Das Debarquement! Das Debarquement! – alles andere hatte ich vergessen.

Ich holte den Apparat, brachte ihn hinauf in den Schlafraum. Da, plötzlich, während ich bemüht war, ihn in Gang zu setzen, hörte ich draußen einen Schrei, nein, es waren zwei Schreie. Eine Frauenstimme, die einmal und dann noch einmal aufschrie.

Unwillkürlich hielt ich inne. Schreien ist in einem Narrenhause nichts Ungewöhnliches. Aber diese beiden Schreie waren etwas anderes, sie gehören zu den Eindrücken, die man niemals mehr vergessen wird. Sie schienen aus den Urtiefen der Seele auszubrechen. Eine Eruption nach einem furchtbaren Druck. Ein Aufstöhnen und ein Aufsprengen. Jahre zurückgestauter Qual und ein roter, heißer, rauchender Blutstrahl von Freude. Eine Totenklage und ein Ruf der Auferstehung.

Erschüttert, aufgewühlt will ich hinaus, nachsehen, wer diese beiden Schreie ausgestoßen hat.

In der Tür steht meine Frau mit Slava, ich muß nicht erst fragen. Hinter ihnen Gabriel Rispal. Verklärt kann er nur einmal übers andere sagen: «Ça y est, ça y est». Es ist soweit. Es ist soweit. Allen vieren laufen uns die Tränen über die Wangen.

Und dann hörten wir die ersten Kommuniqués, die Erklärung Churchills, das Manifest Eisenhowers. In sämtlichen Sprachen hörten wir sie, in Sprachen, die wir verstanden und in solchen, die wir nicht verstanden. Wir kannten sie bereits auswendig, aber immer von neuem wollten wir sie hören. Wir waren wie Verdurstende, die einen Fluß austrinken möchten.

Meine Frau wollte an diesem Tage nur freudige Gesichter um sich sehen. Sie besaß noch ein großes Glas Konfitüre; das wurde vom Dachboden geholt und an die «enfants» auf dem Hofe verteilt.

Die enfants hatten natürlich keine Ahnung, aus welchem

Anlaß ihnen die süße Überraschung beschert war. Für sie alle war das Wort «Debarquement» ein Schall ohne Begriff. Doch war darum ihre Freude nicht minder groß. Schwachsinnige sind so klug, die Feste zu feiern, wie sie fallen.

Während meine Frau mit der gerechten Verteilung der Konfitüre beschäftigt war, kam auch unsere gute Soeur de l'Annonciation. Sie war unten auf der Straße gewesen. «Ich wußte von nichts», sagte sie uns, «aber ich erkannte gleich an den Gesichtern der Vorübergehenden, daß sich etwas Großes zugetragen hat.»

Das Telephon funktionierte nicht mehr; die Deutschen hatten sofort alle Verbindungen unterbrochen. So schickte uns Hélène Rispal durch einen Boten aus Belvès einen Brief.

Er bestand aus einem einzgen Satz: «Ich umarme Euch mit der ganzen Hoffnung, die dieser Tag enthält.»

Unsere geliebte Freundin hatte das Richtige ausgesprochen: dieser 6. Juni 1944, das war nicht bloß der Tag des großen Ereignisses, der großen Verwirklichung, auf die wir so lange, so sehnlich gewartet hatten, das war vor allem die ganze Hoffnung, die diesen Tag überglänzte. In den Herzen von Millionen und Millionen Menschen.

Wir brauchten diese Hoffnung, um weiter ausharren zu können, um uns nicht unterkriegen zu lassen im letzten Augenblick...

## SOMMER

Es war einmal... Ein verwehtes, verschollenes Märchen.

Es war einmal Sommer, und schon dieses Wort «Sommer», wenn man es aussprach, strahlte Wärme und Duft aus, schmeckte wie eine reife, saftige Frucht. Sommer: das war Entspannung, Ferien, Gebirge, Meer. Das war Sichlebenlassen, es sich gutgehen lassen. Leben wie «Gott in Frankreich».

Jener «Gott in Frankreich», den nicht lange vor dem Kriege ein Friedrich Sieburg in seinem perfiden Buche begeistert gepriesen hatte. Nur die guten Franzosen merkten nichts. Oder die es merkten, wollten nicht merken, welchen Zweck die Liebeserklärungen der «Freunde» von der Art eines Sieburg verfolgten. Sie nahmen alles für bare Münze, fühlten sich ungeheuer geschmeichelt und schlossen Herrn Sieburg und nach ihm Herrn Abetz und die ganze fünfte Kolonne jener Nazifreunde, die das Land der Franzosen mit der Hitler-Seele suchten, dankbar und gerührt in die Arme.

Die Bande lachte sich ins Fäustchen. Wahrhaftig, diese Leichtgläubigen «negroiden» Franzosen fielen doch auf alles herein; ihre Naivität übertraf die kühnsten Erwartungen.

Sommer 1944. Nach dem Debarquement. Und trotzdem...

Bis auf die Normandie, wo ihm die unaufhaltsam vorrükkenden Alliierten das Handwerk legten, schüttete der Hakenkreuz-Gott in Frankreich das Füllhorn seiner Segnungen immer verschwenderischer über das Land aus: Wehrmacht, Gestapo, Folter, Deportation, Mord, Brand, Plünderung.

Seitdem das Debarquement erfolgt ist, suchen sich die Deutschen nicht nur für jeden Zoll Boden, den sie loslassen müssen, zu rächen. Es ist, als wollten sie sich noch ein letztes Mal an allem Bösen viehisch besaufen. Eine Orgie, ein Paroxysmus der Bestialität vor dem Verenden des Untiers.

Die Ereignisse dieses Sommers, dieses sicherlich letzten Kriegssommers, werden zahllose Chronisten finden. Aber noch eine andere Chronik ist wenigstens anzudeuten, eine gewissermaßen innere Chronik, die auch die an den Gemütern angerichtete Verödung und Verheerung erraten läßt; jene tollen Verrückungen und Verzerrungen, die sich, wenn man so sagen darf, in der psychischen Optik einstellten.

Und wohin werden wir noch gelangen, sollte dieser Sommer noch in einen sechsten Kriegswinter mit den Deutschen übergehen?

Gottes freie Natur in diesem Sommer 1944.

Nun, ihre satte Pracht läßt uns keineswegs indifferent, wie man vielleicht glauben könnte; im Gegenteil, sie ruft in uns sogar starke und vielfältige Eindrücke hervor. Nur daß diese Eindrücke sehr merkwürdiger Art sind.

Da ist zum Beispiel ein Wald, ein tiefer, schweigender Wald. Heute, heute geht einem nicht mehr durch den Sinn: wie verlockend wäre es doch, in diesem Wald Einsamkeit, Schatten und Stille zu genießen. Heute, in diesem Sommer 1944 überlegt man vielmehr: Wäre dieser Wald dicht, dunkel, unwegsam genug, um bei einer Treibjagd auf Menschen als Schlupfwinkel zu dienen?

Da ist eine zauberhafte Lichtung, eine wahre Elfenwiese. Unwillkürlich beginnt man, sie in Gedanken auszumessen: Würde das Terrain englischen Flugzeugen genügend Fläche

zu einer nächtlichen «parachutage», einem Fallschirmabwurf
von Waffen und Munition für einen Maquis bieten? Und weiter in diesem Zusammenhang träumt man: In Belvès haben
sie neulich nach einer parachutage einige Fallschirme verteilt.
Wir bekamen ein Stück zu sehen. Welch großartiges Material!
Herrliche, unverwüstliche Reinseide, aus der sich die schönsten Hemden, Blusen etc. verfertigen lassen.

Da ist ein Garten, überblüht von Rosen, Jasmin und Gla-
diolen. Berückendes Zusammenspiel von Schönheit, Duft und
Farben. Aber heute entrüstet man sich bloß über den Leichtsinn, der dieses ganze unnütze, nicht eßbare Zeug gezüchtet
hat, statt hier Kohl und Bohnen anzubauen!

Entrückte Juli-Mondnacht, eingesponnen in unirdischen
Glanz und Geheimnis. Und der Hochflug der Ekstase vor
diesem Sommernachtstraum 1944 kulminiert in dem Ausruf:
«Wunderbare, ideale Sicht heute für die Royal Air Force!»

Bücher. Man liest wahllos durcheinander, rein mechanisch,
während die Gedanken weit, weit weg sind. Oder man wirft
nach wenigen Seiten das Buch weg. Aufreizendes Gefasel. Sorgen, Probleme von Glücklichen, Übermütigen, die keine Ahnung davon haben, was wirkliche Sorgen und Probleme sind.

Radio. Man horcht auf die Kommuniqués, die rein sach-
lichen Mitteilungen, die konkreten, für sich selbst sprechen-
den Tatsachen. Der Rest? Propaganda-Geschwätz. Nur was
man auf der Karte verfolgen kann, macht noch einen Eindruck.
Ebenso geht es auch mit den Nachrichten, die mündlich zugetragen werden. Nichts kann mehr sonderlich überraschen.
Man ist abgestumpft, abgebrüht.

Von Zeit zu Zeit mag es freilich noch eine Neuigkeit geben,
die das Blut in Wallung bringt, den Zorn hochpeitscht. So,

wenn man hört, daß die Deutschen in einem Dorf als «Repressalie» einen Säugling an die Kirchenpforte gekreuzigt haben; daß sie in Mouleydier bei Bergerac einigen Einwohnern die Augen ausstachen und die Blinden lebend begruben; daß sie in Castelnau einem Unglücklichen zehn Liter Wasser durch einen Trichter einflößten und dann den aufgequollenen Bauch mit ihren Stiefeln zertrampelten.

Man vernimmt diese Heldentaten und vibriert in ohnmächtiger Wut. Aber dann verfällt man wieder in eine Art Starrkrampf – was bleibt auch anderes übrig? Letzten Endes ist dieser kataleptische Zustand der letzte Selbstschutz, eine Art Isolierschicht. Sonst würde man schon aus Verzweiflung, aus Ekel umkommen. Hätte man noch Tränen, den letzten Rest Leben würde man ausschluchzen.

Und sieht man von den wenigen Menschen ab, denen man noch rückhaltlos vertrauen darf, was ist aus unseren Beziehungen zur Umwelt geworden? Etwas unendlich Häßliches, Trauriges, Beschämendes.

Sosehr man in der Klandestinität sich verbirgt und verschließt, so sehr muß man zugleich stets auf der Lauer, in der Defensive sein. Jedes Gesicht, dem man begegnet, kann einen Feind maskieren. Jeder Zufall kann eine Gefahr bedeuten, vor der man auf der Hut sein, der man vorbeugen muß. Bei jedem Unbekannten und selbst Bekannten, mit dem man auch nur in die oberflächlichste Berührung kommt, stellt man sich insgeheim die Frage: Ist das nicht vielleicht einer, der imstande wäre, dich zu verderben?

So wägt man vorsichtig jedes Wort ab, trachtet man vorsichtig, jeder Frage auszuweichen, wittert man hinter jeder noch so harmlosen Äußerung etwas Verfängliches, wird man

mißtrauisch, argwöhnisch, mutet man jedem nur das Schlechteste zu. Von vornherein ist jede Beziehung vergiftet.

Und mit jedem Tag wird man innerlich ärmer, verschärft
sich der innere Frost, verdorrt das Herz mehr und mehr. Man
ist am Leben. Aber um es zu bleiben, um vielleicht überleben
zu können, läßt man sich Stück für Stück absterben.

Das Londoner Radio verkündet, daß der greise König Gustav
von Schweden versucht habe, bei Hitler zugunsten der ungarischen Juden zu intervenieren, sie wenigstens vor Gaskammern, Verbrennungsöfen und sonstigen deutschen Juda-
verrecke-Methoden zu retten. Die Geste des ehrwürdigen
Monarchen wird sicherlich nichts genützt und nur das Hohngelächter der Henker hervorgerufen haben. Aber daß endlich
ein neutrales Staatsoberhaupt, ein einziges, wenigstens den
Versuch unternommen hat, seine Stimme «im Namen der
Menschlichkeit» zu erheben, obzwar es sich ja bloß um Juden
handelt, das allein ist schon etwas Wunderbares, das mit Staunen und unendlicher Dankbarkeit erfüllen muß. Ein König,
der sich für Unschuldige einsetzt, die durch die Willkür eines
tollwütigen Ungeheuers zum Martertod verdammt sind: man
empfindet das nicht als eine Gewissenspflicht aller Mächtigen,
deren Wort vielleicht noch ins Gewicht fallen könnte, nicht als
eine furchtbare Unterlassungssünde aller jener, die geschwie-
gen und gleichmütig zugeschaut haben, solange noch Zeit gewesen wäre: man steht vor der Handlung des schwedischen
Königs wie vor einem Wunder.

So alltäglich ist uns selbst unser Leiden geworden.

Aber wir hier sind bei alledem noch vom Schicksal Bevorzugte. Sie sind in Frankreich, die Befreier, jeder Tag bringt sie uns näher.

Werden sie noch rechtzeitig bis zu uns gelangen?

Die Alliierten dringen vor, dringen vor. Aber wenn schon wir hier uns bange fragen: werden sie noch rechtzeitig kommen, was erst jene, die unter allen Umständen noch weit länger als wir zu fürchten haben, was erst die vielleicht noch Überlebenden in den vielen Vernichtungslagern, den Tortur-Reservoirs in Deutschland selbst... Wie viele werden noch übriggeblieben sein, wenn die Befreier endlich die Tore öffnen?

Man verzeihe mir, wenn ich pro domo eine kleine, provisorische Bilanz anführe; Bilanz einer Familie unter unzähligen anderen.

Meine Frau hat bisher erfahren, daß von ihren in der Tschechoslovakei zurückgebliebenen Angehörigen ein Bruder, ein Schwager und eine Schwägerin im Konzentrationslager Terezin umgekommen sind. Von den übrigen nach Deutschland deportierten Geschwistern, Neffen, Nichten keine Spur. Junge Frauen, kleine Kinder sind darunter. Bisher sind wir über ihr Los noch im ungewissen.

Im ungewissen?

Wie fürchte ich den Tag, an dem diese Ungewißheit zur Gewißheit werden wird ...

## ERSTER SCHRITT
## INS FREIE

23. August 1944, mittags. Das Radio verkündet die Befreiung von Paris. Und zu gleicher Zeit erfahren wir auch, daß die Deutschen aus der Dordogne, unserem Departement, abgezogen sind.

Überall ringsum, von Belvès bis zum letzten verlorenen Weiler, beginnen die Glocken den Hymnus der Befreiung anzustimmen. Auch unser bescheidenes Kapellenglöckchen will nicht zurückbleiben, und sein zarter, heller Klang mischt sich eifrig in den allgemeinen Jubel. Selbst jene Schwachsinnigen, die im Klosterhof reglos vor sich hin brüteten, jetzt wittern sie, daß etwas Außergewöhnliches geschehen ist, sie fahren auf und beginnen hastig hin und her zu laufen. Man läßt sie gewähren. Die beaufsichtigenden Schwestern sind selbst zu aufgeregt.

Unter diesen «Armen im Geiste» ist auch eine, die zeitweise ihre luziden Momente hat. Sie eilt auf mich zu und fragt: «Ist es wirklich wahr, daß wir keine Deutschen mehr sind?» Und als ich bejahe, wendet sie sich ihren Gefährtinnen zu und ruft entzückt: «Heute bekommen wir sicher ein Dessert!» Das ist die erste unmittelbare Folge des großen Ereignisses.

Noch sind wir nicht am Ende. Noch ist das Scheusal nicht verendet. Aber Paris ist befreit, die Dordogne ist befreit. Die letzten Deutschen haben Périgueux verlassen, und sie mußten sich sehr beeilen. Immerhin hatten sie im letzten Augenblick noch Zeit gefunden, etwa hundert «politische Häftlinge» auf der Place Francheville zu massakrieren und die Leichen in eine Grube zusammen mit Kadavern von Pferden, Hunden und Katzen zu werfen.

Noch sind wir nicht am Ende angelangt, und der Deutsche wird noch viel Unheil anrichten. Aber Paris ist befreit, wir hier in der Dordogne sind befreit. Ist das möglich, ist das wirklich wahr? Wie soll man «realisieren», die Tatsachen in die nächsten und weiteren Folgen umsetzen, wie alles fassen, ordnen, überlegen, die Flut von Gefühlen und Gedanken eindämmen, die von allen Seiten auf den Sinn einstürmt? Es gibt Augenblicke, in denen es gleichermaßen unmöglich ist, die Tragweite einer Freude wie eines Schmerzes zu überschauen; Augenblicke, in denen die Freude ebenso betäuben kann wie das Leid; Augenblicke, in denen das Herz versteht, bevor noch der Intellekt begriffen hat. Eine Hoffnung, auf die wir zuweilen kaum noch zu horchen wagten, ist konkrete Erfüllung geworden. Eine Prüfung, die uns so oft zu zermalmen drohte, ist überstanden. Aber nur allmählich, Stück für Stück, vermag man zu fassen, sich Rechenschaft zu geben.

Am Nachmittag kommen Hélène und Gabriel Rispal zu uns heraufgeeilt in unser kleines Zimmer, das wir seit nun bald zwei Jahren bewohnen. Gabriel ist noch in seinem weißen Malerkittel, er hat noch keine Zeit gefunden, sich umzukleiden. In Belvès hatte sich sofort bei Eintreffen der großen Nachricht ein Zug gebildet, Rispal an der Spitze, die Trikolore in der einen, die rote Fahne in der anderen Faust. Sie waren zuerst zum «Monument aux Morts» gezogen, dann auf den Friedhof zu den noch frischen Gräbern der in der Resistenz Gefallenen, schließlich auf den Hauptplatz. Dort wurde Gabriel auf einen Tisch gehoben, und er mußte ihnen die Marseillaise und «Paname» singen. Aber dann hatten er und seine Frau alles stehen- und liegenlassen, um zu uns zu eilen, um mit uns diese so heißersehnte Stunde zu teilen. Und jetzt dringen sie auf uns ein, ihnen nach Belvès zu folgen, in ihrem Hause mit ihnen den Abend zu verbringen, denn jetzt, nicht wahr, hindert uns nichts mehr daran, sind wir nicht mehr in der Klandestinität. Der eiserne Riegel ist weggezogen, wir sind frei. Man versichert uns, daß wir kommen und gehen können, wie es uns beliebt.

Wie? Nach Belvès gehen, wir? Unseren Schlupfwinkel verlassen, uns auf der großen Straße zeigen? Öffentlich eingestehen, daß wir noch auf der Welt sind? Und wie, wenn wir einem Gendarmen begegnen?

Wie in dem Aufzucken eines Blitzes durchlebe ich nochmals alles, das Wunder, die drei Wunder, die uns dem Untergang entrissen haben. Vor meinen Augen sind Stacheldrähte, Reihen von Stacheldrähten. Die Baracke, Baracke 8. Ich atme die Ausdünstung des Schmutzes wieder ein und den süßlichen Geruch des verfaulten Strohs auf den Pritschen. Und ich spüre wieder, wie der Hunger die Eingeweide zerschneidet. Konzentrationslager. Konzentrationslager für Juden. Achtzehnhundert waren wir dort in Beaune-la-Rolande. Wo sind sie, meine unseligen Kameraden? Welches grauenvollen Todes sind sie gestorben in einem der Vernichtungslager in Deutschland oder Polen? Daß ich nicht unter ihnen bin, ist das erste Wunder.

Und übermorgen, 25. August 1944, wird sich zum zweitenmal der Tag jähren, an dem bei Morgengrauen sieben Gendarmen in unser Häuschen in Voiron eindrangen. Der Transport nach Grenoble. Caserne Bizanet, dieses sinistre Vorzimmer des Todes. Die Menschen, die spielenden kleinen Kinder, die dort auf die Auslieferung an die Deutschen warteten, auf den Tod. Im allerletzten Augenblick wurden wir gerettet. Wir: mit mir meine Frau und Slava, die sich schuldig gemacht hatte, Juden die Treue zu halten. Wir drei durften hinaus. Provisorisch. Die arme Rosa dagegen, für sie gab es kein Wunder, kein «provisorisch», ein Präfekt war schlechter Laune. Wir mußten sie definitiv ihrem Los überlassen. Was ist aus ihr geworden?

Zwischenspiel. Unsere «Flucht in die Schweiz». Der Bahnhof von Aix-les-Bains, rings um uns nur Verderben auf der Lauer. Der Gendarm, das Verhängnis, das auf uns zuschlenderte. Auch dieses Abenteuer hätte unwiderruflich böse ausgehen können.

Endlich, drittes Wunder: Hélène Rispal, dieselbe, die jetzt auf uns einredet, uns doch nicht mehr zu verstecken, der in einer schlaflosen Nacht die Eingebung gekommen war, uns hier in Labarde zu verstecken. Das Telegramm ihres Sohnes. Die Reise hierher, die Ankunft.

Das alles, die ganze Vergangenheit, steht plötzlich vor mir auf, zieht wieder an mir vorüber gleich einer Vision; aber eine Vision, die deutlicher, eindringlicher, wirklicher ist als die Gegenwart. Es ist viel eher die Gegenwart, deren Konturen in der unbestimmten Färbung, der nebelhaften Ungreifbarkeit eines Traums zerfließen.

Ein dreifaches Dunkel hat geschehen müssen, damit wir schließlich in dem schützenden Dunkel der Klandestinität untertauchen konnten. Und es ist erst ganz kurze Zeit her, daß wir uns noch tiefer verkriechen mußten, in unsere Höhle unterhalb der Morgue. Gestern noch wäre es möglich gewesen, daß die Deutschen unserer habhaft werden. Und heute versichert man mir, daß alles vorüber ist, daß wir frei sind, bittet man uns inständig, uns in vollem Licht zu zeigen. Das ist zuviel, zuviel auf einmal. Ich schaue die Freunde entgeistert an.

Begreift mich, habt Geduld mit mir, ich habe diese Gegenwart noch nicht assimiliert. Ich komme mir vor wie einer, der zu lange Hunger gelitten hat, als daß er auf einmal ein ausgiebiges Mahl vertragen könnte, und wäre es selbst aus den köstlichsten Speisen zusammengesetzt. Ich muß meine Aufnahmefähigkeit erst anpassen. So bitte ich noch um ein wenig Geduld, noch um eine kurze Frist, ehe wir wieder als Menschen unter Menschen auftreten.

Erst drei Tage später also, an einem Sonntag, hielten wir unseren «Einzug» in Belvès. Wir trafen fieberhafte Vorbereitungen. Gabriel Rispal holte uns in einem Auto ab. Das reizende Heim der Rispals zu unserem Empfange festlich mit Blumen geschmückt. Im Eßzimmer eine entzückend gedeckte Tafel. Aus Périgueux, wo er, zum Major befördert, im Generalstab der F.F.I., der Forces Françaises de l'Intérieur, arbeitete, war unser alter Freund Pierre Vorms eigens gekommen, unsere «Auferstehung» mitzufeiern. Aus Monpazier hatte sich Emil Kofler zu uns gesellt, obwohl ihn ein großer Kummer bedrückte: sein in der Resistenz hervorragend tätiger einziger Sohn war in Paris mitten auf der Straße verhaftet und Ende Juli nach Deutschland deportiert worden. Vorms hatte noch zwei Offiziere mitgebracht, einen Amerikaner und einen Jugoslawen, die bis zur Befreiung der Dordogne mit den Franzosen in einem maquis gekämpft hatten. Man ging zu Tisch.

Auserlesene Speisen. Nur eine Freundschaft wie die Hélène Rispals konnte in dem Frankreich von Ende August 1944 solch ein kulinarisches Kunststück zustande bringen.

Nun, soll ich ganz aufrichtig sein?

Mich hier in diesem Kreise zu befinden, das war nicht nur etwas wie eine Rückkehr ins Leben, ein Wiedersehen mit dem Licht nach dem gehetzten Umherirren in einem tiefen, finsteren Schacht; es war auch das Gefühl, mit der Sicherheit hier bei unseren Freunden auch etwas wie ein Heim wiedergefunden zu haben.

Und dennoch kam ich nicht dazu, mich von diesem Glück heiß überströmen zu lassen. Was fehlte, war das innere Gleichgewicht. Zu verstört war ich, zu verkrampft noch in Unruhe und Haltlosigkeit. Zu groß andererseits die Anstrengung, äußerlich mir nichts davon anmerken zu lassen, eine künstliche Ausgeglichenheit und Heiterkeit zu simulieren, dem Gespräch der beiden fremden Offiziere zu folgen, so interessante Dinge sie auch zu erzählen wußten. In dem Augenblick, da ich nicht mehr ein unstetes, gejagtes Wild war, in dem Augenblick, da ich gewissermaßen wieder Aufnahme in der Gemeinschaft freier Menschen gefunden hatte, in dem gleichen Augenblick fühlte ich mich wieder wie ausgeschlossen aus dieser Gemeinschaft, ein Außenstehender, ewig Außenstehender. Und trotz der Zuneigung und Fürsorge, die mich warm und weich umhüllten, trotz der schweren, betäubenden Weine empfand ich bis in die verborgenste Fiber meines Wesens gleich einem dumpfen, unablässigen Schmerz die entsetzliche Zerstörung, angerichtet von dem deutschen Gezücht noch an uns Geretteten, Überlebenden.

Für uns Juden, die wir dem Henker entrinnen konnten,

hebt jetzt eine neue Tragödie an: der seelische Ruin. Die Geretteten sind mit dem Leben ihrer Körper davongekommen. Aber wie auch jenes andere Leben retten, jenes höhere Leben der Gefühle und Gedanken zurückgewinnen, das einem Dasein erst seinen Wert verleiht?

Draußen ruft die Straße, gebadet in Sonne, Lebensfreude, Vergessen, fröhlichen Kinderlärm. Eine Straße, befreit vom deutschen Stiefeltritt. Sie liegt nun auch für mich offen da. Aber zugleich flößt mir diese Straße eine Art Platzfurcht ein, empfinde ich eine unüberwindliche Scheu vor allen jenen, die mich draußen erkennen, ansprechen könnten. Angst vor den Fragen, die sie an mich richten könnten, Angst vor den Antworten, die ich ihnen geben müßte.

«... Ja, wir sind nun wieder zurück in Belvès.»

«In der Tat, nach langer Abwesenheit; mehr als zwei Jahre.»

«... wir waren in der Isère, dann hier auf dem Lande.»

«... Danke, meine Frau und Fräulein Kolar befinden sich wohl.»

«... Madame Rose? Nein, sie ist nicht mit uns... Auf Wiedersehen!»

Das ist alles? Das ist alles.

Was wissen sie, was alles dazwischenliegt, gespenstisch wieder aufsteigt zwischen diesen Fragen und diesen Antworten. Wie sie um die Wohltat bitten, mich nicht zu fragen, schweigend vorübergehen zu dürfen. Wir waren fort und jetzt sind wir wieder hier, lasst euch das genügen. Für euch ist das Leben inzwischen weitergegangen. Wir anderen sind vom Tode zurückgekehrt.

Zurückgekehrt. Wohin?

Wäre ich gezwungen gewesen, schon an jenem ersten Tage nach unserer Befreiung unter Menschen zu gehen, Rede und Antwort zu stehen, ich hätte wahrscheinlich sofort die Flucht ergriffen, zurück nach Labarde, zurück zu unseren «Abnormalen», unseren Närrinnen, die aber noch unberührt sind von dem Wahnwitz und der Besudelung der «normalen» Welt; zurück zu unseren Klosterfrauen, deren Universum nicht über die Demut ihrer Aufgabe und den Frieden ihres Glaubens hinausreicht. Für diese Einfältigen wie für diese Nonnen ist die Gegenwart gleich der Vergangenheit, und die Zukunft wird gleich der Gegenwart sein. Die Kette ist nicht entzweigerissen.

Zurückkehren. Wohin zurückkehren?

Die Force Majeure, die uns bisher verboten hatte, an das Morgen zu denken, einen Plan über die nächste Stunde hinaus zu fassen, diese Force Majeure existiert nicht mehr. Wie der Krieg ausgehen wird, ist eine Gewißheit: das Hitlerungeheuer wird verenden; unbestimmt bleibt bloß noch der Zeitpunkt. Eine Hoffnung, die oft nur mehr ein ersterbendes Fünkchen war, ist zu einem himmelhoch lodernden Fanal geworden. Aber für uns Juden, die wir durch ein Wunder überlebt haben, erheben sich jetzt gleich riesigen, drohenden Schatten zwei Fragen, zwei Ängste.

Die eine: was ist aus allen unseren Angehörigen, unseren Freunden und darüber hinaus aus all den Zahllosen geworden, über deren Los wir wenigstens noch im ungewissen zu sein glauben, solange uns die Umstände noch jede Nachforschung, den Empfang jeder Nachricht verbieten. Verbieten? Man müßte vielmehr sagen: solange uns die Umstände noch erlauben, uns an die Hoffnung eines vagen «Vielleicht» wie an einen Strohhalm zu klammern. Wer von den Verschollenen mag noch am Leben sein, vielleicht ... Welche unerbittlichen Antworten, welche unwiderruflichen Gewißheiten stehen uns da noch bevor ... In wie vielen Massengruben modern Gebeine, die einen geliebten Namen, ein geliebtes Leben tragen. Ach, und nicht einmal diese letzte Ruhe in einem Massengrab kann als Gewißheit angenommen werden. Denn die Asche so vieler lebendig in die Krematorien der Vernichtungslager geworfenen Juden ist von den braunen Kannibalen als Dungmittel auf ihren verfluchten Feldern verwendet worden? Wie viele Gebeine sind in eigens dazu ersonnenen Knochenmühlen kunstgerecht zermahlen worden? Es gibt keine Schändung, keinen Frevel, vor dem die Deutschen, Männer wie Weiber, zurückgeschaudert wären.

Die einzige Gewißheit, die wir besitzen, ist eine nüchterne Ziffer. Von den fünfzehn Millionen über die ganze Welt verstreuten Juden sind in Europa sechs Millionen «ausgerottet» worden. Bisher. Wir sind noch nicht am Ende.

Die zweite Frage: was soll aus uns überlebenden Emigranten werden? Zurückkehren, wohin?

In die Heimat? Wohl haben wir jeder ein Land, das wir einmal nach Bezahlung des seelischen und des anderen Lösegeldes endlich verlassen konnten, aber wir haben keine Heimat mehr. Schlimmer noch: In dem Vaterlande wären wir noch fremder als in der Fremde, noch entwurzelter als im Exil. Jedes bekannte und unbekannte Gesicht, jedes Haus, jeder Stein würde uns nur bitter und ätzend ins Gedächtnis zurückrufen, was wir förmlich über Nacht nach dem «Anschluss» an Schmach, Schimpf, Verrat, Erniedrigung erleben mußten. Mit jedem Atemzug würde man nur die Erinnerung wie ein Giftgas einatmen. Jeder Schritt würde immer wieder nur vor den klaffenden, den unüberbrückbaren Abgrund zwischen dieser Vergangenheit und der Gegenwart führen. Keinem Wort, keiner Beteuerung, keinem Blick, keinem Lächeln, keiner Thräne könnte man noch je Glauben schenken. Hinter allen Larven würde nur die Erinnerung gleich einer scheusäligen Fratze sichtbar werden.

Und von jenen, die damals, nach dem 10. März 1938, daheim unser Schicksal geteilt haben, von unseren Angehörigen, unseren Freunden: niemand mehr da, niemand. Tot. Oder deportiert, spurlos verschwunden. Oder irgendwo weit, weit weg, in Amerika, Australien, Neuseeland, China ... Ein Friedhof, die Heimat, ein Friedhof selbst der noch Überlebenden.

Nicht einmal sicher wären wir, die Gräber jener wiederzufinden, die so glücklich waren, noch vor der Invasion sterben zu dürfen. Denn auch diese Gräber sind, wie man erfahren hat, geschändet und zerstört worden.

Doch wo immer es sein möge: für so viele von uns heißt es, wieder von vorn anfangen. «Recommencer à zéro.» Noch einmal bei Null, mit nichts beginnen. In materieller wie in seelischer Beziehung. Vielfach unter Null. Schon fast am Ende ihres Lebens angelangt, sollen so viele von uns Überlebenden noch einmal den Kampf aufnehmen, trotz Alter, Abgekämpftsein, Verbrauchtsein, zerrütteten Nerven, trotz allen unheilbaren Wunden, die sie mit sich tragen.

Werden wir Hilfe finden oder zumindest Gerechtigkeit?

Überall macht man uns jetzt so schöne Versprechen. Ein goldenes Zeitalter wird verheißen sowie nur das Hakenkreuzungeheuer endgültig zur Strecke gebracht ist. Bestrafung aller

Verbrechen, Wiedergutmachung allen Unrechtes, Freiheit, Gleichheit, Gerechtigkeit. Jedem soll ein menschenwürdiges Leben, ein menschenwürdiger Tod verbürgt sein. Was von allen diesen holden Botschaften der Menschheitsbeglückung wird man auch wirklich in die Tat umgesetzt sehen, wenn erst einmal die Propaganda überflüssig geworden sein wird, wenn die Politiker aller Parteien das Leid der anderen nicht mehr als Material zu ihrer Politik brauchen sollten ...

Und werden selbst diejenigen, die ehrlich und guten Willens sind, doch an ihrem eigenen Leib Hitlerdeutschland nicht zu spüren bekommen haben, werden selbst diese genug Vorstellungskraft und Energie aufbringen, um auch nach dem Kriege ihren Abscheu vor den Schuldigen, ihre Hilfsbereitschaft für die Opfer wachzuhalten? Das menschliche Herz bleibt so leicht in Vergessen und Routine stecken, das menschliche Gedächtnis ist so kurz, besonders wenn es sich um fremde Not handelt. Und dann kommen noch die Erfordernisse der sogenannten «Realpolitik», jener Politik, die alles deckt und alles zudeckt. Und die Toten tot sein läßt.

Nein, nach der Unsumme von Leiden, mit denen man das Ende eines Dritten Reiches erkaufen mußte, nach <u>diesem</u> Krieg dürfte man die Toten nicht unter dem großen Leichentuch des Vergessens tot sein lassen. Die Toten müßten unerbittlich in dem Gedächtnis, dem Gewissen der Welt aufstehen, ewige Blutzeugen einer Zeit, in der die noch nie dagewesenen, die unvorstellbaren Schandtaten eines Hitler und seines Deutschland geschehen konnten. Die Stimme der Toten müßte lauter sein als aller Siegestaumel, stärker noch als alle Politik. Die Stimme der Toten heischt Sühne, soweit es überhaupt Sühne geben kann angesichts dessen, was im Zeichen des Hakenkreuzes verübt worden ist. Sühne, um Vergeltung zu nehmen, ja, Vergeltung zu nehmen, denn es wäre widerlichste Heuchelei, perfidester Verrat, eine Vergeltung wegeskamotieren zu wollen, die selbst bei äußerster Strenge nicht nur Gerechtigkeit, sondern noch immer äußerste Milde bliebe. Aber die Stimme der Toten fordert Sühne auch als vorbeugende Maßnahme, um künftige Generationen vor dem Aufgehen der teuflischen Saat zu bewahren, die Hitler und seine Brut gesät haben. Mit dem Verschwinden des Dritten Reichs von der Oberfläche wäre nichts getan. Es muß unschädlich gemacht werden.

Die fluchwürdigsten und feigsten Greuel sind – übrigens ja noch vor dem Krieg – «bloß» an Juden verübt worden. Ich weiß, viele werden dieses «bloß», diese entschuldigende, vielleicht sogar anerkennende Einschränkung wenn auch nicht mit lauter Stimme so doch wenigstens im Stillen machen. Nicht umsonst hat sich Hitler in einer seiner Reden stolz gebrüstet, daß er unter allen Umständen ein antisemitisches Europa zurücklassen werde.

Aber vergesst nicht, ihr anderen, selbst jene, die Hitler als Antisemiten zurücklassen wird, vergesst nicht, daß es auch um eure Sache geht, vostra res agitur. Ihr in allen okkupierten und nicht okkupierten Ländern laßt euch gesagt sein, daß auch ihr unter einem siegreichen Deutschland unweigerlich zu einer Kategorie des «Bloß» hinabgesunken wärt. Ihr alle wärt «bloß» Sklaven geworden, ihr, eure Kinder und Kindeskinder, Sklaven, an denen das Herrenvolk alle seine Instinkte hemmungslos und übermütig ausgetobt hätte. Hier in Frankreich beispielsweise wärt ihr nach des «Führers» eigenem Wort «bloß» verachtete «Negroide» gewesen. Ich gebe zu, daß dieser Zustand sich noch immer nicht mit unserem Zustand vergleichen ließe. Immerhin, ihr dürft es glauben, schon euer «Bloß», nämlich Leibeigene der Herrenvolksgenossen zu sein, hätte vollauf genügt, euch auf viele Generationen hinaus elend zu machen, selbst wenn das tausendjährige Dritte Reich nicht ganze tausend Jahre gedauert hätte. Darum: vergeßt nicht, nehmt Vergeltung, seid auf der Hut, sonst könnten eure Kinder leicht ein Viertes Reich erleben. Hitler ist kein unbegreiflicher Zufall der Geschichte. Hitler war nur die Synthese, die infernalische Kristallisation seines Deutschland, das ihn frei gewählt hat.

Zurückkehren. Wohin?

Wir haben jeder ein Land, wo wir geboren sind, aber wir haben keine Heimat mehr. So sehr sind wir überall im Exil, daß wir nirgends mehr im Exil sind. Wir werden dort zu Hause sein, wo wir ein bißchen Liebe und ein Stückchen Brot finden werden.

Was unser Leben seit der Emigration war, das kreist uns im Blut gleich einem Gift, das nicht mehr ausgeschieden werden kann. Aber unsere andere Vergangenheit, die Zeit vor 1938, könnte vielleicht zu einer Erinnerung werden, die keinen Schmerz mehr zurückläßt. Wie das Grab eines längst Verstorbenen: man sucht es von Zeit zu Zeit noch auf, aber die Trauer ist schließlich zu einem flüchtigen Duft verweht, dem Duft einer fernen, wesenlosen Melancholie.

Die Jungen sind besser daran. Sie haben eine neue Heimat gefunden, in der ihre Jugend noch tief und innig Wurzel schlagen kann. Sie werden vergessen dürfen, daß sie noch etwas zu vergessen haben. Schon heute können sie sich sagen, daß Hitler sie nur in ihre wahre Heimat vertrieben hat.

Während wir, die Alten, nur das Ungewisse vor uns haben.

Man sagt uns, daß wir wieder mit beiden Füßen auf der Erde stehen müssen, man versichert uns, daß wir vertrauensvoll vorwärtsschreiten können. Aber dazu müßten wir auch festen Boden unter den Füßen spüren. Und wir sehen überall nur Sand, der bei jedem Schritt nachgibt.

Angefangen von dem Tage, an dem ich als Emigrant, wieder von vorn bei Null beginnend, an die erste fremde Türe pochen mußte, habe ich in Frankreich viele Enttäuschungen, Desillusionen, Demütigungen, viel Undank und Ungerechtigkeit auszukosten gehabt. Dann in der Folge, während der Okkupation, habe ich an Franzosen Schreckliches erlebt. Was die Deutschen sind, wußte ich bereits von Österreich her. Ich sollte noch ihre französischen Komplizen und Schüler kennenlernen. Sie standen den Deutschen oft in nichts nach.

Doch andererseits ist es mir beschieden gewesen, auf meinem Leidensweg in Frankreich Menschen zu begegnen, wunderbaren Menschen, wie ich sie noch nie zuvor gefunden hatte.

Menschen, für die ich ein Unbekannter oder so gut wie Unbekannter war, die nicht die geringste Verpflichtung mir gegenüber hatten und die mitten in der wüstesten antisemitischen Hetze sich unerschrocken zu dem fremden Geächteten bekannt haben, wogegen ich daheim von so vielen langjährigen «Freunden» schmählich im Stich gelassen, verraten und verleugnet worden bin; Menschen, die, ohne zu zaudern, den ärgsten Gefahren trotzten, weil sie es als eine Gewissenspflicht auf sich genommen hatten, Verfolgte vor den deutschen Henkern zu retten; Christen im schönsten Sinne, die bemüht waren, etwas von dem gutzumachen, was ringsum von «Ariern» an Juden verübt wurde; Menschen, die mir nicht nur ihren

Beistand entgegengebracht, sondern noch eine brüderliche Zuneigung und Ergebenheit geschenkt haben.

Menschen endlich, die ich in dem Frankreich der Resistenz als würdige Kinder jenes Volks bewundert habe, das schon vor mehr als 150 Jahren für Freiheit und Menschenrechte aufgestanden ist.

Franzosen. Franzosen und Französinnen.

Zurückkehren: Wohin?

Könnte es mir doch vergönnt sein, von diesen Menschen nicht scheiden zu müssen, die mir in schwerer Stunde ihre Hände entgegengestreckt haben; im Strahlenkreis ihrer Wärme einen Winkel zu finden, wo ich bleiben dürfte bis zum Ende, dem definitiven Ende, nach dem man nicht wieder, nochmals von vorn, bei Null anfangen muß.

Zum Leben benötigt man ein Stück Liebe und das Stückchen täglichen Brotes. Nahrung der Seele und Ernährung des Körpers, eine noch so bescheidene Existenzmöglichkeit. Alles andere ist Trug, Chimäre, Schall und Rauch. Wenn ich es nicht schon vorher gewußt habe, so hat es mich das Leben inzwischen gelehrt, seit dem 10. März 1938.

Diese Jahre haben mir mehr als Erfahrungen gebracht: ich verdanke ihnen eine Erkenntnis. Eine letzte Erkenntnis, die tiefer ist als alles, was man aus Religionen, philosophischen Systemen und politische Ideologien schöpfen kann.

Religionen, philosophische Systeme, Ideologien: alle bringen sie ihre Wissenschaft mit. Aber das einzige Wissen, das helfen könnte, das Wissen um die Liebe, ist inmitten aller phantastischen Fortschritte der Wissenschaft untergegangen. Darum ist es mit der Menschheit so mörderisch weit gekommen.

Liebe habe ich gefunden, unschätzbar viel Liebe. Mehr, als ich in guten Tagen auch nur hätte ahnen können, mehr, als ich verdient habe.

Werde ich auch das Stückchen täglichen Brotes finden?

## CARLOS

Bereits im Jahre 1943 hörte ich in Labarde den Namen Carlos mit Bewunderung und einem gewissen Respekt aussprechen. Carlos und Soleil waren die beiden bekanntesten Maquis-Chefs in der Dordogne. Doch während Soleil den Typus des ungestümen Drauflosgängers um jeden Preis repräsentierte, war Carlos bei allem Mut und aller Initiative auch ein bedächtig und gewissenhaft seine strategischen und taktischen Möglichkeiten abwägendes Gehirn. Soleil liebte es ferner, sich in den Vordergrund zu spielen; er verstand es glänzend, Reklame für sich zu machen. Carlos zog es vor, bescheiden im Hintergrund zu bleiben.

Im September 1944 lernte ich ihn bei Gabriel Rispal in Belvès kennen.

Ich hatte mir den Partisanenführer anders vorgestellt.

Carlos ist sehr schlank, fast schmächtig. Durchgearbeiteter Intellektuellenkopf. Blaugraue Augen hinter Brillengläsern, die mit diesem Gesicht gleichsam verwachsen scheinen. Distinguierte, ungezwungene Manieren eines Weltmannes. Auch in der tadellos sitzenden Kapitänsuniform schaut Carlos eher wie ein Gelehrter aus, der es noch sehr jung, mit etwa 30 Jahren, zum Universitätsprofessor gebracht hat. Von Zeit zu Zeit nur läßt eine plötzliche, harte Verstraffung des Kinns, ein dunkles Aufflammen des Blicks erkennen, daß dieser Mann noch anderes kennt als Studierstube oder Laboratorium.

Carlos spricht sehr ruhig und gemessen, mit der Bescheidenheit eines Herren, der jede Bestätigung seines Wertes nur in sich selbst sucht. Niemals erhebt er die Stimme, selbst wenn er Dinge erwähnt, die einen Affektausbruch vollauf rechtfertigen würden. Und über persönliche Erlebnisse gleitet er mit einer eigensinnigen Diskretion hinweg.

Doch hinter allem, was er sagt, wie hinter allem, was er bloß zu verstehen gibt, hinter dieser Sachlichkeit und Besonnenheit spürt man einen zur Faust geballten, nur durch den Tod bezwingbaren Fanatismus. Fanatismus im Glauben und Fanatismus im Hassen. Kein Hindernis, keine Enttäuschung, keine Niederlage vermöchte diesen Glauben zu brechen; kein Erschlaffen, kein Vergessen gibt es für diesen Mann. Nur der Tod könnte stärker sein.

Aber noch der Tod wäre kein Aufhalten. Wenn Carlos sehr einfach und unpathetisch sagt: «Sollte ich fallen», dann versteht man, daß er damit meint: «Mein Verschwinden ginge allenfalls nur mich und nicht die Sache an, der ich diene. Dort, wo ich aufhören müßte, würde ein anderer fortsetzen. Alles andere ist nicht der Rede wert.»

«... Nein, ich bin nicht Spanier, ich bin Katalane. Ich habe meine Universitätsstudien in Barcelona noch nicht bis zum Ingenieur-Diplom vollenden können. Denn schon mit 16 Jahren gehörte ich der geheimen ‹Bewegung› an, ich bin sozusagen in der Klandestinität aufgewachsen. Wir arbeiteten damals für die Sache Kataloniens im Besonderen, und im Allgemeinen bekämpften wir den Faschismus. Zum Studium blieb uns nur unsere freie Zeit.»

«... wir haben nichts mit den spanischen Anarchisten zu schaffen, die uns so sehr in Mißkredit gebracht haben. Das Programm dieser Desperados heißt Zerstörung, das unsere heißt Aufbau. Uns ist die Revolution nur Mittel zum Zweck;

sie dagegen kennen nur Mittel, jedes Mittel, selbst die Zusammenarbeit mit dem Feind.»

«... Im Jahre 39 mußten wir den Kampf gegen Franco aufgeben. Vorläufig. Am 14. Februar gelang es meiner Gruppe, lauter Universitätsstudenten, die französische Grenze zu überschreiten. Endlich erreichten wir das Lager von Argelès.

‹Lager› ist ein Euphemismus. Denn dieses Lager bestand aus einem von Stacheldrähten umzäunten Stück Terrain. Die bloße Erde. Kein Dach über dem Kopf. Und keine Decke. Die Ernährung... sprechen wir lieber nicht davon. Der Lagerkommandant war ein Kapitän von den Gardes mobiles. Hitler hätte seine Freude an ihm gehabt. Ein zum SS geborener Franzose.

Bei Kriegsbeginn wurden wir zu einer ‹Compagnie de travailleurs›, einer Arbeiterkompagnie, formiert. Zwölf Stunden harter Fron täglich. Fünfzig Centimes Löhnung.»

«... Die Ernährung? Man schickte uns zum Glück nach Agde, wo die tschechische Armee unter General Ingr ausgebildet wurde. Das bedeutete für viele von uns die Errettung vom Hungertode. Denn die Tschechen waren prachtvolle Kameraden. Es war uns bei härtester Strafe verboten, mit ihnen zu verkehren, auch nur ein Wort mit ihnen zu wechseln. Aber die über dieses Vorgehen unserer französischen Vorgesetzten empörten Tschechen fanden Mittel und Wege, sich mit uns zu verständigen und vor allem, Brot und Lebensmittel unter den Abfällen in den Müllkästen zu verstecken, die wir jeden Tag zu leeren hatten. Vom General bis zum letzten Mann – großartige Leute, die Tschechen.

Für viele von uns war ein Abkommen mit der französischen Regierung getroffen worden, dem zufolge sie nach den Vereinigten Staaten und nach Mexiko auswandern sollten. Sie hatten das Visum, die Ausreiseerlaubnis, alles. Es gingen auch mehrere Schiffe ab. Aber jedesmal wurden die Betreffenden erst einen Tag <u>nach</u> Abfahrt des Dampfers verständigt.»

«Nach der Drôle de guerre, als Pétain den Waffenstillstand mit Hitler schloß, wurden viele von uns an Spanien ausgeliefert. Man kann sich vorstellen, welches ihr Los war. Es wäre viel humaner gewesen, sie gleich zu füsilieren. Die anderen wurden in die Departements Ariège und Corrèze geschickt und dort als Holzfäller verwendet. Für einen Ster Holz bekamen wir 4 Franken. Wir wären verhungert, hätten wir nicht an Sonntagen alle möglichen Arbeiten bei Bauern verrichtet, die uns dafür etwas Lebensmittel zukommen ließen. In Agde waren die Tschechen unsere Vorsehung; in der Corrèze die Bevölkerung von Ussel. In Ussel habe ich auch geheiratet. Meine Frau ist jetzt mit unserem acht Monate alten Söhnchen dort bei ihrer Mutter. Mein Schwiegervater war als Kommunist von der Vichy-Polizei verhaftet und in ein Konzentrationslager gebracht worden. Dann haben ihn die Deutschen deportiert. Seither haben wir nichts mehr von ihm gehört.»

«... Mitte 1943 stellte ich in der Dordogne einen Maquis auf. Im Anfang hatten wir so gut wie keine Waffen. Auch mit unserer Verkleidung sah es nicht viel besser aus. Bei meinem ersten Zusammenstoß mit den Deutschen waren wir achtzehn Mann stark – sie fünfzig. Wir verfügten über eine einzige Mitrailleuse. Die Deutschen hatten sogar einen Tank.

... Unter meinen Leuten habe ich außer Franzosen auch Spanier, Portugiesen, Tschechen, Österreicher, Polen und Belgier. Viele Juden.

... Eine gewisse Xenophobie erstreckt sich natürlich auch auf uns. Wie oft hat man hören können: ‹Wir brauchen diese

Fremden nicht!› Aber wären wir nicht in den maquis gegangen, so hätten dieselben Leute sich darüber aufgehalten, daß wir Fremde Parasiten in dem Kampf um die Befreiung Frankreichs geblieben sind, daß wir nicht unsere Pflicht dem Lande gegenüber erfüllen, das uns Asyl gewährt hat. Am lautesten gegen die ‹Fremden› zetern übrigens jene, die erst in letzter Minute zur Resistenz übergelaufen sind, als die Deutschen das Spiel schon verloren hatten oder gar jene, die sich noch einzuschmuggeln verstanden, als jede Gefahr für sie vorüber war. Als ich in Égletons zehn Tote hatte, nämlich 8 Spanier und 2 Polen, machten viele von diesen Chauvinisten noch gute Geschäfte mit den Deutschen.

... Die Miliciens, die französische Gestapo, und alles, was damit zusammenhängt, waren um nichts besser als die Deutschen. Der Verrat eines miliciens hat für 15 von meinen Leuten Tortur und Hinrichtung bedeutet. Aber ich habe Hand auf ihn gelegt, ja.

... Wie gesagt, es machen sich heute viele in der Resistenz breit, die noch vor kurzem vorsichtig zuwarteten und immer nur die Haut der anderen zu Markte trugen. Es paradieren sogar Individuen, die mit dem gleichen Enthusiasmus bei den Deutschen paradiert hätten, wären diese Sieger geblieben. Individuen, die jetzt die Resistenz nicht nur als Alibi für ihre dunkle Kollaborations-Vergangenheit, sondern noch als Sprungbrett für eine Carrière benützen. Dafür haben kleine Leute aus dem Volk, die nichts wollen, keinerlei Belohnung beanspruchen und jetzt wieder bescheiden in die Reihe zurückgetreten sind, ihr Leben hundertfach aufs Spiel gesetzt, um der Sache der Resistenz zu dienen. Sehen Sie, hier in meinem Notizbuch habe ich ein paar Namen verzeichnet, die verdienen würden, daß ganz Frankreich sie kenne. Da ist beispielsweise eine einfache Schankwirtin, Madame Magnanon, oder Monsieur Salon in Siorac oder der Gendarmerie-Brigadier Chataigneau in Monpazier...

... Meine Leute brauchen mich jetzt nicht mehr. Darum habe ich meinen Maquis hier aufgelöst. Aber meine Aufgabe ist noch nicht zu Ende. Zunächst gehe ich an die spanische Grenze. Wir müssen dort gut aufpassen. Franco macht sich ein Vergnügen daraus, die flüchtenden Deutschen mit offenen Armen aufzunehmen.

Ich glaube nicht, daß wir sehr lange an der Grenze bleiben werden. Auch die Stunde Francos und der spanischen Faschisten wird früher oder später schlagen.

Meine Frau und das Kind lasse ich in Frankreich zurück. Wenn ich falle, so wird mein Sohn eines Tages wissen, wofür ich gefallen bin.«

Das ist Charles-Henry Ordeig, genannt Carlos. Die Deutschen hatten auf seinen Kopf eine Prämie von einer Million Franken gesetzt.

# IN MEMORIAM MEINER KAMERADEN
## AUS DEM KONZENTRATIONSLAGER
### BEAUNE-LA-ROLANDE

Meine Kameraden aus der Baracke 8 und Ihr alle, achtzehnhundert Verlorene, deren Martyrium im jüdischen Konzentrationslager von Beaune-la-Rolande begonnen hat, um irgendwo in Deutschland oder Polen in unvorstellbaren Qualen sich zu erfüllen, meine unseligen Brüder, es drängt mich, im Geiste nochmals zu Euch zu kommen.

Es ist kein Abschied, den ich von Euch nehmen will. Denn seit dem Augenblick, als ich Euch hinter den Stacheldrähten zurückgelassen habe, ist kein Tag vergangen, an dem ich nicht Euer gedacht hätte, und bis zu meinem letzten Atemzug wird kein Tag kommen, an dem ich Euch vergessen könnte.

Ich weiß, es gibt keine Worte für das, was ich Euch sagen möchte. Es gäbe nur Schweigen, Stummbleiben in Andacht und Trauer vor Eurem Andenken. Dennoch würde ich Überlebender es wie eine Versündigung an Euch, wie einen Abfall empfinden, in dieser Stunde Euer Gedächtnis nicht wenigstens in den Anderen wachzurufen. In jenen anderen, die vergessen könnten, aber niemals vergessen dürften, was man Euch angetan hat.

Ich schreibe diese Zeilen in einem weltabgeschiedenen, lieblichen Dorf des Périgord, an einem milden, verklärten Spätherbsttag. Spätherbst 1944, der erste Spätherbst nach der Befreiung. Das Fenster ist weit offen, draußen ist alles Frieden und Stille, besänftigend wie das Streicheln einer alten, weißhaarigen Mutter. Ich darf in einem Zimmer bei Freunden sitzen, die mich mit Zuneigung und Fürsorge umgeben. Und nichts hindert mich mehr, hinauszugehen, aufzuatmen im Freien, in der Freiheit. Ihr, meine Kameraden, dagegen ... Ach, ich weiß ja nicht einmal, wohin, in welche letzte Hölle sie Euch gestoßen haben, als sie eines Tages, vor nun mehr als zwei Jahren, im Morgengrauen kamen, um Euch aus Beaune-la-Rolande in ein unbekanntes «Vernichtungslager» zu deportieren. Auschwitz, Buchenwald, Belsen, Dora? Verschiedene Namen, die alle das gleiche namenlose Entsetzen bergen. Ich weiß nicht einmal, ob noch ein einziger von Euch am Leben ist, nicht einmal, welche Schändungen sie noch nach Eurem Tode Euch zugeführt haben. Alles was ich weiß, ist bloß, daß Ihr in Eurem Fleisch und in Eurer Seele tausend Höllen habt erdulden müssen, ehe sich endlich, endlich, der Tod Eurer erbarmen durfte. Und dies nicht, weil Krieg war, nicht als Kämpfer, die ihr Vaterland, ihre Freiheit, ihr Leben und noch die Würde ihres Todes verteidigen können. Nein, Ihr habt den Kelch aller Pein und aller Erniedrigung einzig deshalb bis zur Neige leeren müssen, weil Ihr Juden wart, vogelfreie Juden, wehrlos, schutzlos preisgegeben der Folterlust und dem Hohngewieher Eurer Henker. Nichts Menschliches war da, das zu Euch in Euere letzte Verlassenheit gedrungen wäre. Sie ließen Euch nichts, nicht einmal ein verborgenes Stückchen Papier, einen alten Brief, ein Bild, nichts, was Euch in Euerer langen, endlosen Agonie hätte beistehen können. Ehe sie in Euren Torturen schwelgten, zogen sie Eure Seelen ebenso nackt aus wie Eure Leiber.

Ich habe Euch zurückgelassen, meine Frau und Slava wiedergefunden, und durch ein Wunder konnten wir die Stunde der Befreiung erleben. Auch wir haben inzwischen manches zu leiden gehabt. Aber was ist das im Vergleich zu Euerem Leiden!

Mir ist, als müsste ich Euch um Verzeihung bitten, als müsste ich mich vor Euch demütig verneigen und Euch leise sagen: Vergebt mir, vergebt mir, daß mir Euer Los erspart geblieben ist.

Wo seid Ihr, meine Kameraden aus der Baracke 8?

Wo bist Du, Ernst Friedezky? Du warst mein «Barackenchef», aber in Wahrheit warst Du mir ein Bruder, jeden Augenblick darauf bedacht, mir etwas Liebes zu erweisen, ob es sich nun um ein Wort, ein Lächeln, einen Blick, einen Handgriff, eine Zigarette handelte. Immer warst Du bemüht, Trost und Zuversicht um Dich zu verbreiten. Und dabei war Dir selbst oft so schrecklich schwer ums Herz, mußtest Du oft eine übermenschliche Kraft aufbringen, um nicht unter der Bürde Deines eigenen Leids zusammenzubrechen. Aber Dein heimlicher, so gut verheimlichter Gram hat Deine Güte und Hilfsbereitschaft nur vervielfacht.

Ich habe Deinen letzten Brief gelesen, den Abschied von Deiner Frau, den du aufs Papier geworfen hast, als sie Euch schon verluden, Richtung Gaskammern und Verbrennungsöfen. Nur Deine sonst so klaren, festen Schriftzüge zitterten ein wenig gleich einer Stimme, die zu versagen droht. Aber sonst ist dieser Brief in seiner Stärke nicht nur ein erschütterndes Dokument der Größe und Liebe, er ist zugleich ein Monument, wie es Dir würdiger kein Dichter hätte errichten können und kein Bildhauer. Warum habe ich diesen Brief nicht abgeschrieben, als Deine Frau mir ihn zu lesen gab ... Doch wie hätte ich voraussehen können, daß sie selbst einen Monat später deportiert sein würde. Sie war Dir ebenbürtig, als wir damals nachts im Gefängnis Abschied von ihr nahmen. «Wenigstens teile ich das Schicksal meines Mannes»; das waren die einzigen Worte, die sie über ihr eigenes Los verlor. Wo ist sie?

Wo bist Du, Alois Stern, der Du mir einmal, als ich vor Hunger zusammenzufallen drohte, Dein letztes kostbares Stückchen Zucker in den Mund schobst; wo bist Du, Helfand, mit Deinem strahlenden Lächeln, Deiner unversiegbaren Lebensfreude, wo bist Du, kleiner Herschel, dessen Ohren zu glühen begannen, wenn Du das Bild Deines Kindes zeigen konntest, und wo ist es, dieses Dein Kind; wo seid Ihr, Bilder, Schleuderer, Wachsberger, Grünbaum, wo seid Ihr alle anderen Kameraden; wo sind Eure Angehörigen, alle, um die Ihr geweint habt und die um Euch weinten in schlaflosen Nächten? Wo sind die Millionen Gemordeter, die Millionen Männer, Frauen und Kinder, deren einzige Schuld war, als Juden geboren zu sein?

Meine Kameraden aus Beaune-la-Rolande und Ihr alle anderen Verlorenen, es gibt nur _eine_ Antwort auf die verzweifelte Frage: «wo seid Ihr?», nur _ein_ Totengebet für Eure letzte Ruhe, nur _ein_ Vermächtnis, das Ihr uns hinterlassen, soll Euer Martyrium nicht zum verruchtesten Zynismus, zur ungeheuerlichsten Blasphemie werden: darüber zu wachen, daß Euer Andenken sich nicht auf eitle Worte beschränke, auf tönende Phrasen, die kaum ausgesprochen, auch sonst vergessen sind.

Nicht nur, daß wir nicht vergessen dürfen. Aber alles, was wir Euerem Gedächtnis an Ehrfurcht und Liebe schulden, muß in tätigen Haß umgesetzt werden, in einen nie erschlaffenden, heiligen Haß gegen alles, was der Begriff Hitler und Hitlerdeutschland in sich schließt, gegen diesen Inbegriff des

Bösen. Dieser Haß müßte sich wie eine Religion von Generation auf Generation vererben. Denn mit dem Ende Hitlers und des Dritten Reiches wird nicht auch das Ende einer Mentalität gekommen sein, die einen Hitler und einen Himmler und einen Göring und einen Goebbels gezeugt hat und Unzählige, deren verfluchte Namen man kennt oder nicht kennt. Diese Mentalität wird gleich einem latenten Dämon in vielen Millionen von Deutschen und selbst wahlverwandten Angehörigen anderer Nationen weiterbrüten. Es wäre nicht genug, den Dämon niederzuducken, die Auswirkungen dieser Mentalität auszuschalten, momentan auszuschalten, es ginge darum, diese Mentalität selbst auszurotten. So gründlich, wie die Deutschen den letzten Juden ausgerottet hätten, wäre ihnen nur die Zeit dazu geblieben.

Es ist jetzt soviel von einer «Reedukation» Deutschlands die Rede. Ungefähr so wie man von einem entarteten Individuum spricht, das durch einen Aufenthalt in einer Besserungsanstalt auf den rechten Weg zurückgeführt werden könnte. Man kann bezweifeln, ob sich von solch einer Reedukation ein dauerndes Resultat versprechen läßt. Aber sollte die Möglichkeit bestehen, dann erst nach langer, sehr langer Zeit. Bis dahin könnte die Hakenkreuz-Mentalität selbst längst nach Verschwinden des Hakenkreuzes noch immer rückfällig werden wie ein Gewohnheitsverbrecher, dem das Böse zur zweiten, zur ersten Natur geworden ist und an dessen Instinkten keine Besserungsanstalt, keine «Reedukation» etwas zu ändern vermag.

Meine Kameraden aus dem Konzentrationslager von Beaune-la-Rolande, meine Kameraden aus allen Lagern, ich habe Euch bereits eingestanden, daß ich etwas wie Schuldbewußtsein Euch gegenüber fühle.

Seit dem Tage, an dem ich mich wieder ins Freie hervorwagen durfte, habe ich mehr als einmal den Vorwurf zu hören
bekommen, als wüßte ich dieses Glück nicht nach Gebühr einzuschätzen; als hätte ich noch immer nicht begriffen, was es
heißt, nicht mehr gehetztes Wild zu sein, überlebt zu haben.

Ach nein, Ihr alle, meine unseligen Kameraden, Ihr alle seid
meine Zeugen, daß man mir Unrecht tut. Ich hätte nicht begriffen? Eben weil ich nur allzugut begriffen habe, kann ich
mich keiner reinen Freude hingeben. Es bleibt mir ein bitterer
Nachgeschmack. Der Gedanke an Euch will mich nicht verlassen. Er soll mich auch nicht verlassen. Verließe er mich auch
nur für einen einzigen Tag, ich würde es als Verrat an Euch
empfinden.

Wüßte ich Euch gerettet, ich würde es nicht bedauern, das
Konzentrationslager kennengelernt zu haben. Im Gegenteil:
ich würde diese Prüfung als eine seelische Bereicherung ansehen. Denn bei Euch, in unserer Baracke 8, habe ich erfahren,
was das Wort, das so oft gedankenlos ausgesprochene Wort
«Kameradschaft» bedeuten kann. Glückliche können das
nicht wissen. Nur Unglückliche unter Unglücklichen können
es ermessen.

Auf unseren Pritschen in der Baracke 8 haben wir alles geteilt: unsere Not ebenso wie ein Stückchen Brot, die Finsternis
unserer Nächte ebenso wie einen flüchtigen Schimmer Hoffnung, unsere Erniedrigung ebenso wie die letzte Zigarette.
Dürfte ich jetzt auch meine Befreiung mit Euch teilen, dann
sollte mir wahrlich niemand den Vorwurf machen können,
daß ich dieses Wunder nicht voll einzuschätzen weiß.

Es ist kein Abschied, den ich von Euch nehme. Ich wollte
Euch bloß sagen, daß ohne Euch die Befreiung mir unvollstän-
dig, fast unwirklich erscheint. Sooft ich den großen Wind der

Freiheit tief einatmen, in mich eintrinken möchte, schmecke ich die Asche, Eure Asche, die er mit sich führt.

Aber andererseits bestimmt noch diese Freiheit erst recht den Platz, den ihr in meinem Leben einnehmt. Diese Freiheit bedeutet erst recht die Anwesenheit von Euch Verschwundenen, die Gegenwart von Euch Vergangenen, die Stimme von Euch Verstummten.

Diese Freiheit ist ein Band mehr, das mich unlösbar mit Euch verbindet, mit Euch und mit dem Haß gegen Eure Mörder. Kein Gelöbnis könnte stärker, unverbrüchlicher sein als dieses Band.

Ein großer Dichter hat einmal gesagt: Das Geheimnis der Liebe ist stärker als das Geheimnis des Todes.

Möge das, was Hitlerdeutschland verübte, wenigstens zur Folge haben, daß in der ganzen Welt auch das Geheimnis des Hasses sich stärker erweise als das Geheimnis jenes Todes, der Vergessen heißt.

## DIE ZU UNRECHT
## ÜBERLEBENDEN

Die Juden, denen es in Frankreich geglückt ist, das hitlerische Vernichtungsprogramm zu überleben, sind in der überwiegenden Mehrzahl keine Fremden, keine Emigranten «sans feu ni lieu», ohne Herd und ohne Heimat. Es sind zumeist Juden, die sich als bodenständige, erbeingesessene Franzosen mit dem Recht auf alle Rechte gefühlt hatten.

Erst durch die Deutschen und deren französische Helfershelfer in Vichy waren diese Juden von Français israélites zuerst zu Juifs français und endlich kurzerhand zu «Juifs» degradiert worden. Immer enger zog sich auch um sie der Kreis der Verfolgungen, bis schließlich auch sie jeder Willkür ebenso preisgegeben waren wie die Emigranten; ebenso gehetztes Wild, das im Dunkel der Klandestinität einen Unterschlupf suchen mußte.

Und nun tauchen solche Juden wieder an das Tageslicht empor, und nicht genug an dem, machen sie ihre Rechte wieder geltend. Sie geben sich nicht damit zufrieden, das nackte Leben gerettet zu haben. Sie betrachten nicht fatalistisch ihre ganze soziale und materielle Vergangenheit als ausgelöscht und ihre Zukunft als ein Problem, dessen Lösung dem Zufall und dem Gutdünken der anderen überlassen bleiben muß. Statt jeden Atemzug als unverdiente Gnade zu empfinden, jeden teuer erkauften Bissen Brot als milde Gabe zu empfangen, jede Demütigung als unabänderliche Tatsache hinzunehmen, statt ergeben wieder von vorn bei Null anzufangen, ist diese Sorte von Überlebenden so übermütig, wieder dort anknüpfen zu wollen, wo sie abgeschnitten, weggerissen worden ist. Sie wagen es, diese Überlebenden, Ansprüche auf das zu erheben, was ihnen gebührt; Ansprüche auf alles, dessen sie brutal beraubt worden sind, in moralischer wie materieller Beziehung. Störrisch verschließen sie sich der Einsicht, daß sie, wäre es mit rechten Hitler-Dingen zugegangen, längst gleich zahllosen anderen verdorben und verstorben sein müßten.

Mit einem Wort; sie sind zu Unrecht überlebend. Und Legion jene, die ihnen das nicht genug verargen können.

Nicht nur die geborenen Antisemiten, die sich stolz rühmen, «nicht erst auf Hitler gewartet zu haben, um Antisemiten geworden zu sein»; nicht nur ferner die gelehrigen Antisemiten, bei denen die Giftsaat der Nazipropaganda auf einen nur allzu fruchtbaren Boden gefallen ist; nicht nur endlich die Antisemiten von Beruf, die großen und kleinen Ausbeuter jüdischen Elends, jüdischer Todesangst, die offiziellen Hyänen vom Banditariat aux affaires juives und die zahllosen privaten Gangster und Leichenfledderer aller Spielarten, für welche das Aufhören der großen Hetzjagd auf Juden das Ende einer noch nie dagewesenen Prosperität bedeutet, Schluß mit einem märchenhaften Schlaraffenzeitalter, in dem die gebratenen Tauben der Judenausplünderung nur so in weit offene «arische» Münder flogen.

Nein, die Empörung erstreckt sich noch auf eine andere Kategorie von Antisemiten. Von Neo-Antisemiten sozusagen.

Daß Juden, die sich das Unrecht zuschulden kommen ließen, den Raubmördern zu entwischen, daß diese Glückspilze sich nicht mehr weiter damit begnügen wollen, sich zitternd in ein Loch zu verkriechen, sondern ihren Platz wie alle ande-

ren und unter allen anderen fordern: das können ihnen viele
nicht verzeihen, die sich bisher sogar etwas darauf zugute taten, keine Antisemiten nach deutschem Zuschnitt zu sein, die
bisher sogar großmütig genug waren, zu konzedieren, daß Juden schließlich auch Menschen sind, Menschen, die ein Recht
auf Leben haben – besonders totgeglaubte Juden. So schöne,
tolerante Prinzipien hatten sie bisher. Das heißt: solange dieses Recht auf Leben praktisch von den Überlebenden nicht
geltend gemacht werden konnte.

Aber, wie gesagt, da erscheinen nun plötzlich Juden, die
man mit Fug und Recht für ewige Zeiten verschwunden
glaubte, und sie lassen sich an, ihren früheren Rang, ihre früheren Stellungen wieder einnehmen, ihre geraubten Wohnungen und Arbeitsstätten wieder beziehen zu wollen. Sie wollen wieder Herren im eigenen Hause sein, die Früchte ihrer
Arbeit wieder selbst genießen. Zum Dank, daß sie überleben
durften, erfrechen sie sich, ihrem geistigen und materiellen Gut bei Stehler und Hehler nachzuspüren, Rechenschaft
und sogar Rechnungslegung zu fordern. Das geht denn doch
zu weit. Und wäre ihnen schon nichts anderes vorzuwerfen,
so stellen sie wieder eine Konkurrenz dar, eine Konkurrenz,
die auf die radikalste Weise und auf immer aus dem Wege ge-
räumt schien. So schön, so einfach, so bequem könnte doch
alles sein, wäre kein einziger von diesen Störenfrieden aus
dem Nichts zurückgekehrt, von diesen Spielverderbern, die
von Rechts wegen seit langem tot sein müßten. Nein, Gestapo
und Vernichtungslager haben entschieden keine ganze Arbeit
getan.

So sagen sich viele Nutznießer jüdischen Unglücks, die gemeint hatten, wenigstens ein unanfechtbares, gesetzlich unge-
setzliches Erbe nach verschollenen Juden angetreten zu ha-

ben. Jetzt sind sie bitter enttäuscht, jetzt sollen sie, man denke nur, am Ende etwas von dem allem zurückerstatten, was ihnen so mühelos in den Schoß gefallen war. Daher tun sie entrüstet und zetern laut und hetzen sie, daß man sich wieder einmal davon überzeugen könne, wie die Juden sich überall eindrängen, vordrängen, breitmachen, wie sie alles nur für sich haben, rücksichtslos alles an sich reißen wollen. Und die Judenfrage, proklamieren sie, müsse von frischem aufgeworfen werden; sie sei akuter denn je.

Nach all dem Unsäglichen, das Juden zu erdulden hatten, wäre es vielleicht sogar verständlich, sogar gerechtfertigt, wenn die Überlebenden irgendwelche Begünstigungen oder auch nur ein bißchen Wohlwollen beanspruchten. Denn ohne darum die Leiden der «arischen» Bevölkerung in den okkupierten Ländern auch nur im mindesten unterschätzen zu wollen, kann nicht oft genug betont werden: was an Juden verübt wurde, hat mit dem Krieg als solchem nichts zu tun. Beweis dessen die Vorgänge, die sich noch lange vor dem Krieg in Deutschland selbst, dann in Österreich und in der Tschechoslovakei abspielen, ungehindert abspielen konnten. Angefangen von den Nürnberger Gesetzen war der antisemitische Ausrottungsplan ein grauenvolles negatives Privileg der Juden. Sie hätten vielleicht also auch einmal das Recht auf ein positives Privileg.

Aber wir beanspruchen keinerlei Privileg, keinerlei Begünstigung. Was wir beanspruchen, ist lediglich Gerechtigkeit, das heißt strikte Objektivität, gleiche Rechte und Pflichten mit allen anderen, gleiche Beurteilung, gleiches Maß in pro, jedoch auch gleiches Maß in contra. Es ist schon traurig genug, daß so Selbstverständliche[s] überhaupt erst ausgesprochen werden müsse. Wir beanspruchen keinen Prosemitismus. Wir verlangen nur Schluß mit dem Antisemitismus. Wir wollen lediglich, daß jeder unvoreingenommen und individuell nach seinen Leistungen, nach seinen Vorzügen und Fehlern beurteilt und nicht generell nach dem Zufall seiner Geburt verurteilt werde. Denn jede antisemitische Diskrimination ist an sich schon eo ipso eine Inkrimination.

Selbstverständlich sind auch wir weit entfernt von Vollkommenheit. Genau so wie alle anderen. Selbstverständlich zählen auch wir den normalen Prozentsatz an anständigen und unanständigen Menschen, an wertvollen und minderwertigen Elementen, mit allen Zwischenstufen zwischen den Extremen. Genau so wie alle anderen. Selbstverständlich hat auch jeder von uns seine guten und seine schlechten Eigenschaften, seine Tugenden und seine Laster. Genau so wie alle anderen. Und selbstverständlich verlangen wir, daß diese ewige, allgemeingültige, nur auf die Nazi-Unmenschen nicht anwendbare menschliche Norm auch für uns ihre Gültigkeit habe.

Fern von uns, eine spezielle hervorhebende Anerkennung für positive Leistungen oder Eigenschaften zu reklamieren. Wir bilden uns nicht ein, intelligenter oder begabter oder fähiger oder geschickter zu sein als alle anderen.

Aber wenn ein Herr X, der zufällig Jude ist, sich etwas zuschulden kommen läßt, dann begnüge man sich damit, zu sagen: «Der X hat sich etwas zuschulden kommen lassen», statt wohlgefällig zu unterstreichen: «Der Jude X» oder gar gehässig zu konstatieren: «Natürlich, so sind alle Juden.» Ließe sich doch auch niemand einfallen zu sagen: Der Katholik, der Protestant, der Mohammedaner X hat sich etwas zuschulden kommen lassen, oder gar: Seht, so sind alle Katholiken, Protestanten, Mohammedaner.

Diese Selbstverständlichkeit, daß jeder für sich und nicht die Gesamtheit für den einzelnen verantwortlich gemacht werde, daß die Gesamtheit nicht gewissermaßen als Geisel für den einzelnen einzustehen habe; daß eine konfessionelle Zugehörigkeit als Privatsache und nicht als Kriterium betrachtet werde: diese primitivste Selbstverständlichkeit ist alles, was wir beanspruchen.

Was übrigens die Kriterien betrifft, so wäre es ein Leichtes, selbst an Hand der absurdesten und niederträchtigsten antisemitischen Klassifikationsmethoden nachzuweisen, daß es viele Juden gibt, die weit «christlicher» sind als viele Christen, und viele Christen, die weit «jüdischer» sind als viele Juden.

Jeden Augenblick im alltäglichen Leben könnte man versucht sein, die Frage zu stellen: Wenn ein Herr Bloch oder ein Herr Levy so gehandelt hätte wie dieser Herr Brand oder dieser Herr Dupont, welches Triumphgeheul gegen den Juden Bloch, den Juden Levy im Besonderen und gegen die Juden im Allgemeinen hätte sich da erhoben?

Unter den überlebenden Juden sind selbstverständlich auch solche, deren Verhalten nicht einwandfrei ist. Ein minderwertiges Subjekt bleibt ein minderwertiges Subjekt vor und nach der Libération. Aber könnte wirklich jemand im Ernst behaupten, daß auf jeden dieser Juden nicht zumindest die proportionell entsprechende Anzahl von «Ariern» kommt, denen zumindest der gleiche Vorwurf gemacht werden dürfte? «Arier», die nicht einmal als mildernden Umstand für ihr Verhalten den Schimpf und die Erniedrigung anführen könnten, die jeder von uns Überlebenden ohne Unterschied erfahren hat, der Beste wie der Schlechteste.

Die sogenannte «Judenfrage»? Eine Fiktion. Sie existierte einzig deshalb, weil sie aufgeworfen wurde, aber sie wurde nicht aufgeworfen, weil sie existiert, sondern einzig, damit sie existiere. Der Antisemitismus benötigte sie als Fundament für alle seine Schändlichkeiten. Ein Hitler und seine Volksgenossen bedienten sich ihrer, um die grausigste und zugleich feigste Untat der Weltgeschichte in Szene zu setzen.

Für die Judenfrage besteht seit jeher eine höchst einfache Lösung: zuzugeben, daß sie nicht existiert. Überall wo man die Juden nicht gewaltsam durch geschriebene oder heimtückisch durch ungeschriebene Gesetze daran verhinderte, vom Ghetto zu genesen, sich aufzurichten, in der Gemeinschaft aufzugehen: sich zu assimilieren, statt sich bloß dem Druck der Bedrückung zu adaptieren, überall, wo man ihnen die volle Gleichberechtigung de facto und nicht bloß auf dem Papier gewährleistete, überall dort gab es keine Judenfrage. Das frappanteste Beispiel: Sowjetrußland.

Sowjetrußland, das noch vor relativ ganz kurzer Zeit, vor ein paar Jahrzehnten, das zaristische Rußland der Pogrome und antisemitischen Ausnahmegesetze gewesen ist. (Noch immer freilich ein Märchenparadies im Vergleich selbst nur zu den Anfängen des Dritten Reiches.)

In Sowjetrußland wurde die ganze Judenfrage mit einem Federstrich aus der Welt geschafft. Und nach den Resultaten zu urteilen, hat Rußland diesen Federstrich Lenins keineswegs zu bereuen gehabt.

Um allfälligen Insinuationen vorzubeugen, sei mir erlaubt zu bemerken, daß ich keiner politischen Partei je angehört habe noch angehöre.

Durch einen Federstrich also ist für die russischen Juden ihr Land aus einem Geburtsland zum Vaterland geworden. Zu dem Vaterland, wie jeder von uns es sich erträumt hatte; zu dem Vaterland, dem man sich zugehörig fühlte, dem man sich mit allen Kräften hingeben darf, ohne dafür gedemütigt und zurückgestoßen zu werden; zu dem Boden, mit dem man sich in Freud und Leid, im Leben und im Sterben, mit Kindern und Kindeskindern verwurzelt fühlt; zu der geliebten Erde, die Geborgenheit, Bleiben, Dauer und nicht mehr Ahasvers ewig fremde Straße ist und in die man noch nach dem Tode wie in die Arme einer Mutter zurückkehren darf.

Ist es da verwunderlich, daß so viele Juden auch außerhalb Rußlands dankbare Anhänger einer Ideologie sind, die keine «Judenfrage» kennt?

Für alle Antisemiten, die sich auch die Propaganda gegen den Kommunismus zum Geschäft gemacht haben, ein willkommener Anlaß mehr, den Juden ein doppeltes Verbrechen anzulasten: den Judäo-Kommunismus. Dies natürlich erst, nachdem Hitler Rußland überfallen hatte. Vorher waren dieselben Juden von denselben Antisemiten als «Judäo-Plutokraten» gebrandmarkt worden.

Man weiß nicht recht, ob durch diese Bezeichnung: «Judäo-Kommunisten» die Juden Kommunisten oder die Kommunisten Juden geschimpft werden sollen. Sicher ist bloß, daß zwischen Juden und Kommunisten, Kommunisten und Juden kein Unterschied gemacht wird.

Die Russen befolgen das gleiche Prinzip, freilich in einem anderen Sinne. Für sie wird es keinen Unterschied geben, auch was die Bestrafung der Kriegsverbrecher betrifft. Die vielen Hunderttausende von bestialisch in Rußland zu Tode gefolterten jüdischen Männer, Frauen und Kindern werden ebensowenig vergessen werden wie die «arischen» Männer, Frauen und Kinder. Auch in dieser Beziehung dürfte es für die Russen keine Judenfrage geben.

Während in manchen anderen Ländern... Dort, fürchte ich, werden die jüdischen Opfer «bloß» Juden gewesen sein; die Frage nach ihrem Los eine Judenfrage ohne jede Bedeutung, eine Judenfrage, über die man mit einem Achselzucken hinweggeht. Sie sind tot. Wozu noch davon sprechen?

Wogegen die andere «Judenfrage» für die Überlebenden aufgeworfen wird, für die zu Unrecht Überlebenden. Sind diese doch zu dreist, nicht nur weiterleben, sondern so weiter leben zu wollen wie alle anderen.

Weiterleben und sterben wie die anderen, eines natürlichen Todes. Statt längst, wie es ihre Pflicht gewesen wäre, in den Folterlagern, Gaskammern, Verbrennungsöfen, in diesen Hochburgen germanischer Kultur und Zivilisation qualvoll verendet zu sein, statt das rühmenswerte Beispiel jener sechs Millionen Juden befolgt zu haben, denen niemand mehr wird vorwerfen können, daß sie noch irgend etwas wollen, noch irgendwo auf einen Platz Anspruch erheben, nicht einmal auf ein Grab.

# NOCH IN LABARDE;
## ABER FREI

Unten im Tal, dort wo von der Fahrstraße, die von Belvès nach
Sainte-Foy führt, ein Weg abzweigt, der einen Hügel hinan zu einem weitläufigen, halb zwischen Linden und Kasta-
nienbäumen versteckten Gebäude erklimmt, ist ein primitiver,
hölzerner Wegweiser mit einer Tafel angebracht. Darauf die
von Alter, Wind und Wetter halb verwischte Inschrift: ASILE
DE LABARDE.
Während der ganzen Zeit unseres ersten Aufenthaltes in
Belvès hatten wir niemals von Labarde sprechen gehört. Erst
im November 1942, an einem trüben, naßkalten Morgen, sollten wir diese Inschrift zum erstenmal entziffern.

Den Nachbarn in den ringsum verstreuten Bauerngehöften
ist Labarde natürlich wohlbekannt. Aber von den anderen,
die an dem Wegweiser vorüberkommen, wissen die meisten
nicht, was dieses «Asyl» ist. Gleichgültig setzen sie ihren Weg
fort. Und selbst jene, die vielleicht einmal erfahren haben,
daß es sich um ein Franziskanerinnen-Kloster handelt, dem
ein Hospital für Schwachsinnige, Epileptikerinnen und Krüppel angegliedert ist, selbst jene sind auch nicht weiter neugie-
rig und trachten, lieber an etwas anderes, Erfreulicheres zu
denken.
 Hospital, Geisteskranke, Krüppel, Gebrechen, Verfall. Es
tut nicht gut, sich bei solchen Vorstellungen aufzuhalten. Unwillkürlich beschleunigt man den Schritt, sucht man sich da-

von zu entfernen. Und überdies hat dieser Krieg noch ganz andere Dinge gezeitigt, an die man sich längst gewöhnt hat.

Fast zwei Jahre hindurch war uns Labarde ein Schlupfwinkel, aus dem wir uns nicht hervortrauen konnten. Sich auch nur bis zu dem hölzernen Wegweiser unten im Tal vorzuwagen, schon dieses Unternehmen wäre mit größter Gefahr verbunden gewesen. Die Aufmerksamkeit eines zufällig vorüberkommenden Gendarmen oder auch nur eines simplen Passanten zu erregen hätte die schlimmsten Folgen nach sich ziehen können. Jede Begegnung konnte unser Schicksal entscheiden; dem erstbesten, dem wir in den Weg liefen, waren wir auf Gnade und Ungnade ausgeliefert.

Nun, seit dem Tage der Libération dürfen wir kommen und gehen, wie es uns beliebt. Nichts hätte uns gehindert, Labarde und alles, was es an Jammer und Siechtum birgt, am gleichen Tage noch zu verlassen. Aber wir sind geblieben. Und sooft wir jetzt ausgehen und von «draußen» zurückkehrend wieder bei dem hölzernen Wegweiser angelangt sind, werfen wir einen Blick auf die Tafel mit der halbverwischten Inschrift, einen dankbaren, zärtlichen Blick, der innehält und besagt: Wie schön, daß wir wieder da sind!

Wir sind in Labarde geblieben. Nicht nur, weil es uns als Undank, förmlich als Verrat erschienen wäre, unserer Zufluchtsstätte den Rücken zu kehren, sowie sie ihren Zweck erfüllt hatte. Nicht nur, weil wir ein Gefühl der Scham nicht hätten unterdrücken können, gleichsam einem Freund untreu zu werden, der uns in der Bedrängnis unbedingte Treue gehalten hatte. Nicht nur, weil wir den Eindruck vermeiden wollten, als wäre unsere enge Behausung uns jetzt mit einem Male nicht mehr gut genug, nachdem wir dort so lange Zeit das gefunden hatten, was uns der geräumigste, prunkvollste Palast nicht hätte bieten können: Schutz und Wärme, viel Wärme. Mit Labarde hatte Hélène Rispal auch ein Asyl für unser obdachloses, frierendes Gemüt entdeckt.

Doch nicht bloß aus solchen Skrupeln heraus sind wir geblieben. Denn jedesmal, wenn wir seit der Libération von irgendwo wieder nach Labarde heimkehren, bei der Abzweigung wieder einbiegen, spüren wir eine Art von innigem Verbundensein mit dem Hause oben auf dem Hügel, das so vielen düster und abschreckend erscheinen mag, mit diesem Hause der Umnachtung und des Elends, aber auch des Lichtes und der Barmherzigkeit.

Kaum, daß sie uns von weitem erblickt haben, so laufen, hinken, humpeln, torkeln sie uns schon entgegen, unsere «Armen im Geiste», unsere «Enfants». Sie gestikulieren, fuchteln, schreien, lachen, stammeln. Für jeden, der sie zum erstenmal erblicken würde, ein grotesker, mehr Widerwillen als Mitgefühl erregender Haufen von närrischen Weibern.

Sind die meisten dieser Geschöpfe wirklich so abstoßend in ihrer Häßlichkeit, ihrer Entstellung, mit ihren Grimassen, ihren verwachsenen, verkümmerten Gliedmaßen? Wir wissen es nicht, wissen es nicht mehr. Für uns hat der Anblick dieser Schwachsinnigen, dieser Krüppel, dieser Mißgeburten längst kein Gesicht, keine Gestalt mehr. Wir sehen nur ihre Anhänglichkeit, ihr Bedürfnis nach Zärtlichkeit, das mühsam durch das Lallen ihres Geistes nach Ausdruck ringt. Wir verstehen ihre Sprache. Es ist die ewige Sprache der Kreatur, die nach ein wenig Liebe verlangt; danach verlangt, ein wenig Liebe zu empfangen, ein wenig Liebe zu geben.

Und da sind sie auch wieder, unsere Klosterfrauen in ihrer braunen Franziskanerinnentracht mit dem schwarzen, weißgeränderten Schleier.

Niemals, solange wir uns verstecken mußten, haben sie uns fühlen lassen, daß sie unsere Wohltäterinnen waren, daß sie Geächteten ein Asyl gewähren. Niemals, selbst wenn die Deutschen in unmittelbarer Nähe von Labarde waren, haben sie uns auch nur durch die leiseste Andeutung zu verstehen gegeben, daß unsere Anwesenheit sie selbst in schwere Gefahr brachte. In den kritischsten Momenten haben sie niemals getrachtet, sich unserer zu entledigen, so menschlich begreiflich dies auch gewesen wäre. Im Gegenteil: die Supérieure wollte unter keinen Umständen zugeben, daß wir das Haus verlassen.

Und jedesmal jetzt, wenn wir von Labarde abwesend waren, sei es auch nur für ein paar Tage, empfangen sie alle uns dann wieder mit einer Herzlichkeit, als wären wir von langer Reise endlich heimgekehrt.

Da ist sie, unsere Soeur de l'Annonciation mit ihrem strengen und doch so feinen Gesicht. Sie wird den ersten freien Augenblick benützen, zu uns zu kommen, sich für eine Weile in unserem Zimmer zu uns zu setzen. Soeur de l'Annonciation spricht nicht viel, sie ist eher wortkarg und liebt es überhaupt nicht, ihre Gefühle zu zeigen. Aber noch in ihrem Schweigen ist die Festigkeit einer Freundschaft, die uns getreulich begleitet und alles mit uns teilt; heute die Befreiung wie sie damals unsere Bedrängnis teilte, als die Soeur die Höhle hinter der Morgue ausfindig machte...

Soeur de l'Annonciation, die so wenig spricht, hat uns einmal gesagt, daß sie viel für uns betet. Man muß nicht selbst den Glauben haben, um zu fühlen, daß dieser Christin Gebete den Weg zu Gott finden.

Es ist das siebente Jahr, daß wir heimatlos sind, und wir wissen nicht, wohin uns das Schicksal noch stoßen mag, ehe wir endlich von jener Erde aufgenommen werden, die nirgends mehr fremde Erde ist, weil Mutter aller Toten. Aber jeder Tag in der Gegenwart tut wohl, an dem wir spüren, daß uns noch außer bei unseren nächsten Freunden ein Tor weit aufgetan ist, mag dieses Tor auch das Tor eines Siechenhauses sein.

Asile de Labarde. Das sind in der Vergangenheit auch jene Nächte, wenn wir in würgenden Angstträumen uns wieder in den Krallen der Deutschen wähnten. Verstört fuhren wir aus dem Schlafe auf. Und welches Aufatmen, welche Erlösung war es dann, zu erkennen, sich sagen zu dürfen: Gott sei Dank, es war nur ein Albdruck, wir sind ja alle drei in unserem Labarde, in unserem Zimmer, in unseren Betten.

In solchen Augenblicken wurde das Siechenhaus zum Paradies ...

Noch aus einem anderen Grund sind wir froh, sooft wir, von draußen zurückgekehrt, uns wieder zwischen unseren Klostermauern sehen.

Draußen: das ist die Welt; wenn auch noch nicht die Welt nach dem Kriege, so doch die Welt nach der Befreiung. Man kann schon jetzt gewisse Erfahrungen machen, gewisse Schlüsse ziehen, man muss schon jetzt gewisse Illusionen streichen. Schon jetzt.

Ein winziges Partikelchen Welt nur, dieses «Draußen», das wir zu Gesicht bekommen, doch immerhin groß genug, das Ganze zu erkennen. Es ist nicht so, wie man es sich erträumt hätte, dieses Ganze.

Man wäre zuweilen versucht, sich zu fragen: Was hätte eigentlich noch über die Menschen kommen müssen, damit sie sich ein wenig ändern? Wie müßten noch die Prüfungen sein, die zuwege bringen könnten, daß sie sich besinnen, Einkehr halten, daß sie nicht nur in leeren Worten besser, menschlicher werden? Ist nicht tausendfach genug an dem, was geschehen ist?

Von den Deutschen endlich erlöst, nach mehr als vier Jahren. Das Entsetzliche, das sie überall hinter sich gelassen haben, bleibt zurück. Aber sie selbst sind nicht mehr da. Was sie noch alles verüben könnten, ist nicht mehr da.

Wahrhaftig, es ist, als würden zu viele sich nicht Rechenschaft darüber geben, was dies bedeutet. Es ist, als würden zu viele dieses Wunder nicht verdienen. Sonst würden sie noch anderes kennen als ihren brutalen Egoismus, ihre Habgier, ihre Eitelkeit, ihren Ehrgeiz; sonst würden sie noch anderes denken, sich noch an anderes erinnern als an Schacher, Winkelzüge, Intrigen und Parteihader. Und dies allzu oft unter dem Deckmantel eines lärmenden Patriotismus, der aber vorsichtig das Verschwinden der Deutschen abgewartet hatte, um sich zu manifestieren. Sonst müßten auch nicht Zahllose bitter darben, Mütter ihre Kinder dahinsiechen sehen, während gleichzeitig auf dem Schwarzen Markt für jene, die es sich leisten können, alles zu haben ist, während Schieber und Scharlatane aller Arten ihren Überfluß schamlos zur Schau tragen. Sonst würden nicht so viele, die guten Willens sind, an dem Erfolg ihrer Anstrengungen verzweifeln. Sonst würden nicht so viele, die in den heroischen Tagen der Resistenz und der Insurrection ihr Leben freudig aufs Spiel gesetzt haben, jetzt entmutigt und angewidert den Kampf gegen den inneren Feind aufgeben, gegen jene, die das heilige Feuer dazu mißbrauchten, ihr Süppchen daran zu kochen.

Die «Epuration», von der um so mehr die Rede ist, je weniger sie in die Tat umgesetzt wird, diese Reinigung müßte von manchen zunächst an sich selbst vorgenommen werden. Dann wird Frankreich nach dem grandiosen Anlauf, den es genommen, auch die Kraft aufbringen, seine innere Größe wiederzufinden, nicht nur sein äußeres Prestige.

Es ließe sich noch viel darüber sagen, auch über die systematische Wühlarbeit, die hämische Schadenfreude, mit der Hitler-Franzosen, die jeder Epuration geschickt auszuweichen wußten, das große Aufbauwerk ihres Landes zu hintertreiben und zu sabotieren trachten.

Aber es ist besser, zu Labarde zurückzukehren.

Hier in Labarde hört und sieht man kaum etwas von dem, was «draußen» vorgeht. Und auch diesen Umstand empfindet man zuweilen als besonders wohltätig wie die unverdorbene Luft, die man auf unserem Hügel atmet.

Unsere «Armen im Geiste» sind unberührt von dem «Draußen». Schon ihre Einfalt bewahrt sie davor. Ihrer ist das Himmelreich. Und unsere Nonnen dürften sich hinter ihren Klostermauern von allem abschließen, was nicht unmittelbar in den engen Kreislauf ihres Lebens eingreift.

Auch dieses Leben im Kloster ist wie jedes Menschenleben nicht frei von Unvollkommenheit und Schwächen, hat sein Auf und Ab, sein Menschliches und Allzumenschliches. Aber dieses Leben, geweiht der Entsagung, der Selbstentäußerung, der demütigen Erfüllung von Aufgaben, für die es keinen Dank und keinen irdischen Lohn gibt, dieses Leben kennt noch einen Glauben; dieses Leben horcht noch andächtig auf ein Höheres wie auf die ewigen Akkorde einer überirdischen Musik, es vernimmt noch eine göttliche Stimme inmitten einer gottlosen Zeit, einer Zeit, die entsetzlich taub bleibt, leer und öde trotz dem mörderischen Tumult und Getöse, von dem sie durchschüttert ist, trotz allen Leiden und Tränen, trotz allen Schwüren und schönen Worten.

Bis zur Libération war unser Zimmer in Labarde uns ein Schlupfwinkel. Jetzt, wenn wir von draußen zurückkommen, dünkt es uns zuweilen wie eine Insel; ein winziges Eiland inmitten eines aufgewühlten, feindlichen Meeres, auf das wir eines Tages, früher oder später, werden hinausmüssen.

Noch ist dieser Tag nicht gekommen. Aber ich möchte von Labarde Abschied nehmen, noch ehe es mir zu schwer fällt, noch ehe die Stunde der Trennung geschlagen hat.

Denn wenn es so weit sein wird, wenn ich zum letzten Male den Hügel hinunter den Weg zu der großen Straße einschlagen werde, dann will ich fortgehen, schnell, schnell, ohne den Kopf umzuwenden, ohne unten im Tal den Wegweiser anzublicken, die Tafel mit der halbverwischten Inschrift: ASILE DE LABARDE.

*Labarde, März 1945*

## NACHWORT

Dieses Buch ist im März dieses Jahres abgeschlossen worden. Seither ist der Zusammenbruch des Dritten Reiches erfolgt, das angebliche Verschwinden Hitlers, der Waffenstillstand, der Tag der offiziellen Siegeserklärung. Die Nachkriegsperiode hat begonnen.

Manches in diesem Buche mag vielleicht [nicht] nur überholt, sondern bereits veraltet erscheinen. Das Leben ist inzwischen weitergegangen, mit allem, was es an seiner Oberfläche umwandelt, wegschwemmt, mit allem, was seine Ewigkeit und seine Vergänglichkeit, seine Größe und seine Grausamkeit ausmacht. Und ein Überlebender erweckt unter den Lebenden schon heute leicht den Eindruck eines Überbleibsels aus einer anderen, versunkenen Zeit.

Dennoch wollte ich auch nicht einen einzigen Satz in meiner Arbeit ändern oder hinzufügen. Jede Retusche wäre mir als Fälschung erschienen. Ich habe nur manches gestrichen, das sich bereits als gegenstandslos oder zu naiv erwiesen hat.

Ich weiß, daß ich Gefahr laufe, als Defätist des Sieges betrachtet zu werden und das Mißfallen vieler zu erregen, die mit dem glücklichen Ende des Krieges auch das Ende der Vorkriegsübel und Kriegsursachen prophezeit hatten. Diese beneidenswerten Optimisten lassen die Vergangenheit begraben sein, ignorieren die Gegenwart und bauen auf die Zukunft.

Für einen, der das Kriegsende nur erlebt hat, indem er die Vergangenheit sozusagen gegen alle Wahrscheinlichkeit überleben durfte, liegen die Dinge nicht so einfach. Vieles, was man sich von dem Sieg versprechen durfte, ist nicht eingetreten, und dafür ereignet sich vieles, was man nicht für möglich gehalten hätte.

Die Toten sind tot, und die Lebenden entfernen sich von ihnen mit einer Hast, die zuweilen nicht einmal mehr einen letzten Rest von Anstand bewahrt. Und diese Lebenden sind die, für die jene Toten gestorben sind.

Die Stätten, wo die Deutschen die berühmtesten ihrer Tortur-Höllen eingerichtet hatten, werden über kurz oder lang zu einem ergiebigen Objekt der Fremden-Industrie, einer in den Reisehandbüchern mit einem Doppelstern anempfohlenen Sehenswürdigkeit geworden sein. In Weimar werden die Deutschen neben dem Goethehaus noch auf den Tempel eines ganz anderen Geistes mit Stolz hinweisen können: Das «Vernichtungslager» Buchenwald.

Ach ja, die Toten reiten schnell, aber die Lebenden reiten noch schneller. Der Rest ist Politik. Politik wie eh und je. Geschäft ist Geschäft, und Politik ist Politik. Alle Toten, alle Gefolterten konnten nicht verhindern, daß die Politik so schrecklich lebendig, daß sie Politik geblieben ist.

Allerorten ist der Sieg gebührend gefeiert worden. Allerorten wurde defiliert, gejubelt, getanzt, getrunken. Allerorten berauschte man sich an Festlichkeiten und wunderschönen Reden. Dennoch hatte man das Gefühl, daß es nicht ganz das Richtige war.

Zu viele waren es, die einsam über ihre Toten und über sich selbst weinten. Zu viele jene, die schon seit langem mit dem Ausbeuten der Siegeskonjunktur beschäftigt, keine Zeit fanden, an dem historischen Datum ihre Geschäfte zu unterbrechen. Zu viele endlich jene, die geglaubt hatten, einem Ideal zu dienen, und inzwischen einsehen gelernt hatten, daß sie nur dazu da waren, damit Klügere sich ihrer bedienten.

Der Sieg über das Deutschland Hitlers ist mit unerhörten Opfern und Leiden erkauft worden. Aber sich dessen würdig zu erweisen, auch den Sieg zu feiern, der neben politischen und diplomatischen Maßnahmen, neben dem Wiederaufbau und der Wiederinbetriebsetzung zerstörter Objekte und Industrien auch den anderen Aufbau, die Offenbarung einer besseren, reineren Welt bringen soll, jenen anderen Sieg zu feiern: dies dürfte vielleicht einer kommenden Generation vorbehalten bleiben. Wenn sie nicht gerade dabei sein sollte, einen neuen Krieg gegen ein neues Drittes Reich zu führen.

*Labarde, Juli 1945*

# ANMERKUNGEN ZUR
# DEUTSCHEN AUSGABE

Das Manuskript dieses Buches hat Moriz Scheyer seinen eigenen Angaben zufolge zwischen 1943 und 1945 verfasst. Ursprünglich trug es den Titel «Ein Überlebender». Veröffentlicht wurde es erst 2016 in englischer Übersetzung in Großbritannien, es folgten Ausgaben in Frankreich, Italien und Spanien. Nun erscheint der Text zum ersten Mal in seiner Originalsprache. Das Nachwort zur englischen Ausgabe von Peter N. Singer, dem Stiefenkelsohn des Autors, wurde leicht überarbeitet und Scheyers Bericht mit erläuternden Anmerkungen versehen. In das Personenregister wurden alle von Moriz Scheyer erwähnten Namen aufgenommen, auch die von Personen, über die sich bislang nähere Auskünfte nicht gewinnen ließen. Offensichtliche Tippfehler sind stillschweigend korrigiert, fehlende Akzente bei französischen Namen eingefügt und Interpunktion und Orthographie behutsam der alten deutschen Rechtschreibung angepasst worden. Ziel dieser Ausgabe ist die Einbettung des Textes sowohl in den zeithistorischen Kontext wie in die Biographie seines heute weitgehend unbekannten Autors.

Zu seiner Zeit war Moriz Scheyer keineswegs unbekannt. Im Jahr 1925 veröffentlichte das Wiener Magazin *Die Bühne* einen Artikel über die zeitgenössische «Kritiker-Generation». Er versammelt eine illustre Runde, deren heute bekanntestes Mitglied Robert Musil ist. Neben anderen Intellektuellen wie Ernst Lothar (eigentlicher Name: Lothar Ernst Müller), Béla Balázs, Oskar Maurus Fontana und Ludwig Ullmann wird – sogar mit Foto – auch Moriz Scheyer vorgestellt. Im Kurztext zu ihm heißt es: «Von Moriz Scheyer sind Gedichte nicht bekannt geworden, doch farbige Reiseschilderungen, die den Verfasser als poetische Natur legitimieren. Scheyer ist Impressionist, er schaut ein Theaterstück wie eine Landschaft an, träumerisch oft und versonnen. Doch kann er, ein empfindsamer und nervöser Ästhet, der er ist, zuweilen sehr ungemütlich werden – dann dichtet er statt Serenade Satire.»

Scheyer war Feuilletonist im umfassenden Sinne, er schrieb viel und vielseitig, über Literatur, Theater und Musik. Auch mit dem neuen Medium Film setzte er sich auseinander, im Radio moderierte er eine regelmäßige Büchersendung. Seine Schriften wurden in der zeitgenössischen Presse breit und überwiegend positiv besprochen, begeistert reagierten die Kritikerkollegen auf sein Buch *Menschen erfüllen ihr Schicksal* (1931), eine Sammlung von Kurzporträts berühmter Persönlichkeiten (u. a. Katharina die Große oder Christina von Schweden), in denen Scheyer dem Seelenleben seiner Protagonisten auf der Spur ist (im Vorwort schreibt er, er wolle versuchen, «aus dem Äußeren von Menschen in ihr Inneres zu gelangen»).

Moriz Scheyer war in der Wiener Kultur- und Literaturszene gut vernetzt und verkehrte etwa mit Stefan Zweig und Arthur Schnitzler. Seine Rezensionen und Bücher weisen ihn als einen typischen Repräsentanten des modernen gebildeten Wiener Bürgertums aus. Wie so viele jüdische Intellektuelle zwang ihn der «Anschluss» Österreichs an das Deutsche Reich 1938 zur Emigration. Sein nachgelassenes Manuskript ergänzt das Korpus der zeithistorischen Quellen zu Vertreibung und Exil um ein bedeutendes Dokument. In seinem Stil und seinem geistigen Profil enthält es zugleich das Erbe der Welt, die Moriz Scheyer verlassen musste.

## Vorwort

**Seite 7** Pierre Vorms (1903–1986): Französischer Übersetzer und Galerist in Paris. Nach dem Einmarsch der Deutschen Kunstverleger in Belvès, später Mitglied der Résistance. Vorms war mit dem belgischen Künstler Frans Masereel befreundet, dessen Werke in Nazi-Deutschland als «entartet» galten. Aus einem Brief von Vorms an Stefan Zweigs Londoner Adresse vom März 1938 geht hervor, dass Vorms hoffte, mit Hilfe Zweigs die Ausreise der Scheyers zu ermöglichen.

**Seite 7** Jean Cassou (1897–1986): Französischer Schriftsteller, Kunst- und Literaturkritiker. Verlor im September 1940 seinen Posten als Chefkonservator am neu gegründeten *Musée national d'Art moderne*. Aktiv in der Résistance. 1941 wurde er in Toulouse inhaftiert. Sein in der Haft verfasstes Gedicht *Dreiunddreißig Sonette aus dem Gefängnis* ließ er unter dem Pseudonym Jean Noir veröffentlichen.

## Der «Anschluß»

**Seite 15** Kurt Schuschnigg (1897–1977) war nach der Ermordung seines
Vorgängers Engelbert Dollfuß von 1934 bis 1938 Bundeskanzler des
Bundesstaats Österreich. Er verfolgte eine strikt autoritäre und natio-
nalistische Politik, versuchte aber, die Unabhängigkeit Österreichs zu
wahren, was ihm nicht gelang. Scheyer datiert das Treffen zwischen
Schuschnigg und Adolf Hitler in Berchtesgaden irrtümlich auf die Zeit
vor dem 7. Februar 1938, tatsächlich fand es erst am 12. Februar statt.
Mit dem dort geschlossenen Abkommen setzte Hitler seine Forderun-
gen nach der Einbeziehung einheimischer Nationalsozialisten in die
österreichische Regierung sowie einer Amnestie für Nationalsozialisten und de facto die «Unterwerfung» Österreichs unter Deutschland
rigoros durch.

**Seite 15** «weiße Strümpfe als illegales Bekenntnis»: Anspielung auf das
Verbot der nationalsozialistischen Partei in Österreich vom 19. Juni
1933, das erst im Zuge des Berchtesgadener Abkommens aufgehoben
wurde.

**Seite 16** Kurt Schuschnigg hatte für den 9. März 1938 eine Volksabstim-
mung über die weitere Unabhängigkeit Österreichs angesetzt, die
jedoch von Hitler verhindert wurde. Als offizielles Datum für die
erzwungene Eingliederung Österreichs in das Deutsche Reich gilt der
13. März. In Folge des Einmarsches der deutschen Truppen wurde die
Situation der Wiener Juden unerträglich. Sie verloren ihre Arbeits-
plätze, die Beschlagnahme ihres Vermögens begann, auf den Straßen
Wiens kam es zu brutalen Gewalttaten und öffentlichen Demütigungen durch die Nationalsozialisten.

**Seite 18** Josef Bürckel (1895–1944): Deutscher nationalsozialistischer
Politiker, von April 1938 bis Ende März 1940 «Reichskommissar für
die Wiedervereinigung Österreichs mit dem Deutschen Reich» und
Gauleiter von Wien. Im August 1938 errichtete er die «Zentralstelle
für jüdische Auswanderung», deren Leitung Adolf Eichmann übernahm. Bürckel war mitverantwortlich für die Deportation der Wiener
Juden 1939/40.

**Seite 18** Ci-devant, frz. ehemals, einstmals.

**Seite 18** Arthur Seyß-Inquart (1892–1946): Österreichischer Jurist und

Politiker und Anhänger des NS-Regimes. Von 1936 an Innenminister, nach dem Rücktritt Schuschniggs für wenige Tage Bundeskanzler. Ab 1939 stellvertretender Generalgouverneur von Polen, anschließend Reichskommissar für die Niederlande. Im Nürnberger Prozess wurde er insbesondere wegen seiner brutalen Repressionspolitik in den Niederlanden zum Tode verurteilt und am 16. Oktober 1946 hingerichtet.

**Seite 18 f.** «Arisierungs-Festschmaus» und «Reichsfluchtsteuer»: Scheyer verweist hier auf die systematische Liquidierung jüdischer Betriebe in den Monaten nach März 1938. Die in Deutschland seit 1931 erhobene «Reichsfluchtsteuer», die nach 1933 zu einer antisemitischen Sondersteuer wurde, galt ab dem 14. April 1938 auch in Österreich. In der Folge mussten Juden bei der Ausreise 25 Prozent ihres 1938 gemeldeten Vermögens entrichten.

**Seite 19** Emil Löbl (1863–1942): Österreichischer Journalist und Schriftsteller, Verfasser der Schrift *Kultur und Presse* (1903). Seit 1917 Chefredakteur des *Neuen Wiener Tagblatts*. Wurde unmittelbar nach dem «Anschluss» 1938 seines Postens enthoben.

**Seite 19** Die Selbstmordrate österreichischer Juden stieg mit dem «Anschluss» rapide an. Allein zwischen dem 12. und dem 22. März 1938 nahmen sich in Wien 96 von ihnen das Leben, darunter der berühmte Kulturhistoriker Egon Friedell.

**Seite 21** Ende Mai 1938 wurden die im Deutschen Reich 1935 erlassenen «Nürnberger Gesetze» auch in Österreich eingeführt. Wer in ihrem Sinne als Jude galt, besaß nur mindere Rechte und durfte keine Nichtjuden heiraten. Die Gesetze bildeten die juristische Grundlage für die Diskriminierung und Verfolgung jüdischer Menschen.

**Seite 21** *Der Stürmer* war eine antisemitische Wochenzeitung, die 1923 in Nürnberg gegründet wurde und bis Februar 1945 erschien. Ab 1932 trug sie den Untertitel «Deutsches Wochenblatt zum Kampf um die Wahrheit». Ihr Herausgeber Julius Streicher (1885–1946) wurde vom Internationalen Militärgerichtshof in Nürnberg wegen Verbrechen gegen die Menschlichkeit zum Tode verurteilt und hingerichtet.

**Seite 23** Das *Neue Wiener Tagblatt* erschien seit 1867. Bis 1938 gehörte es zu den auflagenstärksten Tageszeitungen Österreichs. In der Grundhaltung bürgerlich-liberal und antimarxistisch, wurde die Zeitung nach dem «Anschluss» zunehmend «arisiert». Die letzte Ausgabe in ihrer ursprünglichen Form erschien am 7. April 1945.

**Seite 23** Paul Busson (1873–1924): Österreichischer Schriftsteller und Journalist. Ab 1914 Feuilletonchef des *Neuen Wiener Tagblatts*. Sein wichtigster Roman *Die Wiedergeburt des Melchior Dronte* (1921) handelt von den esoterischen und spiritistischen Erfahrungen eines Aristokraten zur Zeit der Französischen Revolution. Mitarbeiter der Münchner Satirezeitschrift *Simplicissimus*, die 1933 gleichgeschaltet wurde.

**Seite 23 f.** Zu Beginn des Jahres 1938 erschien Scheyers Essay-Band *Erdentage des Genies* im Wiener Herbert Reichner Verlag, der unter anderen auch Werke von Stefan Zweig veröffentlichte und in Nazi-Deutschland als «Judenverlag» galt. Herbert Reichner (1899–1971) und seine Frau verließen Wien unmittelbar nach dem 13. März und emigrierten über Zürich in die USA. *Erdentage des Genies* war der letzte unter seiner Regie erschienene Band des Verlags, noch am 20. Januar wurde er von dem Kritiker Oskar Maurus Fontana (1889–1969) im *Neuen Wiener Tagblatt* – der Zeitung, für die Scheyer arbeitete – sehr positiv besprochen. Fontana würdigte den Autor als «Menschenfreund» und attestierte ihm «einen tiefen Blick für die Zusammenhänge, für jene innere Gerechtigkeit der Dinge».

**Seite 24** Nach dem «Anschluss» wurde in Österreich die Reichsmark eingeführt, der Wechselkurs betrug 1,5 Schilling zu 1 RM.

**Seite 25** Die Stiefsöhne Scheyers, Stefan Singer und Konrad Singer, entstammten der ersten Ehe Margarethe Scheyers, geborene Singer (1892–1977), mit Dr. Bernhard Schwarzwald. Schwarzwald leitete in der Nähe von Salzburg das Sanatorium Parsch, wo sich Sigmund Freuds Frau Martha im Juli 1919 von einer Grippe erholte. Freud selbst lernte Schwarzwald bei einem unangemeldeten Besuch dort kennen. In einem Brief an seine Tochter Mathilde Hollitscher vom 30.7.1919 schrieb Freud, er habe «die Bekanntschaft des sehr liebenswürdigen Doktors gemacht, der ein Onkel von Dr. (Siegfried) Bernfeld und ein Stück Analytiker ist». 1924 beging Bernhard Schwarzwald Selbstmord, im Oktober 1927 heiratete seine Witwe Moriz Scheyer.

**Seite 25** Marian Dunlop (1880–1974): Britische Lehrerin, Autorin und Gründerin der christlich inspirierten Organisation *Fellowship of Meditation* (1932). Ihre Meditationstechnik hat noch heute Anhänger. Indem sie 1938 für Scheyers Stiefsöhne Konrad und Stefan Singer bürgte, ermöglichte sie deren Einreise nach Großbritannien.

**Seite 25** Frankreich galt seit dem 19. Jahrhundert als klassisches Asylland, für Emigranten aus Österreich blieben seine Grenzen nach dem 13. März 1938 bei Bewilligung eines Visums geöffnet, die Bestimmungen wurden allerdings nach Ende der «Volksfrontregierung» von Léon Blum im April 1938 verschärft. In Frankreich angekommen, mussten sich die Emigranten bei der Polizei melden und einen Ausweis zur Identifikation, die «carte d'identité», beantragen. Wurde diese nicht genehmigt, hatte man kein Aufenthaltsrecht mehr inne. Häufig finden sich in den Zeitzeugenberichten Klagen über Willkürakte der französischen Behörden im Zusammenhang mit der Bewilligung oder Nichtbewilligung dieses Dokuments.

**Seite 25** Hans Berger: Österreichischer Architekt, von 1880 bis 1921 Redakteur der Wochenzeitschrift *Der Bautechniker. Zentralorgan für das österreichische Bauwesen.*

**Seite 26** In Feldkirch an der österreichisch-schweizerischen Grenze befand sich seit 1872 ein Bahnhof der Vorarlbergbahn. Viele Emigranten, die von Österreich aus nach Frankreich wollten, passierten dort die Grenze, auch bei der zweiten großen Emigrationswelle im Sommer 1938, zu der auch Scheyer gehörte. Die Schweiz wollte reines Transitland bleiben und ihre Neutralität bewahren. De facto wurden ihre Durchreisebedingungen nach März 1938 extrem restriktiv. Der Grenzübergang Feldkirch war berüchtigt für Schikanen, denen Emigranten hier ausgesetzt waren.

## Atemholen in der Schweiz

**Seite 28** Viktor Sax: Freund Scheyers aus Zürich. In Scheyers Erzählungsband *Tralosmontes* (1921) ist Sax die Erzählung *Der Kasuar der Gly Canghalo* gewidmet, ebenso ein Text über Baudelaire in seinem Buch *Europäer und Exoten* (1920).

## Frankreich; geliebtes Frankreich

**Seite 31** Wie viele seiner Kollegen im liberalen Feuilleton war Scheyer ein glühender Verehrer der französischen Kultur. Für die französische Übersetzung von Schnitzlers Novelle «Sterben» (*Mourir*, 1925) verfasste er ein Vorwort. Gustave Flaubert widmete er am 13. Dezember 1921 zu dessen 100. Geburtstag einen ausführlichen Jubiläumsartikel, als Paris-Korrespondent berichtete er in Kolumnen vom Pariser Alltag. Stets verteidigte er darin die französische Lebensart gegen Vorwürfe der Unmoral und Frivolität. Die Frankophilie Scheyers schlug nach der Ankunft in Paris rasch in bittere Enttäuschung um, die auch in anderen Berichten über die Emigration nach Frankreich anklingt, etwa in Soma Morgensterns Manuskript *Flucht durch Frankreich* (1940 – 42), das 1998 aus dem Nachlass veröffentlicht wurde, und Lion Feuchtwangers Buch *Der Teufel in Frankreich* (1942), das 1954 erstmals in Deutschland erschien. Die Erstausgabe hatte der von der Emigrantenorganisation «Freies Deutschland» in Mexiko gegründete Verlag El Libro libre 1942 unter dem Titel «Unholdes Frankreich» publiziert.

**Seite 32** Emil Kofler: Rumänischer Landsmann und Freund Moriz Scheyers, der sich vor dem Krieg in Frankreich niederließ.

**Seite 34** Scheyers Bemerkung über Frankreichs «Verrat an den Tschechen» bezieht sich auf die Münchner Konferenz («Münchner Abkommen») am 29. September 1938, bei der die Staats- und Regierungschefs Italiens, Frankreichs und Großbritanniens der Forderung Hitlers nachgaben, die deutsch besiedelten Gebiete der Tschechoslowakei an das Deutsche Reich abzutreten; anschließend wurde eine deutschbritische Nichtangriffserklärung unterzeichnet. Der Frieden in Mitteleuropa schien damit gewahrt zu sein. Die Resttschechoslowakei erhielt eine Garantie der Großmächte gegen einen Angriff. Dennoch blieb es folgenlos, als Hitler im März 1939 seine Zusagen brach und auch diese Gebiete als «Reichsprotektorat Böhmen und Mähren» in das Deutsche Reich eingliederte.

**Seite 34** «Arrivismus»: abgeleitet von arrivieren (vorwärtskommen, Erfolg haben, beruflich oder gesellschaftlich emporkommen).

**Seite 34** Débrouillards, frz. die Gewieften, die Pfiffigen.

**Seite 34** Pistonnage, frz. die Kunst, seine Beziehungen spielen zu lassen.

**Seite 36** Charles Maurras (1868–1952): Französischer Autor und rechtsextremer Publizist, Gründer der Zeitschrift *Action Française*. Wurde 1938 von der Académie française zum Mitglied gewählt, obwohl er zu dieser Zeit in Haft saß, weil er den jüdischen, sozialistischen Ministerpräsidenten Léon Blum 1936 mit dem Tod bedroht hatte.

### Die ersten hundert Franken verdienen

**Seite 37** Jules Romains (1885–1972): Französischer Schriftsteller, von 1936 bis 1941 Präsident des internationalen P.E.N.-Clubs. Nach dem deutschen Einmarsch 1940 floh er in die USA. 1941 wurde ihm die Präsidentschaft entzogen; man warf ihm vor, nach dem Münchner Abkommen die französische Appeasement-Politik gegenüber Hitler unterstützt zu haben. Zu seinen bedeutendsten Werken zählen das Drama *Knock oder der Triumph der Medizin* (1923) und der Roman-Zyklus *Die guten Willens sind* (1932–46).

**Seite 37** Benjamin Crémieux (1888–1944): Französischer Autor und Intellektueller sowie Sekretär des P.E.N.-Clubs in Paris. Entstammte einer alteingesessenen Familie im Midi, Korrespondenzpartner von Marcel Proust und Italo Svevo. 1942 Mitverfasser eines Manifests gegen die Regierung in Vichy, trat 1941 der Résistance bei. Wurde 1943 ins Konzentrationslager Buchenwald deportiert, wo er 1944 an Erschöpfung starb.

**Seite 37** Die Identitätskarte («carte d'identité») wurde zu dieser Zeit kaum mehr an Emigranten vergeben, und wenn sie erteilt wurde, war die Aufenthaltsgenehmigung mit einem Arbeitsverbot verbunden.

**Seite 38** La Trinité: Pfarrkirche im 9. Pariser Arrondissement.

**Seite 40** Sláva Kolar [Kolářová] (1893–1952): Tschechische Haushälterin und Kindermädchen der Scheyers, geboren in Jindřichův Hradec (Neuhaus), siehe Nachwort von Peter N. Singer.

**Seite 42** Zu den Artikeln Scheyers aus dieser Zeit gehört ein Nachruf auf Joseph Roth (1894–1939), der am 27. Mai 1939 verarmt im Pariser Exil gestorben war, in der Juni-Ausgabe der Zeitschrift *Nouvelles d'Autriche*. Darin schrieb Scheyer: «Joseph Roth war nicht nur ein wunderbarer Dichter, er war auch die dichterische Synthese des Vorkriegs-

Österreichs. Das Wesen seiner Kunst war der siebenfach gesiebte und geläuterte Goldgehalt der komplexen altösterreichischen Struktur. Joseph Roth war ein Dichter, der aus innerer Not schuf, aber alles gleichsam aus seiner alt-österreichischen Natur heraus entwickelte. Ich erinnere mich an einen Satz in einem der köstlichen Feuilletons, die er mir von Zeit zu Zeit für das ‹Neue Wiener Tagblatt› zur Verfügung stellte: ‹Wenn man einen großen Schmerz hat, ist es gut, seinen Aufenthaltsort zu wechseln.› Er musste seinen Aufenthaltsort oft wechseln, der arme Roth, ehe er, erst 45 Jahre alt, aus seiner ‹Flucht ohne Ende› in die große Ruhe gefunden hat.»

### Die Männer mit der Baskenmütze

**Seite 43** «Fünfte Kolonne»: Begriff aus dem spanischen Bürgerkrieg 1936 bis 1939. Bezeichnet in der Folge subversive Gruppen, die verdeckt im Auftrag einer fremden Macht arbeiten.

**Seite 43** François Crucy (1875–1958): Französischer Journalist, Schriftsteller und sozialistischer Politiker. 1936/37 Informationschef der von Léon Blum geführten Volksfrontregierung, nach der Befreiung 1945 prägende Figur der Nachrichtenagentur Agence France-Presse (AFP).

**Seite 44** Zwei Tage nach dem deutschen Einmarsch in Polen am 1. September 1939 hatte Frankreich Deutschland den Krieg erklärt, woraufhin «feindliche Ausländer» («ressortissants hitlérien» = Untertanen Hitlers) in Frankreich, zunächst Männer zwischen 17 und 50 (wenig später 55), deren Herkunftsland das Deutsche Reich war, inhaftiert oder interniert werden sollten. Dies galt auch für Emigranten, die wie der damals 52-jährige Scheyer vor Hitler geflüchtet waren.

**Seite 44** Car, frz. Mannschaftswagen.

**Seite 44** Das Sportstadion *Stade de Colombes* nordwestlich von Paris war ab September 1939 eines der größten Internierungslager Frankreichs; mehrere tausend Personen wurden dort wochenlang unter freiem Himmel und katastrophalen hygienischen Bedingungen eingepfercht, darunter Soma Morgenstern, Walter Benjamin, Willi Münzenberg und Hermann Kesten.

**Seite 45** Horst Wessel (1907–1930): Deutscher militanter Nationalsozialist. Wurde vom NS-Regime zum Märtyrer stilisiert, nachdem er in

Berlin von Mitgliedern der Kommunistischen Partei ermordet worden war. Ein Gedicht Wessels diente als Grundlage für das Kampflied der SA (*Die Fahne hoch*), das vom NS-Regime zur inoffiziellen deutschen Nationalhymne umfunktioniert wurde.

**Seite 46** «Österreichische Legion»: Möglicherweise ironische Anspielung Scheyers auf eine paramilitärische Nazi-Einheit. Sie bestand aus österreichischen Anhängern der Nationalsozialisten, die nach dem Verbot der Partei 1933 nach Deutschland ausgewandert waren, um sich dort in verschiedenen Lagern militärisch ausbilden zu lassen. Zeitweilig umfasste die Truppe 10 000 Mann.

**Seite 46** Im Juli 1939 gründete die französische Regierung unter Édouard Daladier das *Commissariat Général à l'Information* mit Sitz im Hotel Continental in der Pariser Rue de Rivoli. Aufgabe der Behörde war es vor allem, eine antideutsche Stimmung in der Bevölkerung zu befördern und Widerstand gegen die Nationalsozialisten zu wecken. Erster Informationsminister war der Dramatiker Jean Giraudoux (1882–1944). Im April 1940 wurde das Ministerium in «Staatssekretariat für Information und Propaganda» umbenannt.

### Die «Drôle de guerre»

**Seite 47** Drôle de guerre, frz. seltsamer Krieg, Sitzkrieg: Bezeichnung für die Zeit zwischen der Kriegserklärung Frankreichs an Deutschland am 3. September 1939 und dem Beginn des Westfeldzugs der Deutschen am 10. Mai 1940, in der es an der Westfront nahezu keine Kampfhandlungen gab.

**Seite 47** Rodomontaden: Aufschneidereien, Angeberei, Geprahle.

**Seite 48** Bracelets d'identité, frz. Armbänder, anhand derer sich die Identität des Trägers feststellen lässt (wie Identifikationsarmbänder in Lazaretten und Krankenhäusern).

**Seite 48** Mitrailletten, frz. Maschinenpistolen.

**Seite 49** Défense passive, frz. passive Verteidigung.

**Seite 49** Communiqués, frz. Kommuniqué, (regierungs)amtliche Mitteilung.

**Seite 49** Tourmente, frz. Sturm, Unwetter, hier jedoch Bezeichnung für die Kriegsbedrohung.

**Seite 50** Bourrage de crânes, frz. Indoktrination.

**Seite 50** Maginot-Linie: Befestigungssystem Frankreichs entlang der Grenze zu Deutschland, das nach dem Ersten Weltkrieg errichtet wurde.

**Seite 52** Am 10. Mai 1940 begann die deutsche «Westoffensive», die den «Sitzkrieg» beendete. Sie richtete sich zunächst gegen die Niederlande, Belgien und Luxemburg und verletzte die Neutralität dieser Länder. Ziel war, unter Umgehung der Maginot-Linie möglichst schnell in Frankreich einzudringen.

**Seite 53** Maxime Weygand (1867–1965): Französischer General belgischer Herkunft. Am Ende des Ersten Weltkriegs Teilnehmer der Waffenstillstandsverhandlungen in Compiègne. Nach Ausbruch des Zweiten Weltkriegs Kommandant über die Streitkräfte im Mittleren Osten, nach dem deutschen Durchbruch an der Westfront im Mai 1940 Oberkommandierender der französischen Armee. Ab September 1940 im Dienst der Regierung Philippe Pétains.

**Seite 53** «Wunder an der Marne»: Zu Beginn des Ersten Weltkriegs waren deutsche Truppen unter Bruch der belgischen Neutralität schnell auf französisches Territorium vorgedrungen und näherten sich bereits Paris. Ihr weiterer Vormarsch konnte jedoch in der Schlacht an der Marne (5.–12. September 1914) von der französischen Armee gestoppt werden; im Westen war der Krieg fortan im Wesentlichen ein Stellungskrieg.

## Paris, Gespenst einer verwunschenen Stadt

**Seite 57** Der «Exodus» bezeichnet die Massenflucht von Franzosen, Emigranten und Einwohnern der heutigen Beneluxstaaten nach dem Einmarsch der deutschen Truppen im Juni 1940. Aus Paris flohen die Menschen in Scharen in den Süden des Landes, am 14. Juni marschierten die deutschen Truppen in der Hauptstadt ein. Scheyers Schilderung der chaotischen Reisebedingungen auf den verstopften Straßen, die Angst vor den Luftangriffen der Deutschen und die Erlebnisse auf der Flucht ergänzen den Zeitzeugenbericht des Schriftstellers Léon Werth, *33 Tage. Ein Bericht*, der 2016 bei S. Fischer herausgegeben wurde.

Straßen des Exode

**Seite 59** Banlieue, frz. Vorort.

**Seite 59** Camions, frz. Lieferwagen.

**Seite 59** Roulottes, frz. Wohnwagen.

**Seite 60** Patinette, frz. Roller.

**Seite 60** Route Nationale, frz. Nationalstraße.

**Seite 61** Am 10. Juni 1940 war Italien unter Benito Mussolini (1883–1945) auf deutscher Seite in den Krieg eingetreten.

**Seite 63** Georges Thill (1897–1984): Französischer Tenor, der in den dreißiger Jahren Weltruhm genoss.

**Seite 63** Centre d'accueil, frz. Auffangstation, Aufnahmestelle.

**Seite 64** Gepäckfourgon: Gepäckwagen.

**Seite 64** Basta-les-Forges: Möglicherweise handelt es sich um das Internierungslager Buglose Saint Vincent de Paul. Dort gab es ein Lager für spanische Flüchtlinge an einem Ort, der auch «Basta-les-forges» genannt wurde. In Buglose wurden Häftlinge aus den Kolonien interniert. Während der Besatzung nutzten die Deutschen das Lager für Internierungen.

«Armistice»

**Seite 65** Der Waffenstillstand (*armistice*) zwischen Frankreich und Deutschland vom 22. Juni 1940 sah vor, dass der Norden Frankreichs und die Atlantikküste bis zur spanischen Grenze von Deutschland besetzt wurden, während das Zentrum und der Süden unbesetzt blieben und eine begrenzte Selbständigkeit behielten (*zone libre*). Sitz der französischen Regierung war ab Juli 1940 der Kurort Vichy.

**Seite 65** Philippe Pétain (1856–1951): Französischer General. Galt im Ersten Weltkrieg als «Held von Verdun». Der französische Ministerpräsident Paul Reynaud holte ihn am 18. Mai 1940 als seinen Stellvertreter in die Regierung. Nach Reynauds Rücktritt am 16. Juni bildete er eine neue Regierung und richtete in der Nacht auf den 17. Juni 1940 ein Waffenstillstandsgesuch an Deutschland. Nachdem ihm die Nationalversammlung in der «Freien Zone» absolute Machtbefugnisse übertragen hatte, stand er von 1940 bis 1944 an der Spitze des Vichy-Regimes und kollaborierte mit den deutschen Behörden in der besetzten

Zone. Er wurde am 15. August 1945 in Paris zum Tode verurteilt, die Strafe wurde später in lebenslange Haft umgewandelt.

**Seite 66** Demarkationslinie: Durch einen Vertrag festgelegte Grenzlinie zwischen Staaten oder Bürgerkriegsparteien, die allerdings völkerrechtlich nicht als Staatsgrenze gilt.

**Seite 69** Réfugiés, frz. Flüchtlinge.

**Seite 69** Ab dem 25. Juni herrschte Waffenruhe in Frankreich, die deutschen Truppen zogen sich hinter die Demarkationslinie zurück bzw. rückten im Südwesten auf diese Linie vor. Das südfranzösische Dax lag in unmittelbarem Umfeld dieser Linie, weshalb es nicht verwundert, dass Scheyer vom Eintreffen der Deutschen berichtet.

**Seite 70** Ces Messieurs, frz. diese Herren.

**Seite 70** Mousseux, frz. Schaumwein.

**Seite 71** Mit Mendel Langer könnte der 1903 in Galizien geborene jüdische Veteran der Internationalen Brigaden im spanischen Bürgerkrieg gemeint sein, der in Toulouse unter dem Decknamen «Marcel» ein führender Aktivist des bewaffneten Kampfes gegen die deutschen Besatzer war. Er wurde am 23. Juli 1943 im Gefängnis Saint-Michel in Toulouse hingerichtet. Scheyer hätte das Geschehen dann irrtümlich nach Bordeaux und in das Jahr 1940 verlegt.

**Seite 71** Mairie, frz. Rathaus.

## Paris unter dem deutschen Stiefel

**Seite 72** Höllenbreughel: Anspielung auf den flämischen Maler Pieter Brueghel der Jüngere (1564–1638), der aufgrund einer Reihe von kleinformatigen Höllendarstellungen (die heute seinem Bruder zugeschrieben werden) den Beinamen «Höllenbreughel» erhielt.

**Seite 73** Queues, frz. Warteschlangen.

**Seite 73** «Gorillagefrießer»: Gefrieß, österreich., süddt. abwertend für Gesicht.

**Seite 74** Im Zuge des deutsch-französischen «Verrechnungsabkommens» vom 4. November 1940 lag der Wechselkurs bei 1 RM = 20 Francs, dafür durften die Exportwaren Frankreichs auf der Basis der Vorkriegsparität in Reichsmark umgerechnet werden (1 RM = 16 Francs).

**Seite 74** Stocks, frz. Lager, Bestände.

## Franzosen und Franzosen

**Seite 76** Défaite, frz. Niederlage.

**Seite 76** Obwohl Scheyer ansonsten viele französische Begriffe in seinen Text einfließen lässt, bezeichnet er den französischen Widerstand gegen die Nationalsozialisten mit dem unüblichen Wort «Resistenz». Geläufig dafür ist «Résistance».

**Seite 76** Charles de Gaulle (1890–1970): Französischer General und Staatsmann. Chef der Exilregierung von 1940 bis 1944, Gründer des Komitees *Freies Frankreich* und Befehlshaber der *Freien Französischen Streitkräfte* (FFL) und somit Hoffnungsträger für viele Franzosen und Kämpfer der Résistance. Leiter der Provisorischen Regierung von 1944 bis 1946. Von 1959 (gewählt 1958) bis 1969 war er Präsident der Fünften Republik.

**Seite 76** Der Begriff «Maquis» bezeichnet die Mitglieder der Widerstandsbewegung in Frankreich während des Zweiten Weltkriegs, vor allem die im Untergrund agierenden Partisanen der Résistance. Er geht auf das korsische Wort «Macchia» für den dichten Buschwald dünnbesiedelter Regionen zurück.

**Seite 77** Agents provocateurs, frz. Personen, die andere zu strafbaren Handlungen verleiten sollen oder diese selbst ausführen, um nachfolgende Repressionen zu legitimieren.

**Seite 77** Ernst Schaumburg (1880–1947): Deutscher Offizier und Generalleutnant, ab August 1940 bis 1943 Kommandant von Groß-Paris.

**Seite 77 f.** Am 14. Dezember 1941 wurde eine Bekanntmachung der deutschen Militärbehörden auf Plakaten verbreitet, der zufolge 100 Juden, Kommunisten und Anarchisten erschossen werden sollten. Möglicherweise bezieht sich Scheyer hier auf solche Plakate. Die Morde an den «otages» (= Geiseln), die Scheyer erwähnt, beziehen sich vermutlich auf die Hinrichtungen von Geiseln und Verurteilten auf dem Mont-Valérien, die ab 1940 stark zunahmen. Der erste französische Zivilist, der von den Deutschen im Wald von Vincennes hingerichtet wurde, war Jacques Bonsergent (1912–1940).

**Seite 78** Otto von Stülpnagel (1878–1948): Deutscher General, im Oktober 1940 zum Obermilitärbefehlshaber in Frankreich ernannt. Er war nicht, wie Scheyer schreibt, der Nachfolger Schaumburgs als Kommandant von Groß-Paris. Im Januar 1942 schrieb Stülpnagel einen Brief an den Chef des Oberkommandos der Wehrmacht Wilhelm Keitel, in dem er die Massenerschießungen in Frankreich kritisierte. Er wurde daraufhin im Februar von seinem Neffen Heinrich von Stülpnagel abgelöst. Nach dem Krieg wurde er an Frankreich ausgeliefert und beging 1948 im Gefängnis Selbstmord.

**Seite 80** Révolution Nationale: Dieser Begriff bezeichnet das offizielle Programm der Vichy-Regierung zur Erneuerung der Nation. Es basierte auf traditionellen Werten, Bekämpfung moderner Einflüsse, Fremden- und Judenhass sowie antiparlamentarischen Bestrebungen und einem Personenkult um General Pétain.

**Seite 81** Chef de l'État, frz. Staatschef.

**Seite 81** Pierre Laval (1883–1945): Französischer Politiker, der in den dreißiger Jahren zwei französische Regierungen führte. Vom 12. Juli bis 13. Dezember 1940 Vizeministerpräsident, dann von Pétain entlassen. Er war für die Kollaboration mit Deutschland und traf im Oktober 1940 Hitler in Frankreich. Auf Drängen der NS-Regierung kehrte er 1942 als Ministerpräsident in die Regierung zurück. Im Oktober 1945 wurde er zum Tode verurteilt.

**Seite 83** Rutabaga: Steckrübe.

**Seite 83** «Collaboration oblige», frz. Kollaboration verpflichtet. Wahrscheinlich eine Anspielung auf die geläufige Wendung «noblesse oblige» (= Adel verpflichtet).

**Seite 84** Otto Abetz (1903–1958): Deutscher Diplomat, von 1940 bis 1944 Botschafter in Paris. War im Jahr 1940 an der «Sicherstellung», das heißt Beschlagnahme, französischer Kunstwerke beteiligt, insbesondere solcher, die sich in jüdischem Eigentum befanden. Spielte eine Schlüsselrolle bei der Deportation französischer Juden nach Auschwitz.

**Seite 85** Pénetration pacifique, frz. pazifistische Penetration: Anspielung auf die Liebschaften zwischen französischen Frauen und deutschen Soldaten.

Von: «Die Israeliten» zu: «Der Jude»

**Seite 88** Frondeur: politischer Opponent.

**Seite 88** Am 29. März 1941 gründete die Vichy-Regierung das *Commissariat général aux questions juives* («Generalkommissariat für Judenfragen») und beauftragte es mit der Regelung des juristischen Status der Juden in Frankreich. Als Verbindungsstelle zwischen Vichy und der Besatzungsmacht wurde es zum Zentrum antijüdischer Maßnahmen: von der Kennzeichnungspflicht über den Ausschluss aus öffentlichen Ämtern, Beschlagnahmung von Eigentum und der wirtschaftlichen «Arisierung» bis hin zu Razzien und Deportationen. Die Leitung übernahm der französische Politiker und bekennende Antisemit Xavier Vallat (1891–1972).

**Seite 89** Louis Darquier de Pellepoix (1897–1980): Französischer Journalist, Politiker und Verwaltungsbeamter. Überzeugter Antisemit. Am 6. Mai 1942 wurde er von Pierre Laval als Nachfolger Vallats zum Leiter des *Commissariat général aux questions juives* ernannt, was er bis Februar 1944 blieb. Er floh 1945 nach Spanien.

**Seite 90** Journal Officiel, frz. Amtsblatt.

**Seite 90** Die antisemitische Propagandaausstellung «Le juif et la France» («Der Jude und Frankreich») war von September 1941 bis Januar 1942 im Palais Berlitz in Paris zu sehen.

**Seite 91** Die «Arisierung» jüdischen Vermögens wurde in Frankreich von General Stülpnagel im November 1941 angeordnet und über die Vichy-Regierung ausgeführt. Am 17. Dezember 1941 ordnete Stülpnagel zudem eine «Judenbuße» in Höhe von einer Milliarde Francs an, die die Juden in Frankreich in Raten zahlen sollten.

**Seite 92** Marché noir, frz. Schwarzmarkt.

**Seite 92** Passeure, frz. Schleuser.

**Seite 92** Défaut de visa, frz. fehlendes Visum.

## Galgenfrist

**Seite 94** Am 3. Oktober 1940 wurde das erste «Judenstatut» in Frankreich erlassen (*Statut des Juifs*), das Juden von zahlreichen Tätigkeiten ausschloss. Die deutschen Besatzungsbehörden zwangen jüdische Bürger, ihr Vermögen zu deklarieren und «Übergangsverwalter» für ihre

Unternehmen und Finanzen zu ernennen. Aus Presse, Film, Theater und Rundfunk wurden Juden ausgeschlossen. Ausnahmen konnten zugelassen werden für Personen, «die auf literarischem, wissenschaftlichem oder künstlerischem Gebiet dem französischen Staat außerordentliche Dienste geleistet haben» – die Begründung, die auch Scheyer für seine erste Freilassung aufgrund der Hilfe von Crucy erhielt («aufgrund seiner Meriten»).

**Seite 94** Henri-René Lenormand (1882–1951): Französischer Dramatiker und Romancier, der etwa in Frankreich als Erster die Psychoanalyse auf die Bühne brachte. Max Reinhardt (1873–1943), der österreichische Theater- und Filmregisseur und Begründer der Salzburger Festspiele, inszenierte 1922 Lenormands Stück «Die Namenlosen» (*Les Ratés*) in Wien. Reinhardt war Jude und emigrierte 1938 in die USA.

**Seite 95** Récensements, frz. Volkszählung. Scheyer spielt vermutlich darauf an, dass ab dem 2. Juni 1941, nach Erlass des zweiten «Judenstatuts» durch die Vichy-Regierung, die Registrierung von Juden in der «Freien Zone» vorgeschrieben wurde. Ferner wurde der «Judenbegriff» erweitert, indem definiert wurde, dass zur «jüdischen Rasse» all diejenigen gehörten, die drei oder vier jüdische Großeltern hatten. Xavier Vallat betonte, man folge damit dem «modernen Gesetzgeber» in Deutschland, Italien, Rumänien, Kroatien und Ungarn. Zudem wurden die Restriktionen für Juden im Arbeitsleben verschärft und wirtschaftliche Regelungen in Bezug auf Eigentum festgelegt. Ab dem 1. Juni 1942 mussten Juden in der besetzten Zone einen mit dem Wort «Juif» versehenen gelben Judenstern tragen. Ab dem 27. März 1942 wurden die ersten Deportationen aus französischen Konzentrationslagern nach Auschwitz durchgeführt.

### «Zur Prüfung Ihrer Situation»

**Seite 96 f.** Am 14. Mai 1941 wurden in Paris mehr als 3700 Juden polnischer Herkunft im Alter von 18 bis 40 Jahren und tschechischer und österreichischer Herkunft im Alter zwischen 18 und 60 Jahren aufgefordert, sich zur «Prüfung Ihrer Situation» bei der Polizei zu melden. 3747 von 6494 Vorgeladenen wurden verhaftet und mit

Sonderzügen in die Lager Beaune-la-Rolande und Pithiviers gebracht (s. u.).

**Seite 97** Poste de police, frz. Polizeiwache.

**Seite 99** Beaune-la-Rolande war ein Durchgangslager im Département Loiret und neben Pithiviers eines der zwei größten Lager der Region. Mehr als 18 000 Juden waren in diesen beiden Lagern, die nur 19 km voneinander entfernt lagen, interniert. Ab Juni 1942 wurden viele Insassen aus Beaune-la-Rolande und Pithiviers über das Lager Drancy (s. u.) nach Auschwitz deportiert. Scheyer verortet Beaune-la-Rolande etwa zwölf Kilometer von Orléans entfernt, tatsächlich befand es sich aber rund 70 Kilometer nordöstlich von Orléans.

**Seite 100** Gare d'Austerlitz: Bahnhof im 13. Arrondissement von Paris.

**Seite 100** «Deutsche Soldatinnen in schmucker Uniform»: Während des Zweiten Weltkriegs dienten etwa 500 000 Frauen als Wehrmachtshelferinnen.

**Seite 101** Gardes Mobiles, frz. Mobilgarden, Hilfstruppen der französischen Armee.

## Baracke 8

**Seite 103** Scheyer bezieht sich auf die kollaborationistische Zeitung *Paris Midi*, die in einem Artikel vom 14. Mai von «5000 Parasiten aus Groß-Paris» sprach, die man nun los sei.

**Seite 104** Croix de guerre, frz. Kriegskreuz: Während des Ersten Weltkriegs von Staatspräsident Raymond Poincaré gestifteter Orden für besondere Verdienste in Kriegszeiten oder bei militärischen Aktionen.

**Seite 110** Villegiatur: Spazierfahrt, Landpartie.

**Seite 110** Am 22. Juni 1941 marschierte die Wehrmacht in die Sowjetunion ein, was einen Bruch des 1939 zwischen Hitler und Stalin geschlossenen deutsch-sowjetischen Nichtangriffspakts bedeutete. Dieser sogenannte «Fall Barbarossa» war bereits seit 1940 geplant worden; im März 1941 hatte Hitler vor hohen Offizieren erklärt, dass der Krieg gegen die Sowjetunion als rassenideologischer «Vernichtungskrieg» mit gnadenloser Härte und ohne Bindung an rechtliche Normen zu führen sei.

**Seite 112** Viele der Mithäftlinge in Beaune-la-Rolande, die Scheyer namentlich erwähnt, wurden mit großer Wahrscheinlichkeit in Vernichtungslager deportiert und ermordet. Über Ernst Friedezkys Frau «Mila» Friedezky heißt es in der Datenbank von Yad Vashem, dass sie vermutlich 1893 in Wien als Ludmilla Lindenbaum geboren wurde und 1944 ermordet wurde. Auch finden sich auf einer Genealogiewebsite Hinweise auf einen Alois Stern, der mit dem «Convoi Nr. 5» 1942 von Beaune-la-Rolande nach Auschwitz deportiert wurde.

**Seite 118** Paquetage, frz. Gepäck.

**Seite 119** Bonne chance, frz. Viel Glück.

### Nochmals Galgenfrist

**Seite 121** Das Lager Drancy nordöstlich von Paris war ab 1941 ein Sammellager, nach der Wannseekonferenz 1942 Durchgangslager. Mehr als 60 000 Juden, Roma und andere Insassen wurden von hier nach Auschwitz deportiert. Kommandant des Lagers war der österreichische Nationalsozialist Alois Brunner (1912–2001[?]). Er arbeitete 1938 als Sekretär von Adolf Eichmann in Wien, von Juli 1943 bis August 1944 als Leiter des Sonderkommandos der Gestapo in Frankreich. In Frankreich wurde er 1954 in Abwesenheit zum Tode verurteilt, er starb vermutlich 2001 in Syrien. Mit dem hier ebenfalls erwähnten «Bruckner» könnte möglicherweise Ernst Brückler (1912–1950, vom Amtsgericht Bremerhaven für tot erklärt) gemeint sein, der Stellvertreter Brunners in Drancy.

### «Zone Libre»

**Seite 124** Waldlisière: Waldrand.

**Seite 124** Visa de départ, frz. Ausreisevisum.

**Seite 125** Procureur, frz. Staatsanwalt.

### Belvès

**Seite 128** Stefan Zweig (1881–1942): Österreichischer Schriftsteller. Er entstammte dem wohlhabenden jüdischen Bürgertum Wiens und emigrierte 1934 von Wien nach England und über die USA nach Brasilien, wo er im Februar 1942 mit seiner zweiten Frau Charlotte Altmann Selbstmord beging. Scheyer verehrte Zweig, nach eigenen

Angaben hatte er ihn in Paris kennengelernt, «an einem Frühlings-
morgen, auf der Terrasse eines gar nicht eleganten Cafés». In einem
Artikel Scheyers im *Neuen Wiener Tagblatt* zu Zweigs 50. Geburtstag
am 28. November 1931 heißt es: «Die Zeit jetzt ist schrecklich, und
in manchen unsrer Besten ist wie ein lähmendes Gift die skeptische
Angst, nicht bessern, nichts ändern zu können, nur verachten zu müssen. Stefan Zweig darf sich nicht entmutigen lassen. Zu viele sind da,
die sich von der moralischen Autorität seines Wortes auch den Mut
erwarten, noch hoffen zu dürfen [...] Möge er das Feld nicht angewidert räumen, ob es auch noch so leidenschaftlich bewegt sei. [...] Es
gibt Ziele, die wir vielleicht niemals erreichen werden; aber es wäre
Fahnenflucht, sie aufzugeben.» Aus einem Brief Stefan Zweigs geht
hervor, dass eine Verwandte Scheyers im Juli 1941 mit Zweigs erster
Frau Friderike Kontakt aufnahm aufgrund einer Initiative des Roten Kreuzes in der Schweiz, die ihn aus Beaune-la-Rolande befreien
sollte, und dass Zweig den Scheyers Geld nach Frankreich schickte.
Aus Dokumenten der «Stefan Zweig Special Collections & Archives»
der State University New York in Fredonia geht zudem hervor, dass
die Scheyers und Friderike Zweig in den Jahren 1945–47 korrespon-
diert haben, aller Wahrscheinlichkeit nach ging es darin auch um die
mögliche Publikation des vorliegenden Manuskripts.

**Seite 129** Am 4. August 1942 ordnete Pierre Laval an, «Israeliten» aus
Deutschland, Österreich, der Tschechoslowakei, Polen, Estland,
Litauen, Lettland, und der Sowjetunion, die nach dem 1. Januar 1936
nach Frankreich eingewandert waren, in die besetzte Zone zu bringen.

**Seite 130** Jacques Rispal (1923–1986), Schauspieler, und sein Vater Gabriel (1892–1970), Bildhauer, waren in der Résistance aktiv; zu den
beiden und insbesondere auch zu Hélène Rispal siehe das Nachwort
von Peter N. Singer.

**Seite 132** Youpins, frz. abwertend für Jude; youpineries, frz. abwertend
für Orte, an denen sich Juden aufhalten.

## Voiron

**Seite 136** Die Razzien gegen Juden nahmen im Juli 1942 in Paris und in der besetzten Zone stark zu. Scheyer erwähnt das Lager Lublin, womit er das KZ Majdanek meint, das im Juli 1944 aufgelöst wurde.

## Neun Gendarmen gegen fünf Juden

**Seite 139** Scheyer schreibt von einer Rede Hitlers im August 1942, möglicherweise bezieht er sich aber auf die Rede vom 30. September 1942, in der Hitler erneut ankündigte, dass den Juden «überall das Lachen vergehen» werde.

**Seite 143** *Secours National*: Hilfsorganisation, die auf Initiative des elsässischen Pazifisten Albert Kahn zu Beginn des Ersten Weltkriegs gegründet wurde und Kriegsopfer finanziell unterstützen sollte. 1939 wurde sie reaktiviert, ein Dekret vom 23. Juli 1940 sprach dem *Secours National* die Erlöse aus der Liquidation der Vermögen von Ausgebürgerten und Vertriebenen zu, anschließend wurde er direkt Pétain unterstellt.

## Caserne Bizanet in Grenoble

**Seite 145** Die «Caserne Bizanet» bei Grenoble lag in der «Freien Zone» im Département Isère. Am 26./27. August 1942 ließ die Vichy-Regierung in einer großen Razzia ausländische Juden verhaften, etwa 400 wurden in die Kaserne in der heutigen Avenue Maréchal Randon gebracht. Viele von ihnen wurden über Drancy nach Auschwitz deportiert.

**Seite 146** Scheyer bezieht sich hier möglicherweise auf die Verhaftung und Internierung von etwa 1250 Studenten der Universität Oslo durch Hitlers Reichskommissar in Norwegen, Joseph Terboven, am 30. November 1943. Die Studenten hatten gegen die Nazifizierung ihrer Hochschule protestiert. 348 von ihnen wurden am 13. Januar 1944 nach Buchenwald gebracht, um sie isoliert von den anderen Häftlingen im Sinne der SS «umzuerziehen». Zwischen Juli 1944 und Mai 1945 konnten die meisten Buchenwald verlassen, siebzehn starben.

Ein Gläschen trinken

**Seite 155 f.** Das Lager Vénissieux südöstlich von Lyon wurde von der Vichy-Regierung zur Internierung von Roma, Oppositionellen und Ausländern eingerichtet. Nach der großen Razzia in der «Freien Zone» vom 26./27. August 1942 wurden über 1000 Juden, darunter auch Kinder, aus der Region um Lyon, Savoie und Haute-Savoie hier eingesperrt. Die meisten überlebten die Haft nicht. Gut 100 Kinder konnten durch die Initiative des französischen Geistlichen Alexandre Glasberg (1902–1981) gerettet werden. Der «Abbé Glasberg» war als Jude in der Ukraine geboren worden, trat zum Christentum über und führte als katholischer Priester ab 1941 die Hilfsorganisation *Amitié chrétienne*, in der sich sowohl katholische als auch protestantische Laien engagierten, um verfolgten Juden zu helfen. Unter anderem wurden Unterkünfte für Juden eingerichtet, die aus französischen Internierungslagern entlassen worden waren. Nach den Massenverhaftungen im Jahr 1942 gingen Glasberg und die *Amitié chrétienne* zu Untergrundaktivitäten über. Unterstützt wurde er von Pierre-Marie Gerlier (1880–1965), ab 1937 Erzbischof von Lyon. Obwohl sich Gerlier zu Pétain bekannte und die antisemitische Politik zunächst nicht klar verurteilte, trug er dazu bei, die Öffentlichkeit auf die Deportationen und die menschenunwürdigen Bedingungen in den französischen Lagern aufmerksam zu machen. Außerdem unterstützte er die *Amitié chrétienne*. Im September 1942 ließ er in den Kirchen einen Hirtenbrief verlesen, in dem er die Deportationen offener verurteilte.

**Seite 155 f.** Edgar Kofler (1917–1945): Sohn von Scheyers Freund Emil Kofler. Nach seinem Studium in Paris Professor für Englisch in Voiron. Seit 1941 aktiv in der Résistance und im *Mouvement de Libération Nationale*. 1944 wurde er verhaftet und in das Lager Neuengamme gebracht, wo er am 3. Mai 1945 durch einen Bombeneinschlag ums Leben kam. Er war mit der Botanikerin Lucie Kofler (1920–2004) verheiratet. In Voiron ist ein Boulevard nach ihm benannt.

**Seite 157** Bei der Bemerkung Scheyers, deutsche Soldatinnen hätten in Beaune-la-Rolande Injektionen ausgeführt, handelt es sich laut einer Anmerkung in der französischen Ausgabe dieses Buchs wahrscheinlich um ein Gerücht.

**Seite 157** Am 16./17. Juli 1942 fand in Paris eine große Razzia statt, bei der die französische Polizei mehr als 13 000 Juden verhaftete. Davon wurden über 7000 Frauen und Kinder fünf Tage später in die Lager Pithiviers und Beaune-la-Rolande gebracht, Kinder zwischen zwei und 13 Jahren trennte man von ihren Müttern und deportierte sie nach Polen in Vernichtungslager.

**Seite 159** Das Lager Rivesaltes in der Nähe von Perpignan war 1938 als Militäreinrichtung erbaut worden. Unter Vichy diente es zur Internierung von politischen Gegnern, Sinti und Roma und Juden. Insgesamt wurden hier etwa 20 000 Menschen unter katastrophalen Bedingungen gefangen gehalten. 1942 wurden 2500 jüdische Häftlinge von Rivesaltes aus in das Durchgangslager Drancy oder direkt nach Auschwitz verschleppt.

**Seite 159** Jules-Gérard Saliège (1870–1956): Französischer Geistlicher, Erzbischof von Toulouse. Im August 1942 verurteilte er in einem Hirtenbrief als erster hochrangiger Kirchenvertreter in der «Freien Zone» öffentlich die Massendeportationen und die Behandlung der Juden in den Lagern.

## Flucht in die Schweiz

**Seite 161** Sûreté, frz. Bezeichnung für die Sicherheitsbehörden.

**Seite 169** «Vos papiers», frz. «Ihre Papiere».

## Ein Telegramm

**Seite 172** Zum Kloster Labarde siehe Nachwort von Peter N. Singer.

**Seite 173** Das Lehrerehepaar René (1904–1991) und Henriette Mathieu (1909–?) aus der Ortschaft St-Cernin-de-l'Herm war in der Résistance aktiv. Die beiden halfen mehreren jüdischen Familien, die in der Umgebung Schutz suchten, indem sie ihnen gefälschte Ausweispapiere beschafften und sichere Verstecke vermittelten. Sie waren in engem Kontakt mit den Rispals, siehe Nachwort von Peter N. Singer.

**Seite 175** Am 8. November 1942 landeten alliierte Truppen in Algerien und Marokko; Deutschland antwortete am 11. November mit der Besetzung des unbesetzten Frankreichs.

**Seite 176** Asile, frz. Sanatorium, Irrenanstalt.

## Labarde

**Seite 178** Cabinet de toilette, frz. Waschraum, Nasszelle.

**Seite 178** Parloir, frz. Sprechzimmer, in diesem Zusammenhang der Raum für den Außenwelt-Kontakt in Klostern.

## Selig sind die Armen im Geiste

**Seite 183** Assistance Publique, frz. staatliche Fürsorge.

**Seite 183** Communauté, frz. Religionsgemeinschaft.

**Seite 184** «Selig sind die Armen im Geiste»: Mt 5,3.

**Seite 189** Diamantenboutons: Diamantknöpfe.

**Seite 190** Bruno Walter (1876–1962): Deutscher Dirigent. Als in Deutschland die Nationalsozialisten an die Macht gekommen waren, ging Walter, der Jude war, nach Österreich. Nach dem «Anschluss» nahm er die französische Staatsbürgerschaft an; später emigrierte er in die Vereinigten Staaten.

**Seite 190** Franz Werfel (1890–1945): Österreichischer Schriftsteller. Entstammte dem jüdischen Bürgertum Prags. Von 1912 bis 1915 Lektor im Kurt Wolff Verlag in Leipzig und Mitarbeiter der Reihe *Der jüngste Tag*, die zu einer zentralen Plattform expressionistischer Literatur wurde. Werfel veröffentlichte zunächst Gedichtbände, später Romane. 1940 ging er ins amerikanische Exil.

**Seite 197** *Völkischer Beobachter*: Von Dezember 1920 bis zum Ende des Hitler-Regimes Parteizeitung der NSDAP; erschien ab 1923 täglich.

## Durch ein Guckloch gesehen

**Seite 202** Der französische Widerstand gewann ab Mai 1943 durch die Neuorganisation de Gaulles an militärischer Stärke, worauf die deutschen Besatzer mit der Einrichtung militärischer Verbände reagierten, die hart gegen die Aktivitäten der Résistance vorgingen, «verdächtige» Höfe und Häuser in Brand setzten und den Tod Unschuldiger in Kauf nahmen. Besonders in den Départements Dordogne und Ain litten Zivilisten. Siehe auch Nachwort von Peter N. Singer.

**Seite 203** Abel Bonnard (1883–1968): Französischer Schriftsteller. Anhänger von Charles Maurras und Minister für «Nationalerziehung» in der Vichy-Regierung. Er gehörte zu den vier Mitgliedern der Académie française, die nach dem Krieg aufgrund ihrer Kollaboration mit den Nationalsozialisten ausgeschlossen wurden.

**Seite 204** Refraktäre: Kriegsdienstverweigerer, Widerständige.

## Musik

**Seite 209** Franz Schalk (1863–1931): Österreichischer Dirigent, langjähriger Direktor der Wiener Staatsoper.

**Seite 210** Scheyer verehrte den Komponisten und Dirigenten Gustav Mahler (1860–1911), von 1897 bis 1907 Direktor der Wiener Oper, und war ein vehementer Gegner der «Zweiten Wiener Schule» um Arnold Schönberg. Im April 1913 attackierte er in der Zeitschrift *Signale für die musikalische Welt* den «Akademischen Verband für Literatur und Musik», der avantgardistischen Komponisten eine Bühne bot. Die «Sechs Stücke für Orchester» von Schönbergs Schüler Anton Webern nannte er «sechs Missgeburten aus lallender Ohnmacht und ungewöhnlicher Unfähigkeit». Scheyer sah Mahlers Andenken durch diese neue Musik bedroht: «Mahler ist tot; er kann sich jener Schädlinge nimmer erwehren, die seinen Namen fortwährend zu ihren eigenen obskuren Zwecken missbrauchen, die er sich noch zu Lebzeiten nur mit schwerer Mühe vom Leib zu halten vermochte. Gott schütze Gustav Mahler vor seinen Freunden und uns mit ihm!»

**Seite 210** Die Fidelio-Besetzung, an die sich Scheyer erinnert, ähnelt stark der einer Inszenierung an der Wiener Oper aus dem Jahr 1904. Die Sopranistin Anna von Mildenburg (1879–1947), der Bariton Leopold Demuth (1861–1910), der tschechische Bass Wilhelm Hesch, und der dänische Tenor Erik Schmedes traten dort auf. Arnold Rosé (1863–1946) war Konzertmeister der Wiener Philharmoniker, Friedrich Buxbaum (1869–1948) spielte das erste Cello (bis zu seiner Emigration nach London 1938 war er 1. Cellist der Wiener Philharmoniker). Die erste Tonaufnahme von Mahlers *Lied von der Erde* dirigierte ebenfalls Bruno Walter.

**Seite 210** Édouard Herriot (1872–1957): Französischer Politiker der Radikalen Partei (in Deutschland auch: «Radikalsozialisten»), dreimaliger Ministerpräsident Frankreichs, langjähriger Vorsitzender der Abgeordnetenkammer. Gegner von Pétain, lehnte das Vichy-Regime ab und verbrachte die Jahre 1942 bis 1945 im Exil.

**Seite 210** François Mauriac (1885–1970): Französischer Schriftsteller, erhielt 1952 den Literaturnobelpreis. Gilt als einer der wichtigsten Autoren der Zwischenkriegszeit. Zu seinen Werken gehören *Fleisch und Blut* (1920), *Der Kuß für den Leprakranken* (1922), *Die Einöde der Liebe* (1925) oder *Das Geheimnis Frontenac* (1933). Mauriac war ein Kritiker Pétains und der Kollaboration.

### Eugène Le Roy

**Seite 212** Eugène Le Roy (1836–1907): Französischer Schriftsteller, Autor mehrerer republikanischer und antiklerikaler Schriften. Zu seinen bekanntesten Romanen zählen *Le Moulin de Frau* (1891) und *Jacquou le Croquant* (1899).

**Seite 213** Alcide Dusolier (1836–1918): Französischer Journalist, Schriftsteller und Politiker, Sekretär des Staatsmanns Léon Gambetta, ab 1885 Senator.

**Seite 214** Alphonse Daudet (1840–1897): Französischer Dramatiker und Schriftsteller. Zu seinen Werken gehören *Die wunderbaren Abenteuer des Tartarin von Tarascon* (1872).

### Denunzianten

**Seite 219** Assassins provocateurs: assassin, frz. Mörder, vermutlich Anspielung auf «agents provocateurs».

**Seite 219** Scheyer erwähnt die Ermordung des ehemaligen Ministerpräsidenten Sarraut. Hier liegt eine Verwechslung vor: Albert Sarraut (1872–1962) war während der Dritten Republik Ministerpräsident, sein Bruder Maurice Sarraut (*1869) wurde am 2. Dezember 1943 in Toulouse ermordet.

### Statt eines Kapitels über die Resistenz

**Seite 223** Curé, frz. Pfarrer.

**Seite 223** Ferme, frz. Hof, Bauernhaus.

Sie kommen – Sie kommen nicht – Sie kommen!

**Seite 226** Débarquement, frz. militärische Landung.

**Seite 228** Möglicherweise ist hier die Ortschaft Frayssinet de Gélat gemeint, die nur etwa 34 Kilometer von Belvès entfernt liegt. Dort wurden am 21. Mai 1944 drei Frauen und elf Männer von der SS erschossen.

**Seite 228** Füsilierung: Erschießung.

**Seite 232** Angelus: das Gebet «Der Engel des Herrn», das in der katholischen Kirche morgens, mittags und abends gebetet wird.

## Morgen des 6. Juni

**Seite 237** Am 6. Juni 1944 landeten 150 000 amerikanische, britische, kanadische, französische und polnische Soldaten an der Küste der Normandie. Der alliierte Oberbefehlshaber US-General Dwight D. Eisenhower verkündete die Landung am Morgen in der BBC, auch Winston Churchill gab vor dem Parlament in London eine Erklärung ab. Charles de Gaulle meldete sich in seinem Londoner Exil ebenso zu Wort und verkündete: «Die Entscheidungsschlacht hat begonnen!»

## Sommer

**Seite 239** Friedrich Sieburg (1893–1964): Deutscher Journalist. Sein Buch *Gott in Frankreich?* (1929), in dem er die «französischen Ideale» pries, erschien ein Jahr später auch auf Französisch (*Dieu est-il français?*). Sieburg unterstützte Pétain. Nach 1945 belegten ihn die französischen Besatzungsbehörden zunächst mit einem Publikationsverbot, später wurde er zu einem der einflussreichsten Literaturkritiker der Bundesrepublik.

**Seite 242** Am 21. Juni 1944 legte die SS im Dorf Mouleydier in der Dordogne Feuer, es kam zu Plünderungen. 22 Résistance-Kämpfer wurden erschossen.

**Seite 243** Am 30. Juni 1944 richtete König Gustav V. von Schweden (1858–1950) einen Appell zugunsten der ungarischen Juden an den Reichsverweser Miklós Horthy. Der König unterstützte auch die Aktivitäten des schwedischen Diplomaten Raoul Wallenberg (1912–?), der in Budapest im großen Stil Hilfe für ungarische Juden organisierte und bis zu 20 000 Menschen das Leben rettete.

**Seite 244** Nach der Besetzung der sogenannten Rest-Tschechei hatten die Nationalsozialisten in der Stadt Terezín das Konzentrationslager Theresienstadt eingerichtet.

## Erster Schritt ins Freie

**Seite 245** Die Befreiung von Paris fand am 25. August 1944 statt.

**Seite 249** FFI (Forces Françaises de l'Interieur = französische Streitkräfte im Inneren) ist die Bezeichnung für den Zusammenschluss mehrerer bewaffneter Gruppen von Widerstandskämpfern in Frankreich gegen Ende des Krieges. Als das Land durch alliierte Truppen allmählich befreit wurde, änderte sich der Status der FFI dahin gehend, dass man sie nun als Ergänzung und wertvolle Unterstützung der regulären französischen Armee ansah, bis sie schließlich im Oktober 1944 zur Beendigung der Kämpfe an der Westfront ganz den französischen Truppen eingegliedert wurden.

**Seite 252** Force Majeure, frz. höhere Macht.

## Carlos

**Seite 261** Carlos Enrique Ordeig (1913 ?): katalanischer Aktivist, der im spanischen Bürgerkrieg auf republikanischer Seite rasch Karriere machte, später nach Frankreich floh und nach dem deutschen Einmarsch Mitglied der Résistance wurde. In der Gegend um Belvès führte er eine sehr aktive Brigade aus spanischen Kämpfern an. Zusammen mit André Malraux und George Starr gründete er den Vorläufer der FFI.

**Seite 261** René Coustellier, alias «Soleil» (1920–2013): Französischer Résistance-Kämpfer, der 1943 und 1944 vor allem in der Region um Belvès aktiv war. Er leitete eine Gruppe unter dem Namen «Soleil», die an vielen Operationen gegen die Deutschen in der Dordogne beteiligt war. 1998 veröffentlichte er seine Memoiren, die kontrovers diskutiert wurden.

**Seite 263** In Argelès-sur-Mer und Adge im Süden Frankreichs hatte die französische Regierung 1939 Internierungslager für republikanische

Kämpfer des spanischen Bürgerkriegs und zivile Flüchtlinge aus dem Nachbarland errichten lassen. In den völlig überfüllten Einrichtungen herrschten katastrophale Verhältnisse. Ende 1940 verwandelte das Vichy-Regime das Lager in Adge in eine Sammelstelle für Ausländer.

**Seite 265** Miliciens, frz. Milizsoldaten.

## In memoriam meiner Kameraden

**Seite 273** «Das Geheimnis der Liebe ist stärker als das Geheimnis des Todes» ist ein Zitat des Schriftstellers Oscar Wilde (1854–1900).

## Die zu Unrecht Überlebenden

**Seite 279** Libération, frz. Befreiung.

## Noch in Labarde; aber frei

**Seite 288** Epuration: Bezeichnet die Strafverfolgung französischer Funktionäre, die nach dem Zweiten Weltkrieg der Kollaboration bezichtigt wurden.

Die Nonnen im Kloster von Labarde, ca. 1945.

## NACHWORT VON
## PETER N. SINGER

Der vorliegende Text ist ein ungewöhnlich spannungsgeladener, schmerzhafter, dramatischer Bericht über die Odyssee eines jüdischen Journalisten, der vor den Nationalsozialisten aus Wien flüchten musste. Der Autor schrieb seine Erlebnisse in den Jahren 1943 und 1944 nieder, während er sich in Frankreich in einem Kloster in der Dordogne versteckt hielt, und schloss den Bericht unmittelbar nach dem Ende des Zweiten Weltkriegs im Jahr 1945 ab.

Das Manuskript lag jahrzehntelang bei Moriz Scheyers Stiefsohn, meinem Vater Konrad Singer, auf dem Dachboden. Dort entdeckten es mein Bruder und ich zufällig, als wir unserem achtundachtzigjährigen Vater beim Umzug halfen. Scheyer hatte offenbar versucht, seinen Bericht zu veröffentlichen: Wir fanden eine maschinengeschriebene Version in einer Mappe, auf der die Adresse von Stefan Zweigs erster Frau in den Vereinigten Staaten stand. Aber Scheyer starb im Jahr 1949, und mein Vater, der das Manuskript erbte, bemühte sich nicht um eine Veröffentlichung. Er hegte eine starke Abneigung gegenüber dem Buch und seiner eindeutig «antideutschen» Gesinnung. Er glaubte sogar, es zerstört zu haben. Bei der maschinengeschriebenen Version, auf die ich stieß, handelte es sich anscheinend um einen Kohledurchschlag, den meine Großmutter – Scheyers Frau Margarethe – aufbewahrt hatte. Dieses Exemplar war gemeinsam mit anderen Habseligkeiten Margarethes auf dem Speicher gelandet.

Bevor Moriz Scheyer im Jahr 1938 vor den Schergen des
NS-Regimes aus Wien fliehen musste, war er Feuilletonchef
beim *Neuen Wiener Tagblatt*, einer der wichtigsten Zeitungen
der österreichischen Hauptstadt. Er war ein enger Freund
von Stefan Zweig, zu seinem Bekanntenkreis gehörten Arthur Schnitzler, Joseph Roth und Bruno Walter. Neben seiner
Tätigkeit als Journalist hat er mehrere Essaybände und Reise-
berichte veröffentlicht. Obwohl er selbst in Bezug auf dieses
Buch einwandte, es sei «kein literarisches Werk», haben wir es
mit den Erinnerungen eines prominenten Buchautors an die
Schrecken der Judenverfolgung zu tun.

## Moriz Scheyer: Frühes Leben und literarische Laufbahn

Moriz Scheyer wurde am 27. Dezember 1886 als Sohn eines
Geschäftsmanns in Focșani in Rumänien geboren. Die Ober-
schule besuchte er bereits in Wien: Seine Familie war nach
Österreich umgezogen und hatte sich in Hietzing niedergelassen, einem beschaulichen Vorort im Südwesten der Hauptstadt. In der Schule war er ein «passabler Humanist» gewesen,
der einem Freund in den Latein- und Griechischprüfungen
die Antworten vorsagen konnte; im Gegenzug half ihm dieser
Freund in den Mathematikprüfungen. Er studierte Rechts-
wissenschaften an der Universität Wien und machte seinen
Abschluss im Jahr 1911. Im Jahr 1914 begann er, für das *Neue
Wiener Tagblatt* zu arbeiten, das für seine ausgezeichnete Kul-
turberichterstattung bekannt war.

Scheyer liebte die französische Kultur und Literatur und
lebte Anfang der zwanziger Jahre einige Zeit in Paris, wo er
als Kulturkorrespondent für das *Tagblatt* arbeitete, eine Tätigkeit, die er auch nach seiner Rückkehr nach Wien im Jahr

Der junge Moriz Scheyer.

1924 jeweils für einen Monat im Jahr ausübte. Außerdem verbrachte er einige Zeit als Korrespondent in der Schweiz.

Tatsächlich reiste er viel, und seine Reiselust spielte eine wichtige Rolle in seiner frühen literarischen Aktivität. In den Jahren 1918–19 unternahm er eine Schiffsreise, die ihn über Ägypten nach Südamerika führte. Er verbrachte viele Wochen auf einem Kreuzfahrtschiff und lernte eine Reihe von exotischen Orten und Menschen kennen. Die Erfahrung inspirierte ihn zu mehreren Schriften, die er in seinen ersten drei Büchern sammelte: *Europäer und Exoten* (1919), *Tralosmontes* (1921) und *Schrei aus der Tropennacht* (1926).

Die Bücher bestanden aus Skizzen, die lebhafte Schilderungen ungewöhnlicher Orte, Ereignisse und insbesondere Charaktere enthielten. Beispielsweise begegnen wir in einem

Text einem ägyptischen Jungen namens Saadi Ibn Tarbusch, der in Kairo Scheyers Reiseführer war; Scheyers Berichte über das glamuröse Leben der Europäer korrumpieren den Jungen und haben eine fatale Wirkung auf ihn. Sodann sind da Gly Cangalho, eine morphiumsüchtige «Kreolin», die ihr Leben auf Kreuzfahrtschiffen verbringt und mit allen Kapitänen bekannt ist. Diese anscheinend halbfiktionale Figur taucht in Scheyers Büchern wiederholt auf, und man gewinnt den Eindruck, dass Scheyer bis zu einem gewissen Grad von ihr besessen war.

Wir lesen parodistische Beschreibungen von englischen Reisenden, die mit ihrer Fähigkeit, überall daheim zu sein, und ihrer fehlenden emotionalen Reaktion auf die Exotik ihrer Umgebung selbst beinahe exotisch wirken. Wir lernen einen Herrn Dronnink kennen, ein «ausgebranntes» niederländisches Musikgenie, den eine Frau und der Alkohol ruiniert haben, weshalb er jetzt dazu verurteilt ist, sich als Pianist auf Kreuzfahrtschiffen zu verdingen. Und Scheyer malt eindringliche Bilder von einer tropischen Nacht auf dem Meer, von Stürmen, Hahnenkämpfen und der «Kaffeeküste». Die Figuren wirken, als stammten sie aus der Welt Agatha Christies; ein oder zwei Leichen, deren Todesursache nicht geklärt ist, würden genügen, um die ohnehin unheimliche Atmosphäre dieser Erinnerungen in die Kulisse eines Kriminalromans der zwanziger Jahre zu verwandeln.

## Feuilletonchef

Von 1924 bis zu seinem Ausscheiden aus der Redaktion nach dem «Anschluss» war Scheyer Leiter des Feuilletons des *Neuen Wiener Tagblatts* (nach der «Arisierung» der Zeitung im Jahr 1938 wurde sie mit anderen Blättern verschmolzen. Die Publikation wurde im Jahr 1945 eingestellt).

Er war zuständig für den Bereich «Theater und Kunst», besaß also einigen kulturellen Einfluss. Als Kritiker war er für die Inszenierungen im Theater in der Josefstadt zuständig und organisierte die Bewertungen der Aufführungen auf den übrigen Wiener Bühnen. Außerdem rezensierte er zahlreiche Bücher.

Die Feuilletons aber wurden zu Scheyers vorrangiger literarischer Aktivität. Seine Texte weisen typische Merkmale auf: die beschleunigte Erzeugung einer Stimmung, die Aufmerksamkeit des Miniaturmalers für das Detail; eine prägnante Formulierung der Argumente, knappe Beschreibungen der Figuren und statt einer nüchternen Analyse eine eher emotionale oder «sentimentale» Auseinandersetzung mit dem Thema. Scheyer verstand sich auf die Kunst der Miniatur, die er auch im vorliegenden Buch anwandte. Kapitel wie «Statt eines Kapitels über die Resistenz», «Carlos» oder «Die zu Unrecht Überlebenden» lesen sich tatsächlich wie Feuilletons, auch wenn sich ihre Themen sehr von denen seiner Artikel im *Tagblatt* unterscheiden.

Die drei anderen Bücher, die Scheyer veröffentlichte, waren Sammlungen von Essays, die er für die Zeitung geschrieben hatte: *Flucht ins Gestern* (1927), *Menschen erfüllen ihr Schicksal* (1931) und *Erdentage des Genies* (1938). Die Titel deuten auf bestimmte Stimmungen oder Einstellungen hin. Die letzten beiden verdeutlichen, welche Faszination die «menschliche Größe» und insbesondere der große Künstler auf Scheyer ausübten. Der erste Titel gibt Aufschluss über seinen ausgeprägten Hang zur Nostalgie.

## Moriz Scheyer in seinem Milieu:
## Wien im frühen 20. Jahrhundert

Scheyer war nicht der Einzige, der sich mit diesen Themen auseinandersetzte: Er war in vielerlei Hinsicht ein typischer Vertreter der Wiener Literatur des frühen 20. Jahrhunderts. Die nostalgische Grundhaltung teilte Scheyer nicht zuletzt mit seinem fast gleichaltrigen Freund Stefan Zweig.

Ein großer Teil von Zweigs literarischer Produktion – darunter seine gehaltvollsten Bücher – bestand aus Biographien bedeutender historischer, literarischer oder intellektueller Figuren. Zu seinen Untersuchungsgegenständen zählten Balzac, Dickens, Romain Rolland, Dostojewski, Casanova, Stendhal und Tolstoi. Scheyer teilte diese Vorliebe für die Biographie und die Faszination für die großen Protagonisten der Geschichte, und wie Zweig neigte er dazu, in den literarischen oder künstlerischen Genies etwas mehr als sterbliche Menschen zu sehen. Zudem war er von ähnlichen Stoffen fasziniert, die auch Zweig behandelte. Scheyer widmete sämtlichen zuvor genannten Figuren ein Feuilleton – in den meisten Fällen wurde er offenbar durch die entsprechende Publikation Zweigs dazu inspiriert. Die beiden letzten Bücher Scheyers enthalten im Wesentlichen Essays, in denen er die Lebensgeschichten «großer Menschen» dramatisch verarbeitet; zu den bereits genannten Namen kommen Verlaine, Victor Hugo, Baudelaire, Rembrandt hinzu.

Man könnte sagen, dass die Nostalgie in den ersten Jahrzehnten des 20. Jahrhunderts so etwas wie eine literarische Spezialität Wiens war. Die Besessenheit von der Vergänglichkeit, von einer unwiederbringlich verlorenen Welt, ist ein wiederkehrendes Thema in den Librettos von Hugo von Hofmannsthal, in den Romanen Joseph Roths (*Radetzkymarsch*, *Die Kapuzinergruft*), der den Verlust des Habsburgerreichs und seiner Traditionen aufarbeitete, und in den Kurzgeschichten von Stefan Zweig. In Zweigs *Buchmendel* wird ein Mann, der seit Jahren in einem Kaffeehaus lebt, wo er dank seiner bibliographischen Kenntnisse für die Gäste unverzichtbar geworden ist, schließlich vom rücksichtslosen neuen Besitzer des Cafés, einem Schieber, aus seiner «Residenz» vertrieben und stirbt im Elend. In der *Schachnovelle* steht der geistige Zusammenbruch des brillanten Schachspielers in der Auseinandersetzung mit einem ungebildeten Widersacher, der Ähnlichkeit mit einer Maschine hat, für den Zusammenbruch der kultivierten alten Welt. *Brief einer Unbekannten* badet im Gefühl des Verlusts angesichts der unwiederbringlichen Vergangenheit, und in *Die Welt von Gestern*, einem seiner letzten Bücher, erinnert sich Zweig in nostalgischem Detail an die Generation seiner Eltern.

Auch Scheyer schreibt – in einem Essay über seinen älteren Zeitgenossen Arthur Schnitzler – über «das Spiegelbild einer Stadt, die inzwischen ihr eigenes Ich verloren hat». Schnitzlers Wien – diese Welt der Tradition und der Kultur, der klaren sozialen Ordnung, des Brauchs und der eleganten Affären – ist verloren, ein «versinkender Traum, Resonanz der Erinnerung». Hier haben wir es anscheinend weniger mit einem Fest der Nostalgie als vielmehr mit potenziell endlosen nostalgischen Rückgriffen zu tun. Die Konzentration auf die Vergänglichkeit und die Sehnsucht nach einer Rückkehr in die Vergangenheit sind zentrale Merkmale von Schnitzlers Figuren, so etwa in seinem bekanntesten Theaterstück *Der Reigen*, in dem er sexuelle Begegnungen auf allen Ebenen der Wiener Gesellschaft zu einer Kette verbindet. Die Nostalgie ist bereits ein wesentlicher Bestandteil der poetischen Welt, die Scheyer nostalgisch betrachtet.

Im Kontext des vorliegenden Buchs hatte Scheyer natürlich allen Grund zur Nostalgie. «Es war einmal...», beginnt er seine Auseinandersetzung mit der verlorenen Unschuld der Welt von 1944 und mit der Unmöglichkeit, weiter die Natur und den Sommer zu genießen. Verblüffend ist jedoch, dass er hier Worte aufgreift, die er im Jahr 1927 im Vorwort von *Flucht ins Gestern* schrieb: Schon damals waren die Sommer nicht mehr, was sie einst gewesen waren.

Wenn er in seinem Manuskript *Ein Überlebender* erklärt, dass nur die Vergangenheit real scheint, während die Gegenwart gespenstisch wirkt, fühlen wir uns an Vorstellungen erinnert, die in seinen früheren Schriften auftauchten:

Das Gestern... Es sind jetzt so viele Jahre her, daß noch ein Gestern war. Es ist so etwas so Fernes, so Unwahrscheinliches geworden, daß man sich, auch wenn man es erlebt hat, an dieses Gestern nur wie an einen verlorenen Traum erinnert. An der Grenze unseres Bewußtseins fließt er in Wehmut dahin, dieser Traum, wie das Lächeln eines Kindes, das geweint hat. Er ist weich und schwer zugleich, es kostet eine furchtbare Anstrengung, sich ihm zu entwinden, und doch muß er uns helfen, uns aus den Trümmern einer zerstörten Welt herauszuarbeiten. Es ist Frühling jetzt; dann wird Sommer werden, Herbst, Winter und dann wieder Frühling. Aber das ist alles fremd und lichtlos und rührt einen nicht mehr an. Die Zeit des Wartens ist vergangen. Jenseits von Hoffnungen, jenseits von Erfüllungen, von Schönheit und Herzklopfen, sehen wir

> mit unbewegten Augen eine Gegenwart hart und
> zugleich gespensterhaft an uns vorüberziehen, eine
> Gegenwart, die nichts ist als gieriger Lärm und
> Leere.
> (*Flucht ins Gestern*, S. 9 f.)

Tatsächlich hatte sich Scheyer bereits in seinem ersten Buch *Europäer und Exoten* mit der Nostalgie beschäftigt:

> Wie man oft nach plötzlichem Aufwachen in der
> frierenden Ernüchterung eines fremden, lieblosen
> Morgens ein flüchtig und wesenlos verdämmerndes
> Traumbild mit aller Gewalt noch eine Weile wenigstens
> am Horizonte des Bewußtseins festhalten möchte:
> so versuchte ich immer wieder, aus der trostlosen
> Realität dieser letzten Jahre in die einzige Wirklichkeit
> heimzufinden, die das Dasein noch erträglich macht,
> die Wunden schlägt, aber auch Wunden heilt: die
> Erinnerung. (*Europäer und Exoten*, S. 5)

## Musik

Scheyers Einstellung zur Musik und sein Umgang damit muss ebenfalls im zeitlichen und örtlichen Kontext betrachtet werden. Möglicherweise ist schwer zu verstehen, was für eine grundlegende Bedeutung die Musik in jener Zeit für das Leben Wiens hatte, und zwar nicht nur in künstlerischer, sondern auch in sozialer und intellektueller Hinsicht. In Wien standen die klassische Musik, die Musiker und die musikalischen Einrichtungen – insbesondere die Staatsoper – im Mittelpunkt des öffentlichen und medialen Interesses und waren Gegenstand intensiver Rivalitäten. Die Intellektuellen verliehen der Auseinandersetzung mit der Musik eine moralische, ja sogar religiöse Dimension; die Musiker, insbesondere die Komponisten und Dirigenten, wurden beinahe wie Götter verehrt, da ihr Schaffen in den Augen ihrer Bewunderer deutlich über jedes normale menschliche Unterfangen erhaben war. Es ist erwähnenswert, dass Scheyer, obwohl er eigentlich kein Musikkritiker war, einen Presseausweis besaß, der ihm Zugang zu den Generalproben in der Oper gab. In der Familie wird eine Anekdote darüber erzählt, dass er Gustav Mahler auf der Straße ansprach. Für Männer wie Mahler und Bruno Walter hegte er große Bewunderung.

Auch im vorliegenden Bericht verwendet Scheyer die Musik wiederholt als Metapher: Das rhythmische Stampfen deutscher Soldatenstiefel liefert das neue «Leitmotiv Pariser Lebens». Und im Lager in Beaune erklingt «eine nächtliche Symphonie des Elends und des Kummers, die vom Rascheln des Strohs wie von einem Orgelpunkt durchzogen ist». Es gibt auch Parallelen zwischen diesen sorgfältig gestalteten Metaphern und dem Stil Zweigs. Zweig war derart von der Musik besessen, dass er Manuskripte großer Komponisten sowie einen Tisch erwarb, der Beethoven gehört hatte und einen Ehrenplatz in Zweigs Salzburger Villa bekam.

Die vom Radio ermöglichte Wiederentdeckung der Musik in Labarde zählt zu den eindrücklichsten emotionalen Erfahrungen, die im Buch geschildert werden. Nirgendwo ist Scheyers Nostalgie realer als in seinem Versuch, die verschwundenen Gesichter Mahlers – «sein erlauchtes, illuminiertes Asketen-Antlitz, Antlitz eines Herrschers und Büßers von des Genies Gnaden» – und einer früheren Generation von Musikern an der Wiener Oper heraufzubeschwören. Die Musik reißt ihn aus der Gegenwart und transportiert ihn zurück in die Vergangenheit. Er beschreibt die Vision einer anderen Welt, die gleichzeitig Licht auf diese Welt werfen kann.

## Krieg und Depression

Man könnte vermuten, dass sich Scheyer nicht nur die literarische Nostalgie Wiens aneignete, sondern dass die Unzufriedenheit in seinem Wesen lag. Er war ein extrem empfindlicher Mensch, verletzlich und reizbar, obwohl er offenkundig auch die Schönheit und den Reiz des Augenblicks genießen konnte, sei es in der Literatur, in Musik und Malerei oder in Beziehungen zu anderen Menschen. In den Augen meines Vaters, der zweifellos wenig Verständnis für Scheyers Wesen hatte, war sein Stiefvater ein Mensch, dem es einfach schwerfiel, glücklich zu sein – er war ein ständiger Pessimist. Es lohnt sich jedoch, kurz innezuhalten und einen Blick auf die konkreten Gründe für den Pessimismus zu werfen, der in seinen bis 1927 erschienenen Büchern schwelt.

Einer dieser Gründe (über den ich jedoch nur spekulieren kann) ist möglicherweise in unglücklichen romantischen Erfahrungen zu suchen. Moriz lernte Grete vermutlich 1925 oder 1926 nach dem Tod ihres ersten Ehemanns kennen. In *Tralosmontes* findet man Hinweise auf eine frühere romantische Obsession, und ein unterschwelliges Thema von *Flucht ins Gestern* sind unglückliche Liebesbeziehungen. Die abschließenden Passagen des Vorworts von *Europäer und Exoten*, in denen er vom Trost durch das Reisen und die Erinnerung daran spricht, deuten auf eine tiefe Einsamkeit hin. Leichter zu dokumentieren ist eine andere Art von Betrübnis, nämlich jene über den Ersten Weltkrieg und seine Folgen. Neben eher allgemeinen Hinweisen auf die Eintönigkeit und Leere der Gegenwart enthalten die Vorworte von *Europäer und Exoten* sowie *Flucht ins Gestern* auch spezifischere historische Kommentare.

Diese Aufsätze sind zum größten Teil während des Krieges entstanden und waren für das «Neue Wiener Tagblatt» und andere ausländische Tageszeitungen und Revuen bestimmt. In der Hast der Stunde entstanden, doch nicht der Stunde und ihrer niederträchtig verlogenen Phraseologie gehorchend; es erschien mir als Pflicht des «guten Europäers», jeder offiziös akkreditierten «Gesinnung» möglichst weit aus dem Wege zu gehen. (*Europäer und Exoten*, S. 5)

Ins Nichts zerflossen, aufgelöst im trüben, stickigen Dunst sind die wundervollen Luftschlösser, jene lichten Gralsburgen, wie sie schlaue Betrüger nach dem Kriege am Horizont des «Friedens» aufglänzen machten. Aus Massengräbern der Toten und aus Massengräbern der Lebenden gaukelten sie uns eine Auferstehung vor und eskamotierten uns inzwischen die letzten Illusionen. Dynastien wurden gestürzt, Unterdrücker wurden beseitigt, aber statt ihrer traten tausend andere Dynastien, tausend andere Unterdrücker auf den Plan, jeder eine geschminkte Lüge im Arm, eine Lüge, die zynisch und brutal auf den Kehricht flog, sobald durch den vorläufig letzten Börsencoup der Weltgeschichte aus den Schwächeren die Stärkeren geworden waren. Man faselte von Fortschritt, man deklamierte von Freiheit, aber in Wirklichkeit war jede feierliche Phrase, jedes Programm,

jede Umwertung der Werte: jeder Fortschritt nur dazu
da, das Fortschreiten der Geschäfte zu ermöglichen.
(*Flucht ins Gestern*, S. 10 f.)

Diese Aussagen sind Ausdruck der Ernüchterung und der tiefen Trostlosigkeit, die insbesondere in Österreich nach dem
Krieg und in der folgenden verheerenden Wirtschaftskrise
herrschten. Scheyer spricht über die illusorischen Hoffnungen, welche die Politiker für die Nachkriegswelt geweckt haben. Er blickt nostalgisch auf die «alte Ordnung» zurück, die
er dem ungezügelten Kapitalismus vorzieht, aber man könnte
seine Worte auch als Ausdruck einer dezidiert sozialistischen
Einstellung verstehen. Ein Blick auf Scheyers Haltung gegen-

Scheyers Presseausweis für die Wiener Staatsoper für die Spielzeit
1937–38 widerspricht der Vermutung, er habe geahnt, vor dem Ende
der Spielzeit zur Flucht aus der Stadt gezwungen zu werden.

über dem Ersten Weltkrieg ist aufschlussreich. Am 17. November 1914 erschien in der *Arbeiter-Zeitung* (dem Organ der Sozialdemokratischen Arbeiterpartei) ein Gedicht von ihm:

> Unter dem bleichen, ersten Schnee
> Liegt begraben viel junges Weh.
> Der späte Mond, gleichgiltig und kalt
> Wie Sterbekerzen herniederstrahlt.
> Die Nacht die Todesgebete spricht:
> Im Osten fröstelt ein fernes Licht.

Wie Zweig war Scheyer ein glühender Bewunderer des Pazifisten Romain Rolland und ein Anhänger der antinationalistischen Philosophie des «guten Europäers». Es gibt keine klaren Belege dafür, dass er auch angesichts der österreichischen Kriegsbeteiligung ein entschiedener Pazifist blieb, aber das zuvor zitierte Gedicht, das bald nach Kriegsausbruch entstand, spricht eine deutliche Sprache.

Erwähnenswert ist die auf furchtbare Art paradoxe Tatsache, dass im letzten veröffentlichten Buch Scheyers, das 1937 abgeschlossen wurde und im Jahr darauf erschien, sehr viel weniger von «schrecklichen Zeiten» und von der Notwendigkeit einer Flucht die Rede ist als in seinen früheren Büchern. Auch das ist aufschlussreich. Es ging ihm durchaus gut: Seine berufliche Situation war stabil, er genoss Ansehen und befand sich in einer angenehmen wirtschaftlichen Lage. Und obwohl Hitler gefürchtet wurde, wurde er in Österreich nicht als unmittelbare Bedrohung empfunden. Dazu kam, dass Scheyers jüngstes Buch Anfang 1938 von der Kritik sehr gut aufgenommen wurde. Stefan Zweig, der zu jener Zeit in London lebte, äußerte sich in einem Brief sehr positiv darüber.

## Nach dem Krieg

Moriz Scheyers Wunsch am Ende seines Überlebensberichtes, «von diesen Menschen nicht scheiden zu müssen, die mir in schwerer Stunde ihre Hände entgegengestreckt haben», ging in Erfüllung; er fand tatsächlich «im Strahlenkreis ihrer Wärme einen Winkel», in dem er bleiben durfte bis zum «definitiven Ende, nach dem man nicht wieder, nochmals von vorn, bei Null anfangen muß». Nach dem Krieg zog er mit Grete und Sláva in die «Maisonette», wie wir das Haus am Ortsrand von Belvès bei unseren Familienbesuchen nannten. Es hatte einen Garten, der steil ins Tal unterhalb des Orts abfiel, und gehörte Hélène Rispal, die es den Scheyers auf Lebzeiten überließ – ein weiterer Beweis für Hélènes außergewöhnliche Großherzigkeit. Kurz nach dem Krieg erfuhr Grete, dass neunzehn Mitglieder ihrer Familie der Schoah zum Opfer gefallen waren. Die meisten von ihnen waren in Auschwitz ermordet worden. Einem ihrer Brüder, Egon, gelang – ohne seine Frau – die Flucht nach England, und einer ihrer Schwäger, Jenö Kurz, überlebte das Konzentrationslager. Alle anderen Geschwister Gretes (und deren Ehepartner) sowie ihre Neffen und Nichten fielen dem Völkermord zum Opfer, einige in Theresienstadt, die Mehrheit in Auschwitz. Ihr ältester Bruder Leo, der seinem Vater Sigmund als Oberhaupt der jüdischen Gemeinde in ihrer tschechischen Heimatstadt nachgefolgt war, wurde wegen politischen Widerstands hingerichtet.

Moriz Scheyer kehrte nie nach Wien zurück, obwohl er sich nach dem Krieg einen neuen österreichischen Pass besorgte. Schon vor den hier geschilderten Erlebnissen hatte er unter chronischen Herzproblemen gelitten. Er starb im Jahr 1949. Sláva starb 1952. Sie war kurz in ihre tschechische Heimat

Sláva Kolářová, die aus der Tschechoslowakei gebürtige Haushälterin und treue Gefährtin der Scheyers während des gesamten Kriegs.

Grete (Margarethe) Scheyer auf einem Porträt des österreichischen Malers Anton Faistauer. Das Bild entstand 1923, vermutlich in Salzburg.

Hélène Rispal und Gabriel
Rispal (unten) mit Grete
und ihrem Sohn Konrad
nach dem Krieg in Belvès.

Die «Maisonette» in Belvès; unten Sláva (links) und Grete (rechts) beim Wiedersehen mit Gretes Sohn Konrad und seiner ersten Frau Jutta nach dem Krieg.

zurückgegangen, kehrte nach einem Schlaganfall jedoch nach Belvès zurück, wo sich die Scheyers bis zu ihrem Ende um sie kümmerten.

Die anderen Protagonisten in Moriz Scheyers Bericht lebten sehr viel länger. Gabriel Rispal starb 1970, Grete im Sommer 1977, Hélène 1979, nur etwas mehr als ein Jahr später. Jacques Rispal, der nach Gretes Tod einige Jahre in der «Maisonette» wohnte, folgte ihnen 1986.

Moriz und Margarethe Scheyer liegen im Familiengrab der Rispals neben Gabriel, Hélène und Jacques in Belvès. Sláva Kolářová liegt auch auf diesem Friedhof, aber in einem anderen Grab. Anscheinend konvertierte Grete nach dem Krieg offiziell zum Katholizismus, möglicherweise, um ein Versprechen einzulösen, das sie einer der Nonnen im Kloster gegeben hatte.

## Die Erinnerungen Konrad Singers: Die Jahre bis 1938

Schon vor der Entdeckung dieses Manuskripts kurz nach der Jahrtausendwende hatte ich begonnen, meinen Vater Konrad Singer zu seiner Kindheit und Jugend zu befragen, und er hatte mittlerweile auch eine kurze Zusammenfassung seiner Erinnerungen zu Papier gebracht. Als das Manuskript seines Stiefvaters auftauchte, führte ich weitere Gespräche mit ihm, denn ich wollte Moriz Scheyers Aufzeichnungen, in der er bestimmte Personen und Geschehnisse zu meiner Enttäuschung nur gestreift hatte, unbedingt durch alle jene Fakten ergänzen, an die sich mein Vater nach mehr als sechzig Jahren noch erinnern konnte.

Seine frühesten Erinnerungen bezogen sich auf das Leben der Familie in Salzburg, wo er und sein Bruder Stefan mit ihren Eltern – Grete und ihrem ersten Ehemann Dr. Bernhard Schwarzwald – sowie ihrem Kindermädchen «Veili» wohnten (wir haben Veili in diesem Buch als Sláva kennengelernt). Er erinnerte sich auch an Jindřichův Hradec (Neuhaus), eine malerische Ortschaft in Südböhmen, das heute zur Tschechischen Republik gehört, wo Gretes Vater, ein erfolgreicher Unternehmer, mit seiner großen Familie lebte. Mitglieder der böhmischen Seite der Familie hatten sich in der jüngeren Geschichte von *Pinkeljuden* – die Bezeichnung für einfache Hausierer, die mit ihren Produkten von Tür zu Tür gingen – zu erfolgreichen Industriellen hinaufgearbeitet: Sigmund Singer, Gretes Vater, besaß zwei Textilfabriken. In der Textilindustrie schrieben die böhmischen Juden zu Beginn des 20. Jahrhunderts eine Erfolgsgeschichte (auch die Familie von Stefan Zweig hatte ihren Wohlstand in dieser Industrie erworben). Das Unternehmen verdankte sein Wachstum unter anderem der Nachfrage nach Uniformen im Ersten Weltkrieg – eine Tatsache, die von Antisemiten als Vorwand genutzt wurde, um die Eigentümer erfolgreicher Fabriken als «Kriegsverdiener» zu verunglimpfen. Er war das Oberhaupt der jüdischen Gemeinde der Stadt und war stolz auf seine Stellung in der Synagoge; gleichzeitig waren die Singers assimilierte Juden, die Tschechisch sprachen und sich als Böhmen betrachteten.

Die Sommerferien sowie seine ersten beiden Lebensjahre vor dem Umzug nach Salzburg verbrachte mein Vater mit der erweiterten Familie im Haus seines Großvaters (die Eigenheiten der Singers waren Gegenstand zahlreicher Familienlegenden). Mein Vater wurde ab einem frühen Alter im Wesentlichen von Sláva großgezogen, an die er sich mit großer Zuneigung erinnerte und die ihm sehr viel näherstand als seine Eltern.

Die Textilfabriken der Familie Singer in Böhmen und Mähren, 1921.

Grete hatte Bernhard Schwarzwald in Dresden kennengelernt, wo sie ein Jahr in einem Mädchenpensionat verbrachte. Familien, die es sich leisten konnten, ließen ihre weiblichen Nachkommen vorzugsweise in solchen Einrichtungen erziehen. Bernhard war ein brillanter und charismatischer, jedoch emotional instabiler junger Arzt. Sigmund hieß die Verbindung nicht gut – oder hätte ihr seinen Segen verweigert –, weshalb das Paar gemeinsam durchbrannte und im Jahr 1912 auf einem Kreuzfahrtschiff nach Celebes (heute Sulawesi) reiste, das damals zu Niederländisch-Ostindien gehörte. Bernhard hatte bei der niederländischen Kolonialverwaltung einen Posten als Arzt bekommen. Zwei Jahre und ein Kind (Stefan) später brach der Erste Weltkrieg aus, und Bernhard hielt es für seine patriotische Pflicht, in die Heimat zurückzukehren und sich freiwillig zum Kriegsdienst zu melden. Seine Zeit im aktiven Dienst währte jedoch nur kurz. Anschließend lebte das Paar kurze Zeit in Jindřichův Hradec, wo Grete im Jahr 1917 ihren zweiten Sohn Konrad (meinen Vater) zur Welt brachte. Kurz nach Kriegsende kaufte Sigmund seinem Schwiegersohn am Stadtrand von Salzburg ein großes Anwesen, wo Bernhard ein Sanatorium für Nervenkranke einrichtete. Unter den Gästen war auch Sigmund Freuds Frau Martha, die im Sommer 1919 im Sanatorium eine Erholungskur machte – und vom Vater der Psychoanalyse dort besucht wurde.

An diesem idyllischen Ort verbrachte die Familie die ersten Jahre nach dem Ersten Weltkrieg. Mein Vater erinnerte sich an Begegnungen mit Stefan Zweig und seinen Adoptivtöchtern in jener Zeit: Der Dichter hatte sich aus der Wiener Literaturszene zurückgezogen und lebte in einem Haus auf einem Hügel unweit des Stadtzentrums von Salzburg. Offenkundig waren Zweig und die Schwarzwalds im kleinen intellektuellen Kreis der Stadt miteinander in Kontakt gekommen. Wahrscheinlich lernte Grete in Salzburg durch Stefan Zweig ihren zweiten Ehemann Moriz kennen.

1924 starb Bernhard Schwarzwald völlig unerwartet auf einer Reise nach Wien, als Todesursache wurde ein Herzin-

Die Familie Singer um das Jahr 1920: Grete (stehend, Dritte von rechts) mit ihrem Vater (sitzend, im Vordergrund), ihren sieben Geschwistern und zwei ihrer Schwägerinnen.

farkt genannt. Mein Vater war zu diesem Zeitpunkt sieben Jahre alt. Später erfuhr er in Gesprächen mit Verwandten, dass Bernhard in Wahrheit Selbstmord begangen hatte – der Grund waren möglicherweise Schulden oder eine Liebesaffäre, und mit einiger Sicherheit wirkten sich die Folgen einer psychischen Krankheit aus, die wir heute als bipolare Störung bezeichnen würden.

Nachdem Grete wieder geheiratet hatte, zog sie mit ihren Söhnen nach Wien, wo Moriz Scheyer mit großem Erfolg für das *Neue Wiener Tagblatt* arbeitete. Später stieg er zum Leiter des Feuilletons auf. Aus der Schilderung meines Vaters geht hervor, dass die Eheleute sehr gegensätzliche Charaktere waren: Moriz, ein angesehener Literat, verteidigte seine Privatsphäre aufs Äußerste. Mein Vater erinnerte sich an Moriz' Gewohnheit, bei Abendgesellschaften in ihrer Wohnung aufzustehen und die Fenster zu öffnen – eine Geste, die alle Gäste als Aufforderung verstanden, sich zu verabschieden. Er war extrem empfindlich und neigte dazu, bei der geringsten vermeintlichen Kränkung den Kontakt zu Freunden oder Kollegen abzubrechen. Jedes Mal, wenn der Abgabetermin für seinen wöchentlichen Zeitungsbeitrag näher rückte, begann er unter «Lampenfieber» zu leiden. Grete war eine selbstsichere und extrovertierte Gesellschaftsdame, die mit Alma Mahler Bridge spielte und sich im Kaffeehaus mit Familienmitgliedern zu geselligen Plauderstunden traf, die ihr Mann nach Möglichkeit mied.

Mein Vater erinnerte sich an Auseinandersetzungen zwischen seiner Mutter und seinem Stiefvater, und als Teenager mischte er sich einmal in einen Streit ein und sagte ihnen, sie sollten sich besser trennen, anstatt einander unglücklich zu machen. Es ist jedoch unmöglich zu beurteilen, ob die Disharmonie in der Familie das «normale» Maß überstieg. Zu einer schweren Ehekrise kam es aber zumindest, als sich Moriz in eine unbedeutende Opernsängerin verliebte; das Drama erreichte seinen Höhepunkt, als Grete Schlaftabletten nahm und ihren Mann anrief, um ihm Lebewohl zu sagen. Ein herbeigeeilter Arzt verhinderte größeres Unglück.

Moriz Scheyer bewegte sich in Wien in denselben Kreisen wie die herausragenden Musiker und Dichter jener Zeit und eine Vielzahl Intellektueller und Literaten, die mittlerweile weitgehend in Vergessenheit geraten sind. Viele von ihnen pflegten den Kontakt zu meinem Stiefgroßvater, der Rezensionen in der Zeitung platzieren konnte.

Ab dem Jahr 1934 führte Bundeskanzler Kurt Schuschnigg in Österreich eine autoritäre Regierung, die sich auf Befehlswirtschaft stützte. Im «Ständestaat» gab es keine wirkliche Demokratie, aber die Regierung wehrte sich verzweifelt gegen die Versuche der beiden mächtigen Nachbarstaaten – Hitlerdeutschland und das faschistische Italien –, sich Österreich einzuverleiben. Politische Parteien einschließlich der nationalsozialistischen wurden verboten. Liberale und Juden befanden sich in einer unangenehmen Lage, aber sie fühlten sich nicht bedroht.

Familien wie die meines Vaters betrachteten sich nicht als Angehörige eines anderen Volkes – der Juden –, sondern als Österreicher jüdischen Glaubens. Schon die Generation meines Großvaters drückte ihre Zugehörigkeit zu dieser Glaubensgemeinschaft nur noch dadurch aus, dass sie sich an einige wenige Traditionen hielt. Mein Vater erinnerte sich daran, dass er auf dem Piaristengymnasium (einer katholischen Schule) Hebräisch gelernt und dass er die Bar-Mizwa-Feier absolviert hatte («Ich hätte es meinem Großvater nicht antun können, die Bar-Mizwa zu verweigern!»).

Grete Anfang der zwanziger Jahre mit ihren Kindern Konrad (links) und Stefan.

Familien wie die Scheyers hatten mit den orthodoxen Chassiden «nichts zu tun» und fürchteten, die Chassiden könnten durch die offene Zurschaustellung ihrer Andersartigkeit und ihre traditionellen religiösen Praktiken «aktiven Antisemitismus» provozieren. Zweifellos existierte bereits «passiver» Antisemitismus, der zum Beispiel darin zum Ausdruck kam, dass Juden der Aufstieg im öffentlichen Dienst oder im Militär erschwert wurde. Aber die Menschen, die zum Aufstieg Hitlers und des Nationalsozialismus beitrugen, hatten sehr unterschiedliche Beweggründe: Nicht alle seine Anhänger waren ideologische Fanatiker. Viele Menschen waren begeistert von dem «Wirtschaftswunder», das Hitler anscheinend in Deutschland herbeigeführt hatte; ein Studienkollege meines Vaters sagte zu ihm: «Mach dir keine Gedanken über den Antisemitismus. Der soll nur die Massen anlocken; sobald sie an der Macht sind, wird er ganz schnell wieder verschwinden.»

Doch dann kam der «Anschluss», und plötzlich stand Hitler buchstäblich vor die Tür der Familie: Am 14. März 1938 rollte sein Tross im Triumph über die Mariahilferstraße in die Wiener Innenstadt. In dieser Straße wohnten die Scheyers. Wie bedrohlich oder verzweifelt war die Lage eines jüdischen Studenten in Wien im März 1938? Mein Vater, der an der Universität Wien Chemie studierte, bat den Leiter seines Instituts, Hermann Mark[1], um Rat. Mark empfahl ihm, das Ende der Ferien abzuwarten (der deutsche Einmarsch war mit den Semesterferien zusammengefallen): Vielleicht werde es nicht so schlimm kommen wie befürchtet. Am Ende der Ferien hatte Mark – der eine jüdische Mutter hatte – bereits seinen Posten verloren. Auch begannen sofort Gewaltakte gegen Juden. Jüdische Studenten, die an die Universität zurückkehren wollten, wurden von Parteiaktivisten gezwungen, die Straßen zu putzen; mein Vater hatte das «Glück», persönlich keine schlimmere Erniedrigung als die zu erleiden, dass man

---

1 Hermann Mark (1895–1992), der Sohn einer jüdischen Mutter und eines christlichen Vaters, war ein erfolgreicher Industriechemiker und Wissenschaftler in Wien. Bis kurz nach dem «Anschluss» im Jahr 1938 hatte er eine Professur für Physikalische Chemie inne. Ihm gelang eine dramatische Flucht in die Schweiz (er schmuggelte sein Vermögen in als Kleiderbügel getarntem Platin über die Grenze). Von dort reiste er schließlich in die USA aus, wo er seine Karriere am Polytechnic Institute of Brooklyn beendete.

ihn zwang, von einer «nicht für Juden bestimmten» Parkbank aufzustehen, auf der er in Gesellschaft einer Freundin saß.

Die Familie entschloss sich zur Flucht aus Wien. Während sich seine Eltern nach Paris durchschlugen, gelang es meinem Vater, nach Zürich zu gelangen – wobei er ausgerechnet durch Deutschland reiste: Er hatte von einem seiner Vettern erfahren, dass man in Leipzig immer noch ein Einreisevisum für die Schweiz bekommen konnte, indem man sich als «deutscher Geschäftsmann» ausgab, was nicht überprüft wurde. In Zürich kam er bei Freunden der Familie unter. Er verbrachte den Sommer damit, Briefe zu schreiben, um sein Studium an einer britischen Universität fortsetzen zu können. Tatsächlich wurde er von der Universität Glasgow aufgenommen. Um nach Großbritannien einreisen zu können, musste ein Student zwei Voraussetzungen erfüllen: Erstens musste er einen britischen Bürger finden, der bereit war, finanziell für ihn zu bürgen, und zweitens brauchte er einen Platz an einer Universität – genauer gesagt, eine Unterhaltszusage. Die erste Bedingung erfüllte Marian Dunlop, eine von zahlreichen Personen, die sich anscheinend über eine Einrichtung der Quäker freiwillig als Bürgen anboten, ohne der Person, für die sie sich einsetzten, je begegnet zu sein; die zweite Voraussetzung erfüllte die Glasgower Niederlassung des International Student Service mit Hauptsitz in Genf. Dazu bedurfte es einer von Alec Cairncross (dem späteren Sir Alec, einem bedeutenden Ökonomen) organisierten Spendensammlung unter Studenten. So gelang es, für meinen Vater und eine Handvoll anderer Studenten den für Kost und Logis bei einer örtlichen Vermieterin erforderlichen Mindestbetrag aufzutreiben. Mein Vater fühlte sich Marian Dunlop und Alec Cairncross sein Leben lang verpflichtet.

## Belvès, Rispals, Résistance

Dieser Abschnitt enthält zusätzliche Informationen über die Personen, denen wir in Moriz Scheyers Bericht über die Geschehnisse in Belvès begegnen: vor allem über die Familie Rispal, aber auch über die Widerstandsaktivitäten der Rispals und anderer Personen in der Region. Auch diese Informationen beruhen teilweise auf den Erinnerungen meines Vaters (und in geringerem Maß auf meinen eigenen) und teilweise auf denen von Georges Rebière[2], der ein Schulfreund und Kamerad von Jacques Rispal in der Résistance gewesen war. Im Jahr 2008 suchte ich Rebière auf und interviewte ihn. Außerdem hatte er seine persönlichen Erinnerungen an die Résistance in einem Buch verarbeitet. Gabriel Rispal war eine «überlebensgroße» Figur, ein Spaßvogel, ein Bonvivant und ein überzeugter Kommunist. Er war Handwerker und Dekorateur und betätigte sich in seiner Freizeit auch als Maler, als *peintre de dimanche*, dessen Bilder in vielen Häusern in Belvès hängen – so wie in dem Haus in Surrey, in dem ich meine Kindheit verbrachte. Hélène, die ebenfalls Kommunistin war, hatte im Gegensatz ein sehr zurückhaltendes Wesen. Ihre Großzügigkeit und Menschenliebe blieb niemandem verborgen, der ihr begegnete. Aber ihre unbeugsame Entschlossenheit, ihr Mut und ihre Selbstaufopferung kamen, wie auch die Schilderung von Moriz zeigt, in eher unauffälligen Handlungen zum

2  Georges Rebière war ein aus Belvès gebürtiger Widerstandskämpfer. Später schrieb er eine Geschichte von Belvès und veröffentlichte seine Erinnerungen an die Resistance, *Aimez-vous cueillir les noisettes? (Mögen Sie Maroni?)*. Mittlerweile über 90 Jahre alt, leitet er in Belvès ein von ihm errichtetes Museum für Lokalkultur und traditionelle Musikinstrumente.

Ausdruck, denen sie Beiläufigkeit und Selbstverständlichkeit verleihen wollte.

Jacques Rispal – der Sohn von Gabriel und Hélène – wurde, wie Moriz erwähnt, von Pierre Vorms «entdeckt» und begann nach dem Krieg eine Karriere als Schauspieler. Außerdem machte er dramatische Erfahrungen als politischer Aktivist. Vor dem Krieg gehörten Jacques («Jacquot») und sein Freund Georges Rebière in der kleinen Gemeinde von Belvès zu einer verschworenen Gemeinschaft von *copains* (Kumpel), die sich in ihrer Freizeit als Musiker und Schauspieler betätigten. Die politischen und militärischen Wirren des Jahres 1940 hatten unerwartete Auswirkungen auf diese Aktivitäten.

Moriz Scheyer kannte Pierre Vorms aus Paris. Er war Jude, französischer Staatsbürger und diente als Offizier in einem Regiment, das sich nach der vernichtenden Niederlage gegen die deutschen Invasoren durch Belvès zurückzog. Er entschloss sich, in Belvès zu bleiben, anstatt in die von den Deutschen besetzte Hauptstadt zurückzukehren. In Paris hatte Vorms eine Galerie geleitet, die Avantgardekünstlern als Bühne diente, darunter insbesondere dem belgischen Graphiker und Maler Frans Masereel. Überrascht von den vielfältigen Talenten der *copains*, regte Vorms die Gründung einer Theatertruppe in Belvès an: Der *Cercle Théâtral de Belvès* machte es sich zum Ziel, Geld für französische Kriegsgefangene in Deutschland zu sammeln (zu jener Zeit befanden sich zahlreiche französische Soldaten in deutscher Gefangenschaft).

Die Aufführungen bestanden wohl aus einer Kombination von Gesangs- und Tanznummern in der ersten und einem Theaterstück in der zweiten Hälfte. Sowohl Vorms als auch Jacquot spielten Klavier; Jacquot sang außerdem und trat als Schauspieler auf. Georges spezialisierte sich auf den Clown,

Les copains: Jacques Rispal und seine Freunde (auf dem oberen Foto) in einer Theaterproduktion vor dem Krieg (Jacques sitzt rechts; links sind Jean Despont und stehend Liliane Despont zu sehen); auf dem unteren Foto in Belvès (Jacques sitzt auf dem Fahrrad, Georges Rebière ist der Zweite von links).

Gabriel malte die Kulissen. Prominente Mitglieder der Truppe waren Jean und Liliane Despont, die vermutlich die Kinder des Postbeamten Antoine waren, der das heimliche Funknetz eingerichtet hatte. Rückblickend besteht die künstlerische Bedeutung dieser Produktionen im Wesentlichen darin, dass sie Jacques Rispal zu seinem Theaterdebüt verhalfen. Rebière malte ein Bild von ihm in einer grotesken Verkleidung samt Zwiebelcollier; in diesem Kostüm spielte er Gretchen in einer *Faust*-Parodie.

Wie nicht anders zu erwarten, hatte der *Cercle Théâtral* nicht allzu lange Bestand, denn schon bald rückten andere Aufgaben in den Vordergrund. Männer wie Vorms, Rebière und Rispal verfolgten die Ereignisse des Jahres 1940 – die vernichtende Niederlage Frankreichs, den Waffenstillstand, die Übertragung uneingeschränkter Machtbefugnisse an Philippe Pétain, die Serie antisemitischer Dekrete – mit wachsendem Entsetzen und wandten sich rasch dem Widerstand zu, obwohl es noch eine Weile dauerte, bis sich die Résistance als geschlossene Streitmacht organisierte, die de Gaulle als ihr Oberhaupt anerkannte und ihren Kampf mit dem Nationalen Verteidigungskomitee in London koordinierte.

Gleichzeitig musste sich Jacquots Generation bald mit einer unmittelbaren Sorge auseinandersetzen: Im Jahr 1940 wurden *chantiers de la jeunesse* eingerichtet, militarisierte Jugendlager, die den Wehrdienst ersetzten. Rebière wurde im Jahr 1942 einberufen, Rispal im Jahr darauf. Noch schlimmer war, dass Ministerpräsident Laval im Juni 1942 dem NS-Regime anbot, französische Arbeitskräfte nach Deutschland zu entsenden, um die durch den Krieg ausgedünnten Fabrikbelegschaften aufzufüllen (im Gegenzug ließen die Deutschen französische Kriegsgefangene frei). Die Arbeitseinsätze im

Rahmen der Operation «La Relève» sollten freiwillig sein, aber da sich nur wenige Franzosen dazu bereit erklärten, wurde rasch eine Zwangsverpflichtung eingeführt. Im Februar 1943 wurde mit einem Gesetz über den *Service du travail obligatoire* (verpflichtender Arbeitsdienst) die Entsendung ganzer Jahrgänge von *chantiers* eingeführt. Den Anfang machten die Jahrgänge 1940, 1941 und 1942.

Paradoxerweise gab diese Politik der Widerstandsbewegung Auftrieb: Männer, die sich versteckten, um sich dem erzwungenen Arbeitsdienst in Deutschland zu entziehen (die *réfractaires*), schlossen sich häufig auch der Résistance an. Als Jacquot an die Reihe kam, ging er in den Untergrund und schloss sich einem *maquis* an, einer Widerstandszelle, die sich in den Wäldern versteckte.

Es ist schwer, über die Aktivitäten von Jacques Rispal im Widerstand bis zum Sommer 1944 mehr als das in Erfahrung zu bringen, was Moriz berichtet. Zu jenem Zeitpunkt hatten sich die verschiedenen Widerstandsgruppen, die in Frankreich aktiv waren, zu den *Forces Françaises de l'Intérieur* (FFI) zusammengeschlossen, die wie herkömmliche Armeeeinheiten organisiert waren. Diese Einheiten wurden an der Waffe ausgebildet und sollten die deutschen Panzereinheiten aufhalten, die aus dem Osten in die Normandie verlegt wurden. Die Aktivitäten der FFI-Einheiten wurden mit denen der an der Befreiung Frankreichs beteiligten regulären Truppen koordiniert. Georges hat die letzte Kriegsphase eingehend beschrieben. Er teilte das Quartier mit Jacquot. Die beiden verloren eine Reihe von Freunden. Für sie endete der Krieg in Bordeaux, wo sie an der Säuberung der Stadt von den verbliebenen deutschen Einheiten teilnahmen. (Rebière beschreibt einige weniger heroische Eskapaden Jacquots, der unter anderem das Auto eines

Vorgesetzten für seine nächtlichen Aktivitäten «ausborgte» und nach einem Ausritt im Straßengraben zurückließ.)

Die Mitglieder der Résistance durften bis zur letzten Phase des Befreiungskampfs aus Sicherheitsgründen nichts über die Aktivitäten außerhalb ihres direkten Aufgabenbereichs wissen. Rebière erzählt uns etwas über die Struktur des Widerstands in Belvès: Anscheinend bildete sein Vater Jean mit Georges Marty (einem Nachbarn der Rispals) und dessen Bruder Jean das erste «Résistance-Trio»; diese drei rekrutierten sodann weitere drei Widerstandskämpfer und so weiter. Gabriel Rispal taucht in Rebières Schilderung mehrfach auf: Einmal warnt er seine Kameraden vor einer unmittelbar bevorstehenden Razzia, ein anderes Mal sammelt er Waffen ein, die aus einem britischen Flugzeug am Fallschirm abgeworfen worden sind. Der «Carlos», der so großen Eindruck auf Moriz machte – Charles Ordeig –, taucht in Rebières Erinnerungen ebenfalls auf: Er wurde mit der Leitung einer *Main d'oeuvre immigrée* betraut, einer aus Einwanderern gebildeten Widerstandsgruppe.

Jacquots offizielle Position in der Organisation war möglicherweise der Rebières vergleichbar: Er war ein Mitglied der Forces Françaises Combattantes im Netzwerk von «Hilaire-Buckmaster», der als Bindeglied zwischen London und dem Kommandeur der *Armée Secrète* in der südlichen Dordogne fungierte.[3]

---

3  «Hilaire-Buckmaster». Hilaire war der Deckname von George Starr, der ab 1942 die Einsätze der britischen SOE (Special Operations Executive) in Südwestfrankreich leitete, wo unter anderem Sabotageakte verübt wurden. Sein Verhältnis zu de Gaulle war gespannt. Unter Starrs Führung kämpften kommunistische und nichtkommunistische Widerstandskämpfer Seite an Seite.

Es ist schwer zu beurteilen, ob die Rettung meiner Großeltern eine organisierte Aktion oder eher eine spontane in-
dividuelle Heldentat war. Im November 1942 war Jacques
Rispal noch nicht untergetaucht, aber vermutlich hatte er
bereits Kontakt zur Résistance. Die Beschaffung gefälschter
Dokumente für die Zugreise scheint Teil einer organisierten
Widerstandsaktivität gewesen zu sein, aber Moriz spricht
auch hier von einer persönlichen Initiative René Mathieus
(der auch einigen anderen Menschen diesen Dienst erwies).
Moriz macht deutlich, dass der Plan zur Gänze von Hélène
ausgeheckt wurde, die verschiedene Freunde, Verwandte und
Bekannte um Gefälligkeiten bat, um ihr Vorhaben in die Tat
umzusetzen. Möglicherweise ist die Episode ein gutes An-
schauungsbeispiel dafür, wie informell und improvisiert das
Vorgehen des Widerstands oft war, vor allem, wenn es darum
ging, Flüchtlinge zu retten und zu verstecken.

Die Scheyers waren auch nicht die einzigen Flüchtlinge, die
sich während des Kriegs in Belvès verbargen und nach Kriegsende dort blieben. Der direkte Nachbar der Scheyers in der
Nachkriegszeit war ein Mann namens Elias Magaram, der sich
als Flüchtling in Belvès im Widerstand engagiert und dort geheiratet hatte.

Der Idealismus, den alle Fraktionen des Widerstands trotz
interner politischer Spannungen vordergründig teilten, löste
sich nach dem Krieg rasch auf, als derselbe de Gaulle, der
zumindest nominell an der Spitze des Widerstandskampfs
gestanden hatte, die Leitung einer Regierung übernahm, die
versuchte, die französische Kolonialmacht in Indochina und
Algerien mit militärischer Gewalt zu erhalten. Veteranen der
Résistance, die den französischen Kolonialismus ablehnten –
und sich vielfach aktiv am Kampf dagegen beteiligten –, stan-

den ihren ehemaligen Waffenbrüdern nun de facto in einem Bürgerkrieg gegenüber.

Jacques Rispal lehnte den Kolonialismus und die «Nazi-Methoden», die seiner Meinung nach gegen das algerische Volk eingesetzt wurden, entschieden ab und schloss sich in den fünfziger Jahren gemeinsam mit einer Reihe anderer bekannter Künstler einer Gruppe an, welche die von Francis Jeanson geführte «terroristische» algerische Unabhängigkeitsbewegung FLN unterstützte. Jacques beteiligte sich aktiv und wurde verhaftet, weil er sich der FLN als «Kofferträger» (*porteur de valises*) zur Verfügung gestellt hatte. Im Jahr 1960 wurde er in einem aufsehenerregenden Gerichtsverfahren verurteilt und verbrachte fast drei Jahre im Gefängnis. Der Hinweis auf die «Nazi-Methoden» stammt aus einem Brief Rispals an André Malraux, den er als Untergrundkämpfer in der Dordogne kennengelernt hatte. André Malraux war ein französischer Romancier und Kunsttheoretiker, der im spanischen Bürgerkrieg auf Seiten der Republikaner kämpfte und sich in der französischen Résistance engagierte. Unter de Gaulle war er von 1958 bis 1969 Kultusminister. Der Brief, den Rispal über den Prozess und seine Haftzeit schrieb, wurde 1990 unter dem Titel *De la DST à Fresnes ou trente et un mois de prison* veröffentlicht. Malraux war im Krieg Offizier in der Widerstandsarmee gewesen. Rispal und andere Franzosen, die wie er dachten, sahen im algerischen Unabhängigkeitskampf die Fortsetzung ihres Freiheitskampfs im Zweiten Weltkrieg.

Rispal trieb seit Anfang der fünfziger Jahre seine Schauspielkarriere in Paris voran und trat vor allem im *Théâtre de l'Atelier* auf, wo er in Avantgarde-Inszenierungen mitwirkte, darunter frühe Werke Harold Pinters. Seine Karriere als

Jacques, der Nachwuchsschauspieler: ein Publicity-Foto
mit Widmung für Grete, Moriz und Sláva (ca. 1948).

Filmschauspieler, die eigentlich erst nach dem erwähnten
politischen Drama begann, spiegelt in gewisser Hinsicht die
politischen Auseinandersetzungen jener Zeit wider. In den
sechziger und siebziger Jahren interpretierte er Rollen, die
in unterschiedlichen Schattierungen – düster, unheilver-
kündend, satirisch, verspielt – moralische Mehrdeutigkeit,

Zerrissenheit oder Nihilismus zum Ausdruck brachten. Beispielsweise spielte Rispal in *La Guerre est finie* (*Der Krieg ist vorbei*, 1966) ein melancholisches Mitglied einer Gruppe spanischer Kommunisten, die sich auf dem absteigenden Ast befinden und langsam begreifen, dass die Revolution nicht stattfinden wird. Er hatte Kurzauftritte in Buñuels Satire *La Voie lactée* (*Die Milchstraße*, 1969) und *Le Charme discret de la bourgeoisie* (*Der diskrete Charme der Bourgeoisie*, 1972), und Truffaut-Kenner werden sich vielleicht an den exzentrischen Nachbarn der Doinels in *Domicile conjugal* (*Tisch und Bett*, 1970) erinnern, der sich weigert, das Haus zu verlassen, solange Pétain kein ehrenvolles Begräbnis in Verdun erhalten hat. In Louis Malles umstrittenem Film *Lacombe, Lucien* (1974) spielt Jacquot einen Vermieter, der im besetzten Frankreich die Notlage eines jüdischen Mieters ausnutzt. Mit der Entscheidung, nach einigem Zögern eine Rolle in *L'Aveu* (*Das Geständnis*, 1970) anzunehmen – in diesem Film setzte sich Regisseur Costa-Gavras mit der Repression in der kommunistischen Tschechoslowakei auseinander –, bekannte sich Rispal zu jenem Teil der französischen Linken, die den Stalinismus ablehnte.

Georges Rebière erzählte mir, in späteren Jahren habe er Jacquot gedrängt, dem nervenaufreibenden Leben in Paris den Rücken zu kehren und sich in seinen Heimatort Belvès zurückzuziehen, wo er seine wirklichen Freunde hatte. Genau das tat Jacquot schließlich: Er zog in dieselbe «Maisonette», in der ich als Kind in den Ferien bei meinen Großeltern gewohnt hatte. Aber er lebte dort nicht mehr lange; er starb im Jahr 1986.

## Belvès in den siebziger Jahren:
## Meine Erinnerung an Grete und Hélène

In meiner Kindheit stiegen wir jeden Sommer ins Auto und machten uns auf die lange Fahrt von Surrey nach Belvès in der Dordogne, um «Granny Grete» zu besuchen.

Grete schien in einer fernen Welt, in einer geheimnisvollen Vergangenheit zu leben: mit ihren weißen Haaren, ihren Goldzähnen, ihrer aufrechten Haltung und dem Zigarettenhalter. An diesem Ort, der zu jener Zeit – lange vor der Invasion englischer Mittelschichttouristen – noch ein rückständiges Gebiet im Herzen des ländlichen Frankreich war, umgab sie sich mit Überbleibseln eines anderen Lebens; Da waren die venezianischen Glasfiguren in ihrer «Menagerie», die österreichischen Spielkarten, mit denen sie auf einem Gartentisch Patiencen legte, die Juwelen, Perlen und Diamantbroschen – all die Ge-

Mit meiner Großmutter Grete in den sechziger Jahren.

genstände und Requisiten, die das Bild einer großen Dame vervollständigten, die eigentlich in einen Salon in einer Metropole gehörte. Gelegentlich ließ sie eine Bemerkung fallen, die darauf hindeutete, dass dies einmal ihr Leben gewesen war: Es fielen Namen wie Gustav Mahler oder Bruno Walter – oder sie erwähnte den Cousin, der in die Vereinigten Staaten ausgewandert war und nun die Metropolitan Opera leitete. Alte Fotos und kuriose Gegenstände erinnerten an die Zeit mit ihrem ersten Ehemann in Niederländisch-Ostindien, und obwohl ich mich nicht daran erinnern kann, dass Moriz je erwähnt wurde, waren da ein Schreibtisch, ein paar alte Füllfedern, einige Spuren der Gegenwart eines Autors.

Und dann war da Hélène. Bei den frühesten Besuchen, an die ich mich erinnern kann, waren sie und Grete bereits unzertrennlich, und wir hatten das Gefühl, dass sie auf gewisse Art ebenso zu unserer Familie gehörte wie unsere Großmutter. Wir sahen Hélène und bis zu seinem Tod auch ihren Ehemann Gabriel täglich. Wir besuchten sie in der Wohnung über ihrem Haushaltswarengeschäft, oder sie kam in die «Maisonette» – oft brachte sie Gebäck mit. Meistens aßen wir zusammen. Hin und wieder sahen wir auch Jacquot, wenn er aus Paris zu Besuch kam. Ich kann mich daran erinnern, dass er uns einmal einen Schwertschluckertrick vorführte.

Im Lauf der Jahre begannen wir Kinder die außergewöhnliche Geschichte der Freundschaft zwischen unserer Großmutter und Hélène zu verstehen. Diese Geschichte war in gewissem Sinn unsere Familienlegende, die mein Vater oft erzählte, wenn auch nur in groben Umrissen. Die Schlüsselszenen dieser Geschichte – die mein Vater vor allem gegen Ende seines Lebens nicht erzählen konnte, ohne dass seine Stimme brach – waren die Handlungen der beiden Frauen: Er be-

Moriz Scheyers französische Aufenthaltsgenehmigung,
ausgestellt im Juli 1947.

schrieb, wie Hélène «das Leben ihres einzigen Sohns riskiert»
hatte, um sie zu retten, und wie Veili (Sláva) sich entschlossen hatte, sie ins Konzentrationslager zu begleiten, obwohl sie
keine Jüdin war.

## Scheyers Arbeit: Historische und Lebenserfahrung

Wenn man Scheyers Essaysammlungen liest, stößt man in Bezug auf zwei der wiederkehrenden Themen seines Schaffens –
die «Größe durch Leiden» und die selbstlose Frau, die sich
für den Mann in ihrem Leben aufopfert – auf eine furchtbare
retrospektive Ironie. Beispielsweise erklärt Scheyer, Tolstoi,
Wilde und Verlaine hätten erst durch das Leiden ihr wahres
Potenzial ausgeschöpft und ihr Schicksal erfüllt: Die Grund-

lage für Verlaines Größe wurde während seiner Haft gelegt, und Wilde wurde im Gefängnis zum Poeten.

Zu den Frauen, deren Selbstaufopferung Scheyers Interesse weckte, gehörten Mata Hari, die Kaiserin Eugénie, Lady Hamilton (die Nelson zu seiner Größe verhalf, selbst jedoch einsam und vergessen starb), Rachel (eine berühmte französische Schauspielerin, die von ihrer Familie erbarmungslos ausgebeutet wurde), die literarischen Figuren Mariana Alcoforado und Marceline Desbordes-Valmore, die ihren Kummer poetisch sublimierten, sowie Anna Grigorjewna und Sofja Andrejewna, die ihre Leben Dostojewski beziehungsweise Tolstoi opferten. (Umgekehrt gibt es auch einige Schurkinnen oder «Abenteurerinnen», darunter Verlaines Frau und die Zarin Katharina.)

Auf der einen Seite scheinen wir es hier mit der veralteten und historisch falschen romantischen Verklärung großer Figuren in Geschichte und Literatur – und mit einer eindeutig präfeministischen Einstellung zur Frau als «Heldin oder Xanthippe» – zu tun zu haben. Auf der anderen Seite hat man angesichts des Leidens, des Heroismus und der Selbstaufopferung der Frauen, die zentrale Rollen im vorliegenden Bericht spielen, das Gefühl, dass die Realität der idealisierten Darstellung Scheyers hier quälend nahe kam. Schließlich muss gesagt werden, dass sich Scheyer in seiner historischen Darstellung insbesondere des realen Heroismus und der Selbstaufopferung zweier Frauen – Sláva Kolářová und Hélène Rispal – vollkommen bewusst ist. Dasselbe gilt für seine Ehefrau, obwohl er in Bezug auf Grete weniger explizit ist und sie nie namentlich nennt.

## Die Geschichte des Manuskripts:
## Das Überleben von «Ein Überlebender»

Mit den unbarmherzigen Augen dessen betrachtet, der Moriz Scheyers Gesamtwerk rückblickend beurteilt, kann der Großteil der literarischen Produktion dieses Mannes, die aus rund 250 Feuilletons sowie zahlreichen Theaterkritiken und Buchrezensionen besteht, die allesamt für die unmittelbare Veröffentlichung und den sofortigen Konsum bestimmt waren, heute wie ein literarisches Training, wie eine für das vorliegende Werk erforderliche Übung des Talents wirken. Für jenes Werk, das nur auf Umwegen zur Veröffentlichung gelangte – ja beinahe nicht überlebt hätte –, aber zweifellos seine dauerhafteste Hinterlassenschaft ist.

Gegen Ende meiner Teenagerjahre begann die Vergangenheit meiner Familie eine wachsende Faszination auf mich auszuüben: die Kultur im Wien der Vorkriegszeit, der Besitz in Böhmen, die Geschichten von dramatischer Flucht oder entsetzlichem Ende. Ich glaube, es war um das Jahr 1980, als mein Vater beiläufig eine in seinen Augen nebensächliche Information preisgab: «Mein Stiefvater», sagte er, «schrieb während des Krieges einen Bericht über seiner Erlebnisse, aber der Text triefte dermaßen von Selbstmitleid, dass ich ihn wegwarf.»

Anscheinend hatte er das tatsächlich getan. Meine Enttäuschung, ja meine Wut auf sein Verhalten – auf seine Unfähigkeit zu verstehen, welche Faszination die Geschichte unserer Familie auf mich ausübte – wich nach einer Weile der Resignation. Es war nichts daran zu ändern: Was immer dieses Manuskript enthalten hatte, es war seit langem fort.

Im Jahr 2006 zog mein Vater um, und mein Bruder und ich

hatten die Aufgabe, den Dachboden des alten Hauses zu entrümpeln. Zwischen dem Kram, der sich im Lauf eines vierundvierzigjährigen Familienlebens angesammelt hatte – Bücher, Spielzeug, Gartenmöbel –, stießen wir auf mehrere Koffer, die Grete anscheinend irgendwann dort abgestellt hatte. Diese Koffer enthielten böhmische Tuche, Tafelsilber und andere Besitztümer der Familie. Außerdem waren da Papiere, zum Beispiel Kopien von Moriz' Zeitungsartikeln, Rezensionen seiner Bücher und dergleichen mehr. Und da, zwischen spitzenbesetzten Tischtüchern und monogrammierten Hausmänteln, lag es: ein verschnürter Stapel dünner Blätter, und auf dem Deckblatt stand ein maschinengeschriebener Titel: «Ein Überlebender – von Moriz Scheyer». Es war das verloren geglaubte Manuskript, genauer gesagt ein Kohledurchschlag jenes Originals, das mein Vater weggeworfen hatte.

Mein Vater Konrad Singer kurz nach dem Krieg.

Es war eine verblüffende Erkenntnis, dass die auf den vorhergehenden Seiten erzählte Geschichte all die Jahre über unseren Köpfen im Haus geschlummert hatte, dass sie die ganze Zeit bei uns gewesen war. Aber vor allem war es verstörend, dass sich mein Vater entschlossen hatte, diese Geschichte auszulöschen.

Es ist aufschlussreich, dass er den Vorwurf des «Selbstmitleids» in späteren Gesprächen nicht wiederholte, obwohl er das Manuskript in der Zwischenzeit nicht erneut gelesen hatte. Stattdessen verwies er auf den scharfen «antideutschen» Ton des Buchs. Vielleicht war meinem Vater im Lauf der Jahre bewusst geworden, dass es sehr hart war, angesichts der Schilderungen solcher Erfahrungen von «Selbstmitleid» zu sprechen.

Es gab einen grundsätzlichen Widerspruch zwischen den Erfahrungen und Einstellungen der beiden Männer, und dieser Konflikt war nicht auf das Buch beschränkt, obwohl die Tatsache, dass meinem Vater die Emotionalität seines Stiefvaters fremd war und dass er eine ästhetische Abneigung gegen den Ton des Buchs hegte, zweifellos zu seiner negativen Haltung beitrug. Mein Vater verlor ebenfalls seine Heimat, aber er war erst zwanzig Jahre alt, als er aus seiner Welt gerissen wurde, und landete in einem Land, das nicht von den Deutschen besetzt wurde und in dem er seine Karriere beinahe an dem Punkt fortsetzen konnte, an dem sie unterbrochen worden war. Er wurde selbst nicht Zeuge schrecklicher Geschehnisse, geschweige denn, dass er Tag für Tag in Furcht vor Verhaftung und Deportation hätte leben müssen.

Als ich ihn nach der Entdeckung des Manuskripts fragte, wann ihm erstmals bewusst geworden sei, was seine Eltern durchgemacht hatten, antwortete er: «Das, was sie durchmachten, war nichts, verglichen mit dem, was andere Menschen durchmachen mussten.» Als ich ihn drängte, mir zu erklären, welche Merkmale des Buchs er so sehr ablehnte, kam er auf den von Moriz geschilderten Zwischenfall zu sprechen, bei dem sich die jungen deutschen Soldaten einen Spaß daraus machen, durch den Zaun in Richtung der jüdischen Gefangenen zu pinkeln. Zwei Merkmale der Schilderung schienen meinem Vater besonders fragwürdig: Moriz ritt auf etwas herum – auf dem Verhalten einiger dummer Jungen –, obwohl er in der Lage hätte sein sollen «darüberzustehen», und seine Darstellung verstärkte antideutsche Gefühle und spielte jenen in die Hände, die alle Deutschen pauschal als böse verurteilten. Mein Vater verknüpfte die Tatsache, dass sich Moriz auf diese Episode konzentriert, mit seiner Neigung, das Verhalten und den Charakter des «Boche» in Bausch und Bogen zu verurteilen.

Die Einstellung meines Vaters wirkt hart, unrealistisch und wenig mitfühlend. Aber ich denke, dass sie in mancher Hinsicht nicht uncharakteristisch für die Haltung der jüngeren Generation im Jahr 1945 war. Die jungen Juden wollten nicht zurückschauen, sondern den Blick in die Zukunft richten. Sie wollten die Welt mit rationalistischem Idealismus betrachten. Sie wollten eine neue Welt errichten, in der kein Platz sein würde für die Irrationalität von Religion, Nationalismus und Rassendenken – für das Denken, das Europa zerrissen hatte. Und selbstverständlich gab es überall Zerstörung und Verlust – nicht nur die jüdischen Gemeinden waren davon betroffen. So wie andere junge Menschen wollte sich mein Vater von der Irrationalität befreien. Vielleicht hatte auch das mit der typischen Einstellung der «zweiten Generation» zu den Erfahrungen der Überlebenden zu tun. Um es auf den Punkt zu bringen: Das war, lange bevor die Menschen wissen wollten, was geschehen war.

Es ist interessant, diese Haltung in Beziehung zu dem Pessimismus zu setzen, den Moriz Scheyer mit Blick auf die zu erwartende Rezeption seines Berichts an den Tag legte: Er glaubte, es werde sich nie jemand dafür interessieren, «was den Juden zugestoßen ist». Heute, nachdem so viele Berichte von Überlebenden und so viele Darstellungen des Völkermords an den Juden veröffentlicht worden sind, nachdem Filme und Fernsehdokumentationen erschienen sind und der Holocaust in den Schulen zum Unterrichtsstoff gehört, mag diese Einschätzung ungewöhnlich wirken. Aber all das war unmittelbar nach dem Krieg noch nicht absehbar. Eines der wertvollsten Merkmale von Moriz Scheyers Schilderung besteht darin, dass er seinen Bericht schrieb, *während* sich die geschilderten Ereignisse abspielten. Das macht seine Darstellung beinahe einzigartig. Aus demselben Grund beweist dieser Bericht – der vor Beginn des Nürnberger Prozesses und Jahrzehnte vor der Veröffentlichung der meisten anderen Berichte von Überlebenden abgeschlossen wurde –, dass man zu jenem Zeitpunkt durchaus davon ausgehen musste, dass die antisemitischen Gräuel – insbesondere jene der Nationalsozialisten – nie eingehend untersucht werden oder so ernst genommen würden wie die anderen Verbrechen, die im Zweiten Weltkrieg begangen worden waren.

Der Generationskonflikt – oder der Konflikt der Einstellungen – nahm auch eine konkretere Form an. Mein Vater beteiligte sich aktiv an Projekten und Umerziehungsmaßnahmen: Er hielt deutschen Kriegsgefangenen in britischen Lagern Vorträge und engagierte sich als Freiwilliger in der Nothilfe für die Bevölkerung des zerstörten Deutschland. Das erste Projekt, das vermutlich Teil eines Programms zur Vorbereitung von Kriegsgefangenen auf ein Leben im entnazifizierten

Deutschland war – mein Vater sprach davon, «die Doktrin der Vernunft zu predigen» –, stieß bei Moriz auf Ablehnung: In seinen Augen hatte es keinen Sinn zu versuchen, an die Vernunft dieser Menschen zu appellieren.

### Erinnerungen ... und Erinnerungen

Die Arbeit an diesem Buch hat mir die Fragilität der Erinnerung vor Augen geführt. Wie bereits erwähnt, hatte ich meinen Vater schon zu seinen Jugenderinnerungen befragt, bevor das Manuskript auftauchte. Nach der Entdeckung des Berichts führte ich weitere Interviews mit ihm. Mittlerweile war nicht nur sein Kurzzeitgedächtnis, sondern auch seine Erinnerung an weiter zurückliegende Erlebnisse schwächer geworden: Immer öfter konnte er mir nicht weiterhelfen, wenn ich zusätzliche Information zu dieser oder jener Person brauchte. Außerdem fiel mir auf, dass er dieselben Worte verwendete, um zwei verschiedene Personen oder Ereignisse zu beschreiben; es war unmöglich festzustellen, auf wen oder was seine Beschreibung tatsächlich zutraf. Besonders beunruhigend war die Entdeckung, dass sich eine tentative Anregung meinerseits – «War es vielleicht die Person X, die das tat?» – innerhalb weniger Minuten im Verstand meines Vaters in eine Gewissheit verwandeln konnte: «Ja, natürlich, es war die Person X.»

Ich sah mich mit sehr unterschiedlichen Formen von Erinnerungen konfrontiert. Auf der einen Seite hatte ich den schriftlichen Bericht, dessen letzter Buchstabe im Jahr 1945 auf der Schreibmaschine getippt worden war: Er hatte sich nicht verändert und war immun gegen die Manipulation der Erinnerungen, gegen spätere Verwirrung oder Suggestion.

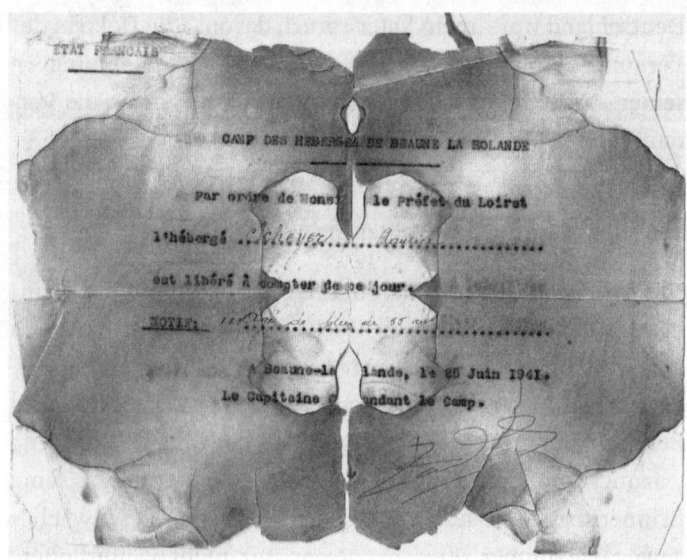

Das mit 25. Juni 1941 datierte Dokument über die Entlassung Moriz Scheyers aus dem Konzentrationslager Beaune-la-Rolande. Als Grund für die Freilassung ist «Über 55 Jahre alt» angegeben.

Aber Moriz konnte meine Fragen nicht mehr beantworten. Auf der anderen Seite hatte ich die lebendigen Erinnerungen meines Vaters, der theoretisch eine unerschöpfliche Informationsquelle war. Aber diese Erinnerungen waren fragil, anfällig für Verwirrung und zunehmend empfänglich für Suggestion.

Bei einem Projekt wie diesem hofft man, etwas, das beinahe für immer verlorengegangen wäre, vor dem Vergessen zu bewahren und für kommende Generationen zu bewahren. Aber demjenigen, der an einem solchen Buch arbeitet, wird bewusst, wie anfällig und unsicher jeder Versuch ist, Erinnerungen zu bewahren – und wie willkürlich und selektiv die «Geschichte» ist, die man am Ende rekonstruiert.

Es ist eine faszinierende Erfahrung gewesen, in die Vergangenheit einzutauchen, einige verschüttete Tatsachen aufzuspüren und seit langem vergessene persönliche Geschichten zu neuem Leben zu erwecken. Aber diese Arbeit hat mir klarer als je zuvor vor Augen geführt, wie flüchtig und kurzlebig menschliche Erinnerungen sind. Werden sie nicht schriftlich festgehalten, so sind die Handlungen und Charaktere einzelner Personen – selbst wenn diese Personen für die Menschen in ihrer Umgebung so wichtig sind wie Gabriel oder Hélène Rispal – nach ein oder zwei, spätestens aber nach drei Generationen weitgehend, wenn nicht vollkommen vergessen.

Aber selbst wenn es schriftliche Aufzeichnungen, selbst wenn es eine Spur gibt, die unsere Neugier auf zusätzliche Informationen weckt, ist es in den meisten Fällen eben nur eine Spur. Alle Menschen mit Ausnahme einiger weniger verschwinden derart schnell und können selbst durch Forschung und die Durchforstung von Archiven nicht zurückgeholt werden; bald kann bestenfalls noch Datum und Ort ihrer Geburt aufgespürt werden, während es unmöglich ist, etwas über ihre Persönlichkeit oder ihre Handlungen in Erfahrung zu bringen. Ich machte mich auf die Suche nach mündlichen Berichten, um das schriftliche Dokument zu ergänzen, und durchforstete Bibliotheken und Archive, um zu klären oder zu vertiefen, was mir die befragten Personen erzählt hatten, aber diese Erzählungen waren oft nebulös, und es war unmöglich, schriftliche Darstellungen aufzuspüren, die zur Klärung hätten beitragen können. Über kurz oder lang fand ich mich in einer Sackgasse wieder, aus der es keinen Ausweg gab.

Natürlich kann es uns nicht überraschen, dass sich viele der Akteure in diesem Drama – die Häftlinge in Beaune, viele der Menschen, denen wir in Belvès begegnen, ja sogar die

Koflers – im Nebel der Geschichte aufgelöst haben, so dass keine Hoffnung mehr besteht, mehr als das wenige über sie herauszufinden, das uns Moriz in seinem Bericht verrät. Überraschender dürfte eine weitere Erkenntnis sein, die wir aus Scheyers Text gewinnen: Er zeigt uns, wie außerordentlich kurzlebig der künstlerische Ruhm ist. Moriz Scheyer, der Anfang der dreißiger Jahre eine wichtige Figur im literarischen Leben Wiens war, wird selbst in spezialisierten Abhandlungen über die Literatur und das intellektuelle Leben jener Zeit kaum erwähnt. Wie relativ die Bedeutung von Menschen ist, wird noch deutlicher, wenn wir uns ansehen, wie die Geschichte mit einigen der berühmtesten Künstler umgeht, über die Scheyer spricht. Es stimmt, dass die Werke Stefan Zweigs in jüngster Zeit neue Aufmerksamkeit gefunden haben, aber Romain Rolland, einer der Giganten der politischen und intellektuellen Kultur der Zwischenkriegszeit, der mit seinem Pazifismus und seinem Werben für die Ideen Tolstois und Gandhis großen Einfluss ausübte und von vielen (nicht nur von Zweig und Scheyer) beinahe wie ein Gott verehrt wurde, ist heute kaum noch jemandem ein Begriff. Und fast vollkommen in Vergessenheit geraten sind eine Reihe von Namen, die damals wichtige Rollen im literarischen Leben Frankreichs spielten und in Scheyers Buch wiederholt erwähnt werden.

Bei den Recherchen für dieses Buch habe ich noch eine weitere verblüffende Entdeckung gemacht: Das, was uns Moriz Scheyer über verschiedene Personen erzählt, fehlt selbst dann in ihren offiziellen Biographien, wenn ihr Leben gut dokumentiert ist. Jacques Rispal zum Beispiel ist als Theaterschauspieler und sogar als Mitglied der Résistance in Erinnerung geblieben und wird auf lokaler Ebene heute noch

gelegentlich gefeiert, aber sein Beitrag zur Rettung von drei –
und möglicherweise sehr viel mehr – Flüchtlingen wurde
nicht einmal von Georges Rebière erwähnt, der seit seiner
Kindheit mit Rispal befreundet war und ein Buch über jene
Zeit schrieb. Marian Dunlop, die meinem Vater und meinem
Onkel die Einreise nach Großbritannien ermöglichte, genoss
die Liebe und den Respekt vieler Menschen und entwickelte
eine christliche Meditationsmethode, die zahlreiche Anhänger fand. Es gibt eine Biographie von ihr – in der jedoch nicht
erwähnt wird, dass sie jüdischen Flüchtlingen half, die Zuflucht in England suchten. Der bedeutende Ökonom Sir Alec
Cairncross half in seiner Jugend, Geld für Flüchtlinge aufzutreiben, damit sie in Glasgow ihre Studien fortsetzen konnten.
Nicht einmal seine engsten Verwandten wussten davon. Es ist
eine kuriose Fußnote zu der Geschichte, dass meine Großeltern (die säkulare Juden waren) ihr Leben kommunistischen
Atheisten (den Rispals) und katholischen Nonnen verdankten,
während mein Vater und sein Bruder Aufnahme in Großbritannien fanden, weil sie die Unterstützung des rationalisti-
schen Alec Cairncross, der Quäker, die sich in der Flüchtlings-
hilfe engagierten, und der christlichen spirituellen Pädagogin
Marian Dunlop genossen. Diese Handlungen sind es durchaus
wert, in Erinnerung zu bleiben.

## Labarde heute

Im Kloster von Labarde erinnert nichts daran, dass seine Be-
wohnerinnen in den dunkelsten Tagen der deutschen Besatzung drei Flüchtlingen Zuflucht gewährten. Es ist noch derselbe Ort, den Moriz Scheyer beschrieb: schwer zu finden,
abgeschieden, fernab des Lärms des normalen Lebens. Man

Das rückseitige Gebäude in Labarde, in dem Moriz, Grete und Sláva Zuflucht
fanden.

fühlt sich in Scheyers Schilderung zurückversetzt: Nach mehr
als sechzig Jahren ist Labarde auch heute ein Zufluchtsort –
ein Heim für Menschen, die unter einer geistigen Behinderung
leiden. Bei einem Besuch im Jahr 2009 begegneten wir einigen
von ihnen, die an der Seite eines Verwandten oder Pflegers in
stiller Distanz zur Welt auf dem Gelände umhergingen und
frische Luft schnappten. Aber an diesem Ort gibt es weder
eine persönliche noch eine institutionelle Erinnerung an die
Menschen oder Ereignisse, die in Scheyers Bericht beschrieben sind. Diese Geschichte ist nicht weitergegeben worden;
niemand hat sie festgehalten. Tatsächlich ist das «Kloster» seit
langem kein religiöser Ort mehr, und seine Räumlichkeiten
sind umgebaut worden. Es ist unmöglich, heute genau zu bestimmen, wo sich die von Scheyer erwähnten Orte befanden:
Sogar das ungewöhnliche Versteck hinter der Kapelle, das

Moriz so eindringlich beschreibt, kann man nur mit einiger Phantasie rekonstruieren.

Wenn man den Blick über die Wälder und Felder der Dordogne wandern lässt, die sich zu Füßen des Klosters erstrecken, fragt man sich, wie viele andere außergewöhnliche Geschichten von schrecklichen Erlebnissen und vom Heldenmut gewöhnlicher Menschen diese weite Landschaft für immer verschluckt hat. Ein zufällig entdeckter Bericht wie dieser erzählt nicht die ganze Geschichte; in gewissem Sinn wirft er weitere Fragen auf und weckt beim Leser den Wunsch, sehr viel mehr in Erfahrung zu bringen. Aber er stößt die Tür zu einer Erfahrung auf, die ansonsten unzugänglich geblieben wäre.

Peter N. Singer, London 2016

Weitere Informationen zu Moriz Scheyer finden Sie auf der Website: www.asylumthebook.com

# PERSONENREGISTER